靈熱研究會長
石拔靈覺著

大增訂第三版

門外不出

靈感透熱療法相傳秘書 全

萬年社藏版

男爵細川忠雄閣下眞蹟

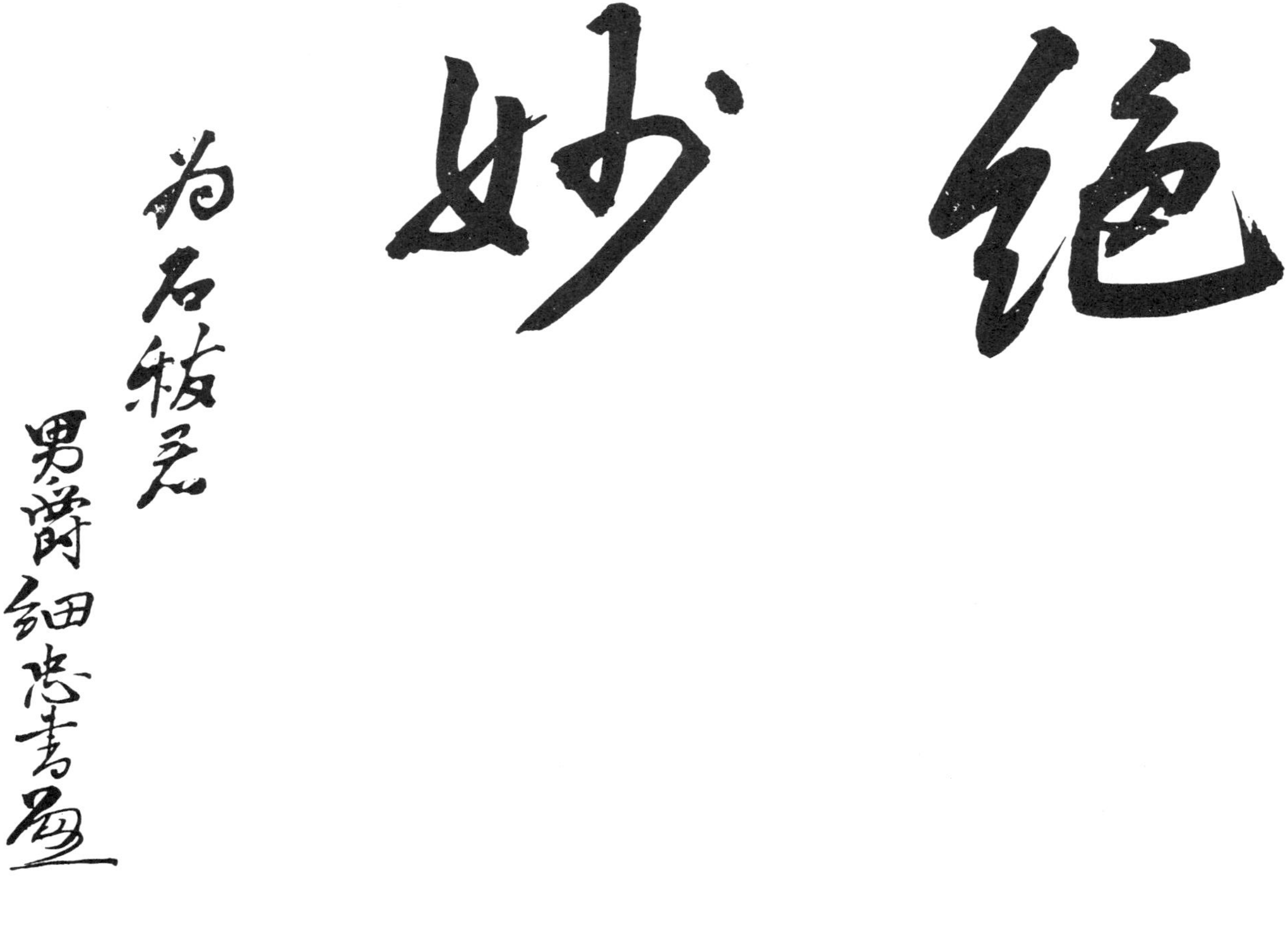

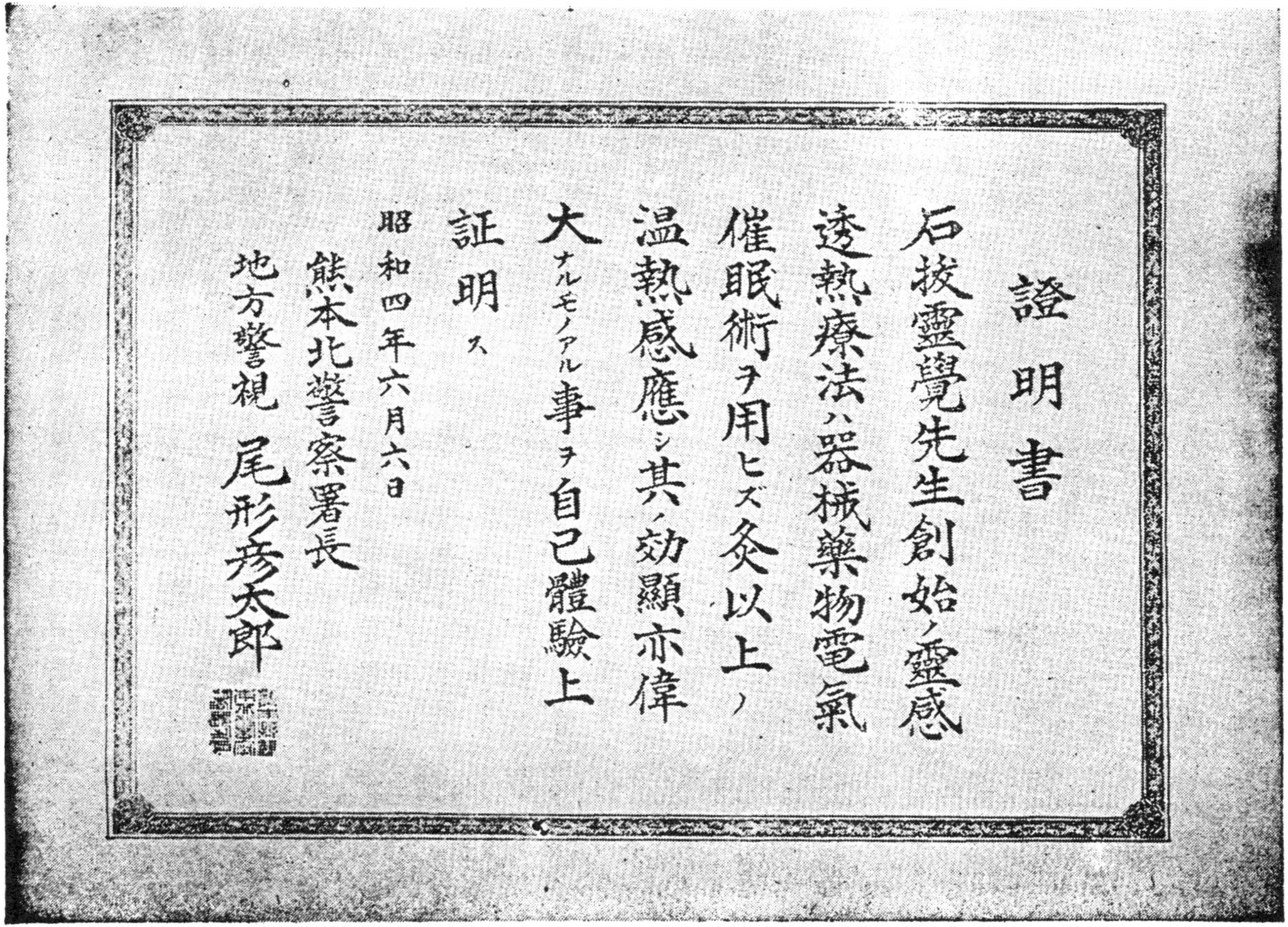

證明書

石拔靈覺先生創始ノ靈感
透熱療法ハ器械藥物電氣
催眠術ヲ用ヒズ灸以上ノ
温熱感應シ其ノ効顯亦偉
大ナルモノアル事ヲ自己體驗上
証明ス

昭和四年六月六日

熊本北警察署長
地方警視 尾形彦太郎

序

維新の大業幾多勤王の志士が血に由りて漸く成就するや、國狀頓に一轉し、長夜惰眠の反動として歐米先進國の文物を擷取するに急にして、内に顧みるの遑なく、絢爛たる彼等の物質文明の爲めに魅了せられて、醉中追蹤する事多年、其間日清日露兩役ありて忠勇なる吾等が同胞の異域に血を流して以て購ひ得たる處は、實に、世界の强國てふ名なりき。將に大に戒めて、浮華を去り、質實を旨とし、國家の隆昌を圖り、以て忠勇なる殉國の烈士が英靈に報ふべきに反つて戰勝に傲りて益々物質に溺れて悟る處なかりき。

カイゼルの野心によりて世界の大戰となるや、我は青島を攻略したるも他に大なる戰鬪にも參加せずして、數十億の富を僥倖し、彌が上にも華美に流れて止まる處を知らず遂に關東地方の大震災とはなりぬこれをしも天譴といはずして、將た何をか云ふべき、世界大戰に於ける數拾億の國富も自覺なき國民に對しては、今日の大不景氣を將來すべき遠因となりたるのみ。然るに彼にありてはカイゼルの非望槿花一朝の夢と消えさりたるを轉機とし、戰敗獨逸は勿論戰勝國側にありても、米國を除く英佛白その他の諸國傷痍未だ癒えず、戰後の經營に日も之れ足らず、物質文明は世界大戰を境界として、彼等の國に於ても漸く崩壞の機運に向はんとし『光は東方より』の語喧傳せられて東洋古來の精神文明を探究せんとする運動次第に擡頭し來れり。

余が友某醫學士語る處によれば『古代印度醫術の研究資料すべて獨人の持ち去る處となり今日に於ては彼より學ぶの外途なし』と或は恐る、本邦古來傳ふる所の秘要の如きも、我の忘れて省みざる間に、彼等によりて盜み去らるゝなからんかを、彼より學ぶべきは既に學び盡したるにあらずや、須らく今後は得たる所を整理して、之に我長所を加へ本邦獨自の文化を創造すべき時代なり。

『和魂漢才』とは千年の昔菅公によりて喝破せられたる語なり。脚下を見よ！　内省すべし！　今にして改むる所なくんば遠からずして、噬臍の悔を招くべきは火を睹るよりも明かなる處なり。天の一方に英雄の出現せん事をまち望むもの豈獨り吾輩のみならんや。

この混沌たる秋に當り、石拔靈覺先生我治療界に、靈感透熱療法の炬火を秉りて出現す。先生も亦一箇の英雄ならずとせず、先生は實に當代罕に睹る精神家にして、世を擧げて物質文明に心醉し、己を忘れて歐米の後塵を拜して恥ぢざる間に、獨り孜々として研鑚怠らず、遠く上古探湯の史實を索めて、之れを試練究明せるを始めとし、或は白隱に行き、老莊を學び、其他あらゆる和漢道釋の秘要を殆んど究め盡し、加ふるに歐米最近の物理療法に至るまで涉獵せられたり。

先生が多年の研究に繫る處の靈感透熱療法が、其の神の如き威力を發揮して、幾多の難疾、重症を立ちどころに快癒せしめ得るもの、蓋し過然にあらざるべきは論を俟たず。

頃者先生其薀蓄を傾倒して、本書を著し剞劂なりて之を吾輩に示さる、固より多年古今の秘要を究明して得たる處の靈術なり、之を坊間流布する所の精神治療書の類に比較するに、其差實に霄壌も啻ならず絶妙の靈術を説くに、最新生理解剖學に基きて祖述し、且つ行文平易にして挿圖亦多く何人にも理解し易からしめんと努力されたる懇切さは、先生が人格の一面を雄辯に物語れるものなり。惟ふに本書の如き良著は、各戸に一本に備へて長生久親の資となすべきもの、何人と雖も精修して怠らずんば、必ず奇功を見るべく、その功の遲速の如きに至りては、偏に進修の精麤に依るべきのみ。

昭和庚午陽春

醫學士　瀨口龍之介

第二版の序

余、此の書を編するに方りて、殆んど其の參考に資すべき書冊を得ず、從つて勞力を費したる事決して些少ならざりしが上に、之を比較的短少なる時日内に完成すべき事情に會しぬ。さらぬだに淺學菲才の余は、此の如くにして遂に不完全なるものを世に出したるに拘らず出版後、日尙ほ淺くして既に第二版の必要に迫らるゝに至れり。是に於てか第一版に於て足らざりし所を補ひ且新に稿を起して之を綜合的療法書となして出版しぬ。されど執筆中切に余の治療を乞ふ者、又實地指導を受けんが爲めの遠來の篤學者等來訪者常に絶へず、その爲め所期の行動を束縛せられて怱忙の間に稿を脫して終に充分の推敲を經るに遑あらず、茲に再び我が意に滿たざる再版を出すの止むを得ざるを愧づ。遮莫、新に稿を起し、加へたるもの第一療法（靈醫振興術）、及第二療法（神經調整術）第三療法（靈感透熱療法）三編又註釋の缺けたるを補ひ或は挿圖を豊富にする等內容の充實を企圖せるもの決して尠しとせず。之を前版に比して便益數倍するものあるべく、又本書獨自の面目或は自ら他と異るものあるべきを信じて疑はず、希くば讀者之を諒せよ。

昭和庚午陽春　　東肥森之都の寓居に於て

著者識

目次

第一編 第一療法（靈醫振興術）

第二編　第二療法（神經調整術 家庭及自己療法）

第三編　第三療法（靈感透熱療法）

第一章　靈《れい》術《じゆつ》の沿《えん》革《かく》

人間は原始時代より、天地萬物の存在と、人間其者の靈《れい》とを理解せむため、頗る狼《ろう》狽《はい》を極め、其の狼狽の餘まり原始時代の各《かく》民《みん》族《ぞく》は、殆ど申合はせたる樣に、神話の創《そう》作《さく》を始め、多くは自《じ》畫《ぐわ》自《じ》贊《さん》的《てき》超《てふ》自《し》然《ぜん》なる、創造史を作出したり、而して人間其者が自作したる、謎《めい》路《ろ》「神話」の中かに自ら迷兒となり同時に人間の靈と神の靈とを連《れん》鎖《さ》せんことを力め、其の連鎖關係を濃厚にすべく、而して縫《ほう》飾《しよく》すべく儀《ぎ》禮《れい》を以てして宗敎と成し、政事、軍事、其他人事庶《ぜよ》般《はん》の事柄を、宗敎的統《さう》治《ち》下《か》に置かんとせり。我國に於て政治を「まつりごと」と云へるも、上古惇《じゆ》朴《ほく》なる我等の祖先等が、政治を天地萬神と祖先とを「祭ること」と了解したるに因るなりと。此外、外國に於も、祭政一致の例に乏しからず。故に外國にては僧侶が政治上に、甚だ優越なる權利を掌《せう》握《あく》したるものあり、而して「シーヤ」seer と稱する、一種の巫《ふ》覡或は靈《れい》媒《はい》の如き職務を司《つかさ》どる者ありて、神意を傳へ或は透視《とうし》の如き技術を行ひ、盛に政治と軍事上等に、勢力を振り廻はしたることなどありしが、後世に至りて人間の常識的批判力は、却て「シーヤ」の透視力、又は宣託に優る場合多かりしを以て、自然に彼等の勢力は、退嬰《たいえい》して排斥《はいせき》せられたり。之等の技術は靈魂《れいこん》轉在《てんざい》説《せつ》より來れるものにして、源《みなもと》を印度に發し、流れて諸國に及べるなりと云ふものあり。而して靈魂轉在説は往昔《おうじやく》にのみ信ぜられたるものにあらず現今世界に於て、信奉《しんほう》されつゝある宗教中、恐くば之に屬せざるもの無く故に世界到る處交靈術の行はるゝありと云ふ。

我國にては此の技術或は方法を、種々なる名稱を以て呼び、降神術、神下《かみおろし》御降《おさがり》、神憑《みむがかり》、寄身《よせ》、杯《がらはい》之なり。而して或る泰西の心理學者は曰く、人間の靈魂は「エーテル」を以て構成され、甚だ輕きものなるが故に、死後は幾千哩の高空にありて、其生活の模樣は人間の地上に於て、種々なる修養を要すると同樣なり。而して靈界は七つの階級に分かたれ、修養怠らざる靈は次第に昇級し、現世に於て惡事醜行《しゆうこう》に飽き、靈界にて修養を爲さざるものは、永劫《ゑいごう》に七階級中の最低級に殘さるゝなりと、而して流石は泰西が、基督敎《きりすときよう》の地盤《ちはん》なるを以て、基督《きりすと》のことに言及して曰く、基督は其の靈界七階級の最上級にあり。此の階級にある處の諸靈は、宇宙《うちう》の統御《とうご》を行ふ大靈に一致するものにて、基督の云へる天國とは、此の境地又は此の階級なりと。而して是等の學者は深く之れを信じ且つ、之れを信ずるが故に、世に公にするものなるが如し。

さて之れが如何して知られたかは、必然的《ひつぜんてき》に起る疑問《ぎもん》なり。然るに誰れも死して靈界より立ち戻り、其の消息を傳へて實證したるもの無し、葉書或は書翰《しよかん》が幽冥《れいめい》より、受取られたる譯にもあらず。現在の文明を以てしては之れを齎《もた》らすべき通信或は交通機關なき筈なり。されども或る泰西の心理學者等は、唯一の通信方法ありと主張し、其の通信機關とは交靈術にして、之れに用ひらるゝ靈媒《れいばい》は其の機關《きくわん》なりと。靈媒とは日本に於て普通には巫(ミコ)或は代身(ダイガラ)或は(カラ)と稱せらるゝものなり。而して其の靈媒が靈界の靈を宿すや全く失神狀態となり、其れより靈媒は斯くして靈界より來りて宿れる靈の意識によりて語るを以て、靈界の動靜《ごうせい》を審《つまびら》かに知るを得ると云ふにあり。此の特殊技術又は特殊能力の媒介《ばいかい》によりて靈界の靈をして地《ち》殼上《かくじよう》に住める人間と、語らしむる等の行作を交靈術と稱するが如し。斯學者等は此の說話等によりて、靈界か、天國か、地獄か、極樂か―名稱は兎も角、幽界の事情を明かにしたる譯にして、靈媒たる技術を有するものは極めて特殊なる運命の人にして、謂はゞ一種の宿命なるべく、普通人の練習等にては、到底成熟《せいじゆく》すべき業《げう》にあらずと云ふ、我國に於て一般に識られたる交靈術には、其の種類幾多もありて、既に死したる人間又たは其他の靈―死靈、現在生きたる人間又たは其他の靈―生靈に亘りて行はれ、法華《ほつけ》、眞言《しんごん》等にては代身(ダイガラ)又たは(カラ)と用ふこともあれど、死靈又たは生靈《せいれい》の崇《たゝ》りに、惱《なやま》されたる疾患者等を、加持或は祈禱《きとう》する塲合杯に於ては、疾患者其人を死靈或は生靈の靈媒として用ひ、或は加持祈禱を行ふとき、自動的に死靈或は生靈が疾患者に宿り來りて、奇現象を現はし、種々なる事を語ること尠なからず、僧侶、行者等は之れと論爭を爲し、或は和協調停の示談を試ることあり。或は論爭《ろんそう》の揚句《あげく》、死靈又たは生靈の要求を容れて、相當なる宗敎上の修法をなす等は、世間周知の事實なり。之れ等に就き余の信じ得ざること、幾多數ふるに勝へずと雖ども、一例すれば金神《こんしん》又たは方殺《ほうさつ》の語たれるなど之れなり。金神も一種の方殺にして、方殺は常識を有するものは熟知《じゆくし》する如く、一種の假設名にして、假りに與へたる符號に過ぎずと雖も、聲高く其の巫《ふ》或は疾患者自身が嘲《あざけ》りて曰く「、、、我れは金神《こんしん》なるぞ、何月何日我が所在に當りて溝《みぞ》を掘《ほ》りたればは不都合の義許し難《がた》し、故に此の病人に祟《たゝ》りを致す、、、」杯《はい》實に滑稽《こつけい》も甚だしきものあり。

尚ほ奇怪なるは、猫、犬、蛙、蛇、馬、牛、野狐等の靈が疾患者に乘り移りて、僧侶など論議《ろんぎ》し、論旨《ろんし》を有利に導くため情實問題《ぜうじつもんだい》を援用《ゑんよう》して、適切《てきせつ》なる人間味情狀を羅列《られつ》して論駁《ろんはく》せんとする有様は一度も目擊したること無き人は、筆舌の說明のみにては信じ得ざるこそ當然なる可し。又た猫、犬、蛙等が年月日等を引用して說明等を試みることあるは誰れも之れを聞きて呆然《はうぜん》たらざるを得ざる可し、而して或人等には狐《きつね》などが常に宿りて離《はな》れざる疾病《しつぺい》に罹《かゝ》り其の甚だしきものは發狂者と同様の病狀を呈し眞言法華《しんごんほつけ》などの僧侶《ぞうろ》又たは行者《ぎやうしや》が、加持祈禱の依賴を受くるあり。眞言、法華等にては、之等が實際有得べきことゝ信ずるものゝ如し。日本に於て屢々《しば〳〵》生ずる精神病の一種類に、病人が狐に變り濟ましたと信じ、奇態《きたい》な聲《こゑ》にて話すものあり。一般に此種の人は狐に所有されたりと信じ、此の狀態を「キッネツキ」と稱す、催眠したる人を動物に轉《てん》じたるは、此の現象に確かに類屬《るいぞく》するなり。)

是等は余も報告者の云へる如く、一種の催眠的性現象《さいみんてきせいげんぞう》ならんかを、想像《そうぞう》することあり。特に屢々《しば〳〵》目撃《もくげき》したるものにて、死靈《しりやう》の祟《たゝ》りなる疾病《しつぺい》あり。死靈にも種類ありて、樹木の死靈、獸類の死靈、人間の死靈等あり。而して代身或は疾患者が死靈の靈媒《れいばい》なる狀態《じやうたい》を以て「、、、未だ浮ぶことが出來ない、、、」或は「地獄に落ちて居るから讀經して相等供養をなさば、病人から離れて遣はす、、、、」或は「此の人間(疾患者)が私の存在中に於て私に、、、の惡事を以て苦痛を與へたから、其の怨恨《ゑんこん》晴《は》れざるため、先きが暗くて浮土參りが出來ないため、浮ばれずに迷ふて居る、、、」杯《はい》語《かた》り出す樣は、普通人の到底想像し得ざることなり。

然るに泰西と我國とは、宗教及び國體等の關係のためか、幽冥界《ゆうめいかい》の模樣にも相違あるが如く思はる而して我國にても往時は、巫術盛に、行はれしため、死者の靈を靈媒《れいばい》に用ひて、妄《みだ》りに現世に引き出だしたるも輓近《ばんきん》に到るに從て、殆んど其事なきに至りしが、余の諸所にて老人等より聞取りたるを綜合《そうごう》すれば多くば死者が再び現世に呼び出ださるゝことなき樣、依賴するを常とす。其理由として曰く、靈界にて大凡そ貴賤《きせん》の基準《きじゆん》となるものは新古なり、最近に死したる新參者に輕蔑《けいべつ》され久しき以前人間界を去りたる古參者は尊敬《そんけい》さる。故に一つの死靈が現世に還るときは其度毎に新參者となる譯なりと。昔は大阪の或る所に死靈及び生靈を巧妙に取扱ふ名高き巫使《みこつかい》ありて近松の浄瑠璃《じようるり》文句《もんく》の中かにも挿入《そうにう》されたりと或る文學者の話せるを聞きしことあり。

我國にても最も甚だしく行はれつゝある巫術《ふじゆつ》は、野狐仙《やこせん》等の稲荷の御《お》告《つげ》にして、各大都市より山間《さんかん》僻地《へきち》に至るまで能く聞く所なり。而して野狐仙の行爲と人格とは多くば面白からざるもの多く、從て有識者《ゆうしきしや》が之れを一種の瞞着《まんちやく》と見るは當然にして現今某所の某稲荷の取次(巫術のこと)を爲しつゝあるものは年齢六十内外の前科五六犯と云はるゝ惡漢《あくかん》なるも其の一例なり。

古來巫術に就ては頗《すこぶ》る奇聞《きぶん》多く京の三十三間堂の棟木《むなぎ》の精《せい》は、舊劇中の人氣者なるが今まの世にも樹木の死生靈に付き、滑稽《こつけい》なる話題あり、熊本市京町加藤神社(清正公を祠《まつ》れる社の石段を下れば、左側に腰掛《こしかけ》茶屋《ちやや》の「バラック」あり。其の女將《おかみ》數年前子宮を病み、一二の醫師の診察を受け外科手術を要するものとせられ、既往數ケ月に亘りて病褥《べうじよく》に呻吟《しんぎん》したるもの或る寺の觀音《くわんおん》修驗《しゆけん》僧侶《ぞうろ》の、修法《づほう》を授かる最中かに、女將猛然《もうぜん》として起き上がり、大聲を發して「女將に今まで宿れる靈は榎《えのき》の精にして、其の名は高島大明神なり。數年前まで彼所にありしを切り倒《たを》されたれば、主人及女將の兩眼を潰《つぶ》し、生命を奪《うば》ふ筈なりしが、友神等の懇請《こんせい》によりて差控《さしひか》へたるも、汝《なんじ》の病氣は榎の精の祟《たゝ》りなり」とて夢中に吐鳴《となり》り始めたれば、僧侶は協調的《きよてふてき》手段《しゆだん》に出で、自稱高島大明神に、小さき堂を立てゝ祠ることゝしたれば、大に大明神の歡心《くわんしん》を得て以來女將は榎《ゑのき》の精《せい》高島太明神の靈媒《れいばい》と成り澄《す》まし、遠近《ゑんきん》の者女將に豫言《よげん》及藥艸《やくそう》の配劑法《はいざいほう》等を授からんと出入するもの頗る多く就中《しゆちゆう》他府縣より來るものありと。

余熟々《つらく》考ふるに巫術或は交靈術は、原始時代より行はれ、現今に於ても尙ほ其の活動を停止することなく、寧ろ社會の裏面に於て、驚くべき潜勢《せんせい》力《りよく》を有し、多くば迷信を傳播《でんぱ》し人世を毒するとも益することと稀《まれ》なり。故に近世の智識階級《ちしきかいきう》は之れを敬遠《けいゑん》して近付かざるに拘はらず、心靈學者《しんれいがくしや》等《など》は社會の表面に於ける、顯勢力《げんせいりよく》たらしめんとするも、理化學《りくわがく》及び生物學《せいぶつがく》界に於ては、未だ其の學者等を納得せしめ得ざるなり。されども或る少數の有名なる學者等が、之れを信ずるを以て、或は眞理《しんり》の存する所あるにや彼の英國の學者「ワスレス、クルックス」或は獨逸の學者「ツエルネル、フエヒネル」等の所説等が交靈術界の雜紙に引用さるゝなどは、最も興味《きようみ》あることなり。されども「ライプヲッヒ」に開催されたる交靈會にては、是等の學者が米國人「スレート」と名付くる、山師《やまし》に騙弄《へんろう》されたりとて、世の笑を買ひたりなど傳へらるゝを聞けば、事實の眞相を審《つまびら》かにせざるも、聊《いさゝ》か信ぜんとして得ざるの感あり。余が之までの經驗を以て觀察《くわんさつ》すれば、或る僅《わず》かを除《のぞ》くときは、其の餘は皆な種々なる滑稽的喜劇《こつけいてききげき》に過ぎざるものにて、中かには精神の虚弱《きようじやく》より來れるもの、或は自己催眠《じこさいみん》に類するもの、或は出鱈目《でたらめ》の瞞着《まんちやく》なるもの等にして、畢竟詐僞《ひつきようさぎ》と稱せられるゝも詮方《せんかた》なからん。而して巫《ぶ》又は靈媒は、殆ど其の大多分が婦人にして、之れは最も注意に値することならんか。其等の婦人は公平なる批評眼《ひへうがん》を有する者を介して調査するときは、通例辣腕《らつわん》にして、神經甚だしく過敏《くわびん》なる、病的に勝手氣儘者《きままもの》なり。而して巫術《ぶじゆつ》或は交靈術は、未開なる原始時代と、野蠻《やばん》なる地方とに隆盛《りうせい》なる傾向《けいこう》あるは、全然事實にして且つ學者間にも此の定評ありと。加之《かの》太古結繩《たいこうけつじよう》時代に於ても、或る一部識者間には喜ばれざりしものか、彼の「誣《ぶ》」の字は頗る意味深き暗示《あんし》を感せしむ。されど余自身としては、僅かながらも二三の確實なるものを、直接體驗《ちよくせつたいけん》したると共に、夫れが古來《こらい》盛に行はれ來り、世界到る所に存在するを以て、殊更紹介《ことさらしようかい》するとせざるとに拘らず、大に研究を要すべきなりと信ず。

さて巫術は一般に宗教に立脚《りつきやく》する場合多く、謂《い》はば巫術《ぶじゆつ》は宗教上の副產物にして、又た巫術より由來したる宗教もあらん。現在我國一部人の間に信仰され、盛に宣傳されつゝある宗教は、巫婆《ぶば》某に祖《はじ》まり某の巫術を起源となすものなるは、誰れも能く識《し》る處にして、一二年前より、社會及び法律上の問題となりて、某《ほう》教事《きようじ》件《けん》の、某教其者は、未だ宗教にあらざりしとしても、矢張《やはり》巫術より由來したる一種の信仰團體《しんこうだんたい》なり。而して宗教《しゆきよう》には其の開祖《かいそ》或は中興《ちゆうこ》の名僧等に係る、奇蹟《きせき》によりて固《かた》められたるものあり、他の靈術書又たは精神修養書等には、其等の奇蹟《きせき》を靈術なりとし、或は精神修養の賜《たまもの》なりとするものあれど、余は成るべく之れを避《さ》けんとするものなり。されども識《し》らず〳〵之れを援用《えんよう》し後とにて其の非を感じ、對話者に陳謝《ちんしやう》をなすことあり。凡て宗教家或は信徒は、已《おの》れの信奉する宗教を誇張《くわんはり》に吹聽《ふいちよう》せんとする、心癖《しんへき》を有するもの多く、而して宗教家又は宗教信徒等は因襲的《いんしうてき》に偏頗《へんは》にして、感情性《かんじようせい》なるもの多數なり。殊に甲の宗教を放棄《ほうき》して、新に乙の宗教に轉籍《てんせき》したる者の中には、思慮淺薄《しりようあさはく》なるもの大多分を占め、僅かなることを輕々しく信じ、又たは針小棒大《しんしようぼうだい》に語るものありて、其れが又た針小棒大に傳へらるゝを以て、次第に事實に遠かり、全く相違したものと成るなり。例《たと》へば片ッ方の足を二尺高かめたるを見て、三尺と傳へ五尺と轉《てん》じ、次第に變じて、終《つい》には天に上ぼりたる噂《うわさ》と成り行くなり。此の情《なさけ》を知りて、辣腕《らつわん》なる奇策《きさく》を弄《ろう》したる者もある可し。而して宗教家は、自己の宗教の欠點《けつてん》を識《し》りながら、或は自己の宗教の欠點には、遮二無二《うやむや》理窟《りくつ》を付けて、徒らに他を譏《そし》らんとする、人間性を濃厚《のうこう》に保つものなり。此に於て余は宗教の開祖、又たは中興の名僧等の奇蹟等に付ては、譬《ちか》ひ余自身は信ずることありとしても、之れを妄《みだ》りに靈術或は事實なりなど認むることを、他人に強ひ又たは力強く紹介《しようかい》することを好まざるなり。

嗚呼《あーあ》眞言は眞宗を譏《そし》り、眞宗は法華《ほつけ》を、浮土《じようど》又た眞宗を法華は又た各宗をと互《たがい》に已れの非を顧《かえり》みづして、他宗を惡しく非難《ひなん》することは、彼の路頭《ろとう》に立ちて得意らしく、說教する群《むれ》の基督教徒にも劣《おと》る所なきや、而して其の內幕《ないまく》に入れば、實に言語に絕するものあり。又た神道《しんたう》の分派《ぶんは》の或るもの等の傳道《でんだう》の遺方《しかた》などに至りては、之れも基督教傳導師に劣《おと》るべし。凡そ宗教のことは、我儘《わがまま》氣儘《きまま》の出鱈目《でたらめ》を以て建設《けんせつ》され、而して持續《じぞく》され行かんとするものならん。余が法華の僧侶《そうろ》及び信徒に、聞かされたることを以て例すれば、學者智者の言ふことに耳《みみ》を傾《かたむ》くるなかれ、學者智者の說くことにより惑《まよ》はさるる勿《な》かれ、法は全く眞理《しんり》なりと、是れ全然出鱈目たらざるを得ず。法が全く眞理《しんり》なりとせば眞理を學者智者によりて獲《うはう》べきならん、而して昔は名僧のことを「智《ち》識《しき》」又は聖「ヒジリ」と云ひて學者又は智者となせしにあらずや。而して彼等は曰く、佛の法は那邊《なへん》までも眞理なり、今の學問は間違の凝塊《きようくわい》なりとて種々なる例證《れつしよ》を試みたり。宗教者流は多くば此の類にして、我が信ずるものは何事も眞にして、他人の言ふことには耳を塞《ふさ》がんとするなり。其の他の宗教家或は信徒に於けるも相類似《あいるいに》する處多し。

彼の路頭に立ちて說敎する、基督敎徒の說く處を聞くも、又た之れを相近し、曰く神は創《さう》造《ざう》者《しや》にして、天地萬物及び人間を造り給へり、夫れは皆な聖書《せいしよ》に誌《しる》されたれば、決して間違なき譯なり、基督敎徒は其の創造主《さうざうしゆ》なる眞の神を信ずるなり、他の宗敎を信ずる者は、眞の神を識《し》らざるなれば、宜しく基督敎の神を信ぜよと。而して基督が十時架《しゆじか》の上にて、流されたる血によりて凡《すべ》ての罪惡《ざいあく》が淸《きよ》めらるべし、、、天に在《まし》ます唯《た》だ一つの眞《しん》の

を信ぜよ、、、基督は神の下だし玉へる、神の子に在まさる、、、偶《ご》像《ざう》は眞の神にあらず、、、多神敎は間違つた宗敎、、、聖誕《せいたん》以前に豫言者が豫言した通りに、基督は降誕《しようたん》せり、、、其れは一々聖書に記錄されたれば、疑を容《い》るゝの餘地なし、、、杯《はい》聞けば聞く程我儘氣儘の出鱈目なりと感ぜしむること多し、誰れも宗敎を信じ、神を禮拜《れいはい》するものにして、眞の神に向へりと思はざるものなからん。基督敎徒が信の神を拜して

異《よ》端《たん》は眞ならざる神を拜しつゝありと斷定《だんてい》する者、宜ろしく第三者ならざる可からず。併しながら其の信徒間に於て、相語るは當然のことなるも路頭に立ちて一般人民に、講演することや如何。基督の血が凡ての罪惡を消めるとて、直ちに之れが理解《りかい》され得べきや。若し其れが理解さるゝことあらば、理解者は必らず輕信家《けいしんか》ならん。天に在ます唯一つの眞の神を、信ずるとてふ基督教は、果して其れが一神教なりや。彼の三位一體說を聽《き》くときは、說教が深か入るに從て、三神崇拜《すうはい》の基督教と思はざるを得ざるの感あり。殊に舊教は、全然一種の多神教なりと云ふものあり。又た聖書の創造史を、神話として笑ひ去るならば、余は勿論進んで共鳴《きようめい》するものなるも、仲々基督教徒は之れを主張して、信仰の基礎《きそ》となすに努むるものなり。然るに創造史を能く注意して讀むときは「サタン」―惡魔《あくま》―誘惑《ゆうわく》――換言《くわんげん》すれば惡神《あくしん》、其の惡神と善神との二神が、天地の太始《たいし》に存在《ぞんざい》し、善神は天地萬物を造り、人間をも造り給へるに、惡神は善神の行爲《こうい》を妨《ふせ》ぐるべく惡戲《あくゆう》をなす譯なり。然るときは基督教は善惡二神論にして、其の敬拜《けいはい》する神は、善神なるなりと思はる、矢張り一種の多神教ならざるや。余は聖書《せいしよ》の創造史《そうぞうし》、其他聖書中の舊譯《きうやく》新譯《しんやく》の差別なく、理解し難き記錄《きろく》は常に神話として笑ひ去り、余の理解し得る者のみを取捨《しゆうしや》して、金言玉條《きんげんぎよくしよう》に値するものは、余が祖先より信奉《しんほう》し來れる神道、及び佛法の信條とともに、尊敬するものなるなり然るに余が基督教に或る程度まで、最も敬意を表するは此の二神論にあり。昔の波斯《しるしや》にては、光明の善神と闇黑《あんこく》の惡神を說きしことあり。埃及《ゑじぷと》にては「オシリス」善神と「チフォン」「惡神」の存在を云ひ。「ヘブリユー」の古宗教にては、豊饒《ほうぜう》の母神と天の峻嚴《しゆんげん》なる父神とを信じたりと。古來二神論は往々ありしもの丶如し。而して人生を善惡二神の爭鬪渦中《そうとうかちう》に介在《かいざい》するものと考ふることは、人類生活に適切《てきせつ》なる警鐘《けいしやう》として、確に偉効《いこう》あるものなる可し。されど基督教徒は、強ひて一神教なりとして頑張《ぐわんは》り、妄《みだ》りに他を譏《そし》らんとするものにはあらざるか。而して基督の降誕《せうたん》、神の子、昇天《しようてん》、復活《ふくくわつ》等は、現代の文明を以てしては－生物學、生理學、醫學上等より觀《あきらか》なるときは到底信ずべからずと。加之聖書の是等の記錄は、後年の作にして、間違ひたる記載多しと、斷定するもの尠なからず。英國の基督敎學者中にも、此の說をなすもの增加しつゝありと云ふ。少しく敎養《きようよう》ある傳導師、僧侶等は勿論就中高等智識を有する基督敎の宗敎家は、其の常識を以てするも、創造史降誕、復活、昇天、其他を信ぜりとは思はれざるなり。然れども之れを强ひて他人に信ぜしめんとするは、全く文明と宗敎の矛盾にして、其の信徒も自己の奉ずる宗敎を、擴張《こうちよう》せんとする情の熾《し》烈なることは、傳導師僧侶と全く異なるなきなり。是等のことは基督敎のみのことにあらずして、佛敎又たは神道の或る宗派に於て、層一層甚だしきものあり。故に自己及び自己が奉ずべき敎條《きようじよう》を、欺《あざむ》きてまでも、其の宗敎を誇張に、吹聽せんとするものなると同時に、聖書、經典《きよてん》、其他其の宗敎其者の所藏に係る、記錄によりて證明されたる奇蹟《きせき》等は、余自身としては信ずる場合ありとも、他人に之れを靈術として説明し、又たは援用引例《えんようしゆうれい》するを避《さ》く可し。而して我國にては戰國時代の末期より、豐臣氏の末路頃に亘りて、猿飛佐助《さるとびさすけ》其他の忍術者なる、靈術家ありし如く傳ふる杯あれど、余の愚鈍を以てしては、能く之れを確かむるを得ざりければ、之れを靈術として誌す勇無く、且つ研究の端緒《たんしよ》だも、得ざりしを甚だ遺憾《いかん》とす。

神代《かみよ》或は我が原始時代より、我國には神道の靈術ありしが如し。其等は主として巫術なりしが、佛教渡來以來、佛教的靈術加はり、其の主なる部分は、又た巫術なりしと察するを得べし。而して泰西にては、交靈術は其の原始時代より行はれたるも、「メスメリズム」の出現するに至りて、時代は後者をより多く歡待《きたい》したるが如し。俗に曰ふ「メスメリズム」―人身磁力或は動物磁力は、獨逸の醫師「メスメル」によりて發見され、以後靈術は次第に秩序ある、研究練磨《れんま》によりて導かれたり。其當時を追想すれば「メスメル」が動物磁力《じりき》の研究を始めたるは、「ダルトン」の原子説發表前三十年位なりしを以て、理化學の研究甚だ猛烈なりし時代なり。此の環境《くわんきやう》ありて、「ダルトン」の原子說を發現したりとも云ふべく、而して「メスメリズム」にも大に影響を與へたるなる可し「メスメル」の身邊を能く考察《こうさつ》するときは、彼れは醫師なりしを以て、其の當時に於ける相當の、學藝《がくげい》智識《ちしき》の修養を受けたるものにして彼れは當然理化學界の發達と、其の內容の秩序整然《ちつじよせいぜん》たるとに、驚かざる可き資格を有したるなり。彼の動物磁力《どうぶつじりき》の研究たるや、必らず此の刺戟《しげき》の幇助《ふうじよ》を受けたる處多かりしならん。

泰西の理化學は、極東の其れに比し順調に發達したるため、他の諸科學は之れに附隨して、一勢に進步したるを以て、一般の有識階級は、皆な科學的理解を有したり。故に「メスメル」が動物磁力或は人身磁力の開祖の如く見ふるも、「メスメル」以前に於て、其れが有識者間に相當に知られたる問題なりき。西曆一五三〇年頃醫師「パラセルサス」は、天體の人類殊に、其の疾患の場合に及ぼす影響現象《えいきやうげんしやう》を說きしが、此の信憑《しんぴよう》は次第に發達して、時人は星體《しやうたい》が只だ人類に影響するのみならず、人類相互間にも、互に影響するなりとなすに至れり。又た此の時代の「ヘルモンド」と名付くる醫師は、人間は他人殊に疾患者に、磁力的に感應せしめ得る力を有することを、一と際明瞭に指摘したり。多分「ヘルモンド」醫師は「ゴクリニアス」と稱する名家より其の大態を敎へられしならんと云ふ。而して蘇格蘭人「マキスウエル」は、西曆一六〇〇年頃矢張此の說を支持し、宇宙に其の生靈ありて、之れにより凡ての物體は、互に相關連するなりとせり。此の宇宙の生靈なるものは、晩年「メスメル」の「ユニヴーサル、フルート」Uniuersal fluid(汎溢水)と稱したるものと、相酷似《こくじ》する等を觀れば、其の時代の有識者は、理化學及び科學の發達に促されて、緻密《ちみつ》なる考察力と硏究力とを涵養《かんよう》したれば、多くの先人等が、既に能く發見し、知悉し、聲明し、且つ慣用したるものにして、公衆の注意と興《きよう》味《み》とを、始めて吸收したるものは蓋し「メスメル」なりしなり。

序に　余或人の手寫本を讀みしに、切れ々々に記憶するものを記すれば、、、、、歸神法(かむがかりの法)を幽齊《ゆうさい》と云ふ。、、、、、一意に吾靈魂の天御中主大神の御許に至る事を默念《けんねん》すべし、、、、、幽齊は宇宙《うちゆう》の大主宰《たいしゆさい》天御中主大神に感合《かんごう》し、親しく八百萬神に接す、、、、杯とあり。惟《たれ》に我が神道の幽齊にては「マキスウエル」と宇宙の生靈「メスメル」の汎溢水の代りに、天御中主大神に感合することによりて、八百萬神に接し得るなりとせるや。或は「マキスウエル」の宇宙の生靈「メスメル」の汎溢水を神とし、宇宙の大主宰なりとして尊敬したるものなるや。又た或は彼我見地に全く相違あるや。聊か私感を添へて參考に資す。

實に「メスメル」が、人身磁力或は動物磁力に付き活動したるは、西暦一七七一—一八一五年に亘る四十四年間なれば、其の間或は詐欺《さぎ》者、或は公賊《こうぞく》或は貧民を救助す、或は能く疾病を癒《いゆ》やす、或は何、或は何と呼ばれ、成敗交々なりしと雖ども、一般に之れを透觀《とうみ》するときは、確かに一つの幸運兒たりしなり。衆多の先人ありしにも拘はらず、彼れは人身磁力或は動物磁力の開祖として知られ、名を竹帛《ちくはく》に垂るゝを得たり。當時理化學者は非常なる熱心を以て、事物を研究するを誇《ほこ》りとしたれば、人身磁力或は動物磁力も、屢々學者間の研究問題に供せられ、或時は人身磁力或は動物磁力に就ては、以後一切の研究を拒絶《きよぜつ》すとて、學者等に言ひ放たれたることもありしが、之れに反して歐洲の民間には、益々好評を博したり。

西暦一八一五年「メスメル」の歿後二十五六年を經て、西暦一八四一年英國の醫師「ブレイド」が、佛人「ラ、フォンテン」の講演を聽《き》きゝて大に興味を煽り、熱心研究の結果として、催眠術を發見したり。爾來《じらい》學者間の試驗に成功し、醫療上有益なるものと認められ、佛蘭西にては主として素人間に弄ばされたりと雖ども、他の諸國にては多くは、醫師によりて研究修養せられ技術は容易にして奇《き》現象《げんしよう》を顯はすを以て、自然的に傳播も甚だ速かにして、世界の各國に其驥足《きそく》を伸べたるなり。

我が日本にては僅かに三四十年前より、催眠術又は動磁力術等の輸入《ゆにう》を見たるなるが、頗る急速に全國に傳播《でんぱ》せられ、現今にては是れが一般人の常識の一つとなれり。而して約十年以來、能く耳にする所の無催眠術は其の名稱のみを聞かば、頗る奇に感ずべしと雖《いへ》ども、矢張催眠術に屬するものにして、唯だ眠を起さしめずして、其の目的が達せらるるを以て、局外者をして矛盾したる如く感ぜしむるも、無催眠術なる名稱を用ひたるなりと云ふ。而して現今日本に於て、行はれつつある靈術は、神道及び佛敎の靈術と催眠術及び無催眠術となる可し。就中神道及び佛敎の靈術は、日々衰頽し行きつつあるの觀あり。是れ或は諸學藝の進歩に抑壓せられて、余儀なく其の蔭に潜めるなる乎。或は技術修養の方法其の秩序を缺ぎ、練習の途甚だ迂遠なるため、現在の時世にありては、卓抜なる術者を出すに適せざる乎。或は其の道に志す者の、薄志弱行《はくしじやくこう》の致せるなる乎。或は宗敎的迷信を伴ふため、世の忌憚《きたん》に逢會《そうくわい》せるなる乎。余は切に其の衰頽《すいたい》を歎《な》げくものなり。

神道及び佛教の靈術の衰頽《すいたい》のみならず、「メスメリズム」及び催眠術等の進歩も又た遲々たるは、現代科學及び技藝《ぎげい》に抑壓《よくあつ》せられたるにあらずして、斯道家が能く之れを理《り》解《かい》し、能く之れを技術中に取用し得ざるが爲めなる可し。故に徒に聲のみ大にして、殊更に技術の發達を、見出す能はざる場合多し、されば泰西にては靈術によりて、幽靈が見られたりと、或は幽靈の寫眞を撮《さつ》影《えい》するを得たりと、或は幽靈を捕へて、其の像《すがた》を製作するを得可し、或は靈媒を介《かい》して死靈と談じ、天國の動靜を悉く審かにするを得べし抔傳へらるゝと雖ども未だ現代理化學者によりて、精確《せいかく》に證明《しようめい》されたるものなく、其他諸科學者をして、充分に納得《なつとく》せしめ得たるを聞かざるなり。

第二章　現代醫學の沿革

附、醫學を解せざる精神療法家の妄言《ばうげん》を戒《いまし》む

現代の醫學は其の由來する所甚だ遠く、人類の原始時代より來れるものにして初め草根木皮を用ひて、病を醫したるは、東西共に全く同様にして、之れ古代醫術なり。現在にても野《や》蠻人《はんじん》の間に於ては、盛に之れが行はれつゝあるなり。而して其れが僧侶、巫術者等の技術中に編入《へんにう》されたるなり。又た我國にても彼の戰國時代にありては、全然醫藥の術は僧侶及び巫術者の掌中《しやちう》に落ち、德川時代に至りて漸く獨立したり。故に寺に家傳藥を聞き、巫《みこ》（野狐仙）等が取草を告ぐるなどは、今尙ほ能く耳にする所なり。而して醫學に最も必要なる解剖學《かいぼうがく》は、太古より研究家によりて多少行はれたるが如し、漢醫書を見るも五臟六腑《ござうろくふ》は夫れ〳〵學語を以て名付けられ、血液循環《けつえきじゆんかん》等より呼吸による新陳代謝《しんちんだいしや》も能く識《し》られたる形跡《けいせき》ありと雖ども、德川時代の末期に現はれたる杉田

亞伯等が、蘭書《らんしよ》によりて人體解剖の研究をなすまで、我國にては殆んど進歩の見るべきものなかりき。併し東洋人には解剖的智識《かいほうてきちしき》が、餘程普及《ふきう》されたるものにて、筋肉を斷《た》ち又は睾丸《こうぐわん》を取除く等の刑罰《けいばつ》が行はれたることあり。泰西にては西暦紀元前二千年頃より、既に解剖學に着眼され、西暦紀元前六七百年頃には、「ガレヌス」「アリストテレス」等を出だし、是等の人は古代解剖者中に著名なり、其の時代には人體解剖は國法によりて禁止され、殊に醫術は僧侶の手にありしなり、然るに其の時代の解剖學者は、人体に最も近似したる猿《さる》などを解剖し、之れを人體に推判比較《すいはんひかく》して研究したるなり。而して基督教全盛時代には、基督教の人生神秘觀《しんぴくわん》に抑壓《よくあつ》されたるため、解剖學は寧ろ衰退《すいたい》するのみにて、十三世期の末期頃までは、只だ「ガレヌス」の人体解剖學書のみが存在したりと云へば、實に其の當時を偲《しの》ぶに足るものあり。

然れども十六世期には宗教改革勃發《かいかくぼつぱつ》し、羅馬法王《ろうまはうをう》の教權《きよけん》は痛く破壞《はくわい》され、其れより以後次第に肉体に關する研究は競ふて起り、宛ら昇天の勢を以て進歩し、學者も續々現はれしが、中かにも「ウエルサリユース」と名付くる年若き學者は、西暦一五四三年年齢僅かに二十八歳にて、完全なる系統《けいとう》的《てき》解剖學の大著述を成し、（チヤーレス）五世及び「フイリツプ」二世王の侍従醫を仰付けられしが、少時にして宗致裁判所は魔術師なりとの論旨を以て、死刑を宣告したるなど、解剖學にも頗る滑稽《こつけい》的《てき》悲痛《ひつう》なる史談あり。

兎角此の頃までは、比較解剖學が人体解剖學の用途を充塡し、其後に於ては人体解剖頻《しき》りに行はれたるが如し。十九世期には顯微《けんび》鏡《きよ》的《てき》解剖學は、比較解剖學より離れて獨立したり。故に解剖學の眞の發達は十九世期以後のことなり。是れより曩《さ》き生理學は、西暦紀元前五六世紀の頃より研究され、前に述べたる解剖學者（ガレヌス）は、生理學の始祖とも言ふべき人なりと云ふ。彼れは輓近に於てさえも、非常識なる偏屈漢《へんくつかん》、及偏狹《へんこう》なる宗教家等ありて、猛烈《まうれつ》なる攻擊を浴せて、壓《あつ》迫《はく》せんとする活体解剖を、彼の時代に於て、能く達観し敢て實行し得たり、而して彼れの熱誠なる努力を以て、長に福利を人類に與へんとしたるなり。それより下りて三世期頃より十六世期頃までは、基督教の宗教的壓迫のため、生理學者も他の科學者同樣の運命を辿りて、(ガレヌス)以上の造詣者を出だす能はざりき、十六世期以後は多くの學者を續出し、西曆一六二八年「ウキリヤム、ハーヴェー」は、血液循環《けつへきじゆんかん》の理を發見し、續いて彼れは一切の生物は、皆な卵より生まれるてふ顯著なる原則的創見を得たり。其後人体生理學、人体解剖學、比較解剖學は、全く肩を並べて長足の進歩を爲し、十九世紀には動物全般に亘る生活現象を研究する、比較生理學なる者「ヨハンネス、ミエルレル」の手によりて出現し得たり、此の科學的大壯圖は實に其後莫大なる利益を、全醫學界及び其の他の學界に投じたるものにて、西曆一八五八年「ミエルレル」の死後人体解剖學、比較解剖學、病理解剖學、生理學、進化論《しんくわろん》等全く一新面目を成して、彼の比較生理學中より爆發し出でたり。而して亦細胞《さいほう》生理學、細胞病理學、病理學、及び組織學も之等と前後して生まれ、「ホルモン」學説及び「ヴ井タミン」學説等の如きも、皆な以上記載したる諸科學の、基礎的幇助《きそてきふうじよ》によりて發達しつゝあるなり。其他醫學の研究課目に屬する諸科學、及び技術並に醫療機具及び設備等にして、十九世紀以後驚くべき、躍進的發達を成したるも、到底數ふるに勝ふ可からず。實に現代の醫學は、人間の肉体を一種の透明狀態となし、特種疾病の有無を見定め、或は顯微鏡下に照して、病菌《びやうきん》の遺屍《いし》を檢し、以て疾病の何んたるやを察し、或は生きたる他動物の內分泌物を以て、從來不治と信ぜられたる疾病を治する等より、外科醫の鬼手佛心的《きてぶつしんてき》手術振りを見ては、之れを昔日の醫術に比較すれば、全然魔術師の業作と見るの外なからむ。殊に現代の醫者は、臨床學者と基礎學者とに分かれ、而して自ら天才的特長を撰びて研磨怠らざると共に、藥化學者は獨り特立して研究を續け、或は細菌又は病菌を培養し、或は之れを動物の活体に應用試験する等學者は益々將來に向つて、醫學と民福との啓發に力めつゝあれば、現代醫學の定義的主張或は公理的學說を確實なる理由なくして、非難又は攻擊《こうげき》、或は蹂躪せんとするは、出鱈目にあらざれば謬見の甚太しきものたり。

或る療術家の曰く「凡ての疾病は血管に脂肪の硬著《こうちやく》するに因る、故に指頭を以て脂肪の硬著せる局部を押へ、能く其の硬著を解かば、必ず凡ての疾病を醫す可し、黴《はい》菌《きん》などは決して病因をなさず、、、」と誰しも之れを聞きて呆然たる可し彼等は全然現代醫學に關する常識を缺げるものなる可し。

第三章　第一療法（靈醫振興術）總論

A、悲哉心靈無視

幾《いく》千《せん》兆《おく》幾《いく》萬《まん》兆《おく》とも計られざる多種多樣なる細《さい》胞《ほう》の構造及機能は頗る複雜にして、靈妙不可思議で到《とう》底《てい》吾人が研究し盡し能はざる處にして、今日の生理學者が、之に就て研究を進むれば進むる程、其組織は益々深遠卓絕となり、其機能は益々幽玄不可解となり、吾人は之を形容する言葉さえ見出し能はざるの狀況に立ち到る場合が多いのである。

今日の生理學が人間の身体の組織及機能に關して知り得た處のものは眞に其の一部分に過ぎない、或は其の幾萬分の一にも足らないかも知のれぬ、然るに其の今日迄吾々に知られたる部分丈けで見ても、吾々身体は實に高大無邊靈妙至極のものである事が解るであらう。

此の靈妙なる吾人人類の靈能靈智性を無視して從來の衞生治療學は恰

も一般動物と同様に取扱つて來たのである。現在の醫學は殆んど凡てが動物試驗の結果を其の儘人体に應用した。然るに人類は他動物と異り微妙《びみよう》なる靈智を有する生物であつて、人類の肉体は常に心靈の作用に依つて支《し》配《はい》せられ居るが故に、他の動物に依つて試驗成功せる方法でも、人類に應用して驗《み》ると何時《いつ》も滿足なる効果が擧げ得られない。

醫學上の理論は動物には適合すれども、人類には理論と之を應用した實際とは、全く適合せぬ場合が頗る多いのである。例へば如何程學理上適當した滋養物と雖も、之を食する人に此の食物に對して十分の嗜《し》好《こう》がなければ、營養物として身体に消化《しようくわ》攝收《せつしゆ》同化《ごうくわ》せられず、あたら其營養物が無用或時は反つて害毒を及ぼす事になる場合がある。一例すれば牛乳嫌いの病人に無理強いに牛乳を飲ませると、其の効果はどうであるか、胃《い》痙《けい》攣《れん》を起したり嘔吐《おうご》を催したり、氣分が惡かつたり、頭痛がしたり、胸がムカつく、下痢を起すと云ふ右の症狀の一つなり二つなり必ず顯《あらわ》れて、病症惡化覿面《てきめん》と云ふ現象《げんしやう》は吾人が日常經驗する餘りにも周知の事實ではないか。運動法だつて其の通り、之を行ふ人に充分の興味がなければ少しも体育の效果は擧がらない。病氣と云へば妄《みだ》りに（否妄りではないかも知れぬが）服藥を勸むるのは一般の常習で有る。之れは一つの營業策であるも知れぬが、兎もあれ營業者に非らずとするも、現今では全く病と云へば藥と迄一般社會に餘りにも多くを衛生學及藥劑と云ふ物に依賴し過ぎて居る、、、結果はどうであるか、、、、賴み少なき藥物療法に向つて、尙強いて一道の活路を求めんとして成らず、天に向つて怨嗟《えんさ》の嘆聲《たんせい》を發する慢性病者の悲慘事、ドクトル、トロール氏は「若し病人が百人の醫師を招けば百種の藥を病人に進む、而して病人は百色の藥を啜りし後死するが普通なり」と、、、、其れでも吾々人類の靈智靈能に關して、何等採るべき方法、即ち之が善用利用法等を研究せず、心靈作用の偉大なる關係等には無關心にして、尙藥物の不完全を喞つと云ふが如きは悲しい哉、實に現代藥物療法の狀態を如何にせんやである。

B、偉大なる哉自然癒能力

從來の衞生學治療學は、吾人人類の靈能靈覺性を無視し、一般動物と同一視し、只肉に依つて支配せらるる肉塊の自働器の如く考へ、精神的方面や各種細胞の靈智及活力に眞實の眼を注がざりし結果、即ち自然癒能力に無關心の爲め、病氣をすれば無闇に藥を飲みたがる、斯くして大切なる肉体内の自然の療能作用を目茶々々に破壞して、反つて治癒すべき病氣にあり乍ら、あたら病氣を長引かせ、慢性疾患となし荏苒《じんぜん》治癒の見込無しと放棄せしめ得ざるが如き事あるは、餘りに醫學(醫術に非ず)と云ふ科學的方面にのみ重きを置き過ぎ、自然療能及精神的方面に研究の甚だ遲れた結果であると思ふ。

抑も吾人人間の身体には保健上常に神靈的療能を發揮して如何なる

場合に於ても、聊かの違《い》算《さん》錯《さく》誤《ご》を生ずる事なく吾人自己の身体に如何なる病毒が侵入し、如何なる障害が起りて居るかを少しも知らざる時でも、靈能は之を疾く既に之を發見して居つて、或は發熱して病毒を滅却せしめ、消化吸收を停止して毒物を排除する行動を執つて居る。而して吾人は身体に何故に斯の如き異變が發生するのであるか又發生せざるを得ざるかに就き少しも之を知らない、而して吾人の疾病が一見恰も自然的に消《しよう》散《さん》平《へい》癒《ゆ》するの狀況に在るものを見ては、吾人は玆に何等の不思議も無く、當然であるかの如く考へて居るけれ共、之は吾人の本体たる心意以外に吾々の靈能が不可思議なる偉《い》力《りよく》を以つて活動しつゝあるのであつて、決して吾々の痴鈍なる心が思《ねん》惟《し》するが如く、單純にして無意味のものでは無いのである。

C、偉大なる療能作用の解説

斯の如く如何なる病氣に拘らず、疾病に與る主体は藥劑でもなければ無論醫師でもないのである。之れ即ち吾人人類の自然に具有する天惠的療能作用の發顯である、吾々の主体たる靈能の一部である、尚此の療能に就き平易に云へば、人が感冒に罹る、咳嗽《せき》をする、咳嗽は決して病氣の本態に非らず、氣管枝内の有毒な分泌物を排除する自然の療能である。或は夏日不良の食物を取りて嘔吐下痢を起す、此の場合嘔吐や下痢は決して病氣では無く、胃腸内に不良の食物有害なる醱酵《ほつこう》が起つたから、速かに之を体外に排泄しやうとする自然の療能である、咳嗽《せき》、嘔吐《おうご》、下痢《げり》等が速かに起るから病氣が速かに平癒《へいゆう》するのである、腸窒扶斯《ちようちぶす》にても亦同じ此の病氣は「チブス」菌が腸に或る種の弱点を持つてゐる人体に傳染して起り、茲に一種の潰瘍《くわいやう》を生じ此際身体の白血球は病原物たるチブス菌と戰つて、其の蔓延《まんえん》を防禦する、チブス菌は段々繁殖して其の極に達すれば、終に自己の作つた毒素の爲めに自ら其の活動力が弱められ、繁殖力がとまり、斯くして此の腸窒扶斯は四五週間に一定の經過をとりて全治すると云ふ具合になる。

即ち病氣は自己の自然《しぜん》癒《ゆ》能力《のうりよく》の働きに由つて治癒した丈けで、醫師が之を治癒せしめたのでは無い、醫師は唯腸出血とか心臓《しんぞう》衰弱《すいじやく》だとかの餘病の併發せぬ樣に、身体の自然の力を十分治癒の目的に介助せしめた、即ち單に自然癒能力の保護援助に當つたと云ふ丈けである。此の場合高熱が久しく續くが、世人は此の熱其のものが病氣であると思つて怖れ、又熱を忌む事が甚しいが、何ぞ知らん、熱は病氣の本態ではなく、黴菌《ばいきん》の造つた毒素に對する身体の防禦反應《ぼうぎよはんおう》であつて、病氣を治する爲めに起つた感謝すべき自然療能作用の現れである。熱があつたが故に病氣が平癒したと云ふ事になる、又一例を示せば外傷であるが、吾々の身体の皮膚に怪我をして傷を受けたとする、さうすると其儘何等の異狀を認めず平癒して了ふ場合もあるが、時に傷面は赤く潮紅《てうこう》し、局所的に發熱して腫れ上り後ち膿を生じて皮膚を破りて膿は外部に排泄《はいせつ》せられ遂に潮紅《てうこう》發熱《はつねつ》腫脹《しゆてう》等は消散して平癒して了ふ。此の塲合傷面に薬を付けたり、石炭酸や過酸化水素液、昇汞水、酒精、リゾール液等で洗ふのは黴菌の此傷面より侵入するを防禦する丈けで、此の薬物によつて癒つたのでは無く、之れは自然癒能力の防害となる黴菌《はいきん》の侵入を防ぎたるに過ぎなかつたのである。傷面の化膿した塲合世人は膿を見て病氣だと驚くが、何ぞ知らん、膿は身体《しんたい》中《ちう》喰菌細胞《しよくきんさいほう》が此處に侵入した黴菌と旺んに戰ひて、敵味方《てきみかた》共討死《ともうちじに》したる殘骸の塊である。膿が出來たるが故に此の外傷が良くなつたのである、若し此の塲合喰菌細胞《しよくきんさいほう》が働かざれば加何ん、吾々は一朝にして斃るゝであらう事を、、、

斯くの如く世人が普通病的變化、即ち病氣の本態と許り考えてゐる熱だとか、膿だとか、咳嗽、嘔吐、下痢の如きものは、實は病氣の本態ではなくして、反つて病氣を治する爲めに起つた吾人に有利の現象であつて、換言すれば自然癒能力の發現だつたのである。

D、斯くの如き偉大なる療能作用あるに不拘

何故吾人は病死する？

叙《じよ》上《じぜ》説《と》き來りたる如く吾人人類に自然に具有する癒能力が、偉大なる働きを爲して聊かの違算錯誤を生ずる事なく、日夜間斷なく活動して居る。チブス菌が侵入すれば之と戰ひ、結核菌が侵襲《しんしう》すれば之を防止し、淋《りん》菌《きん》化膿《くわのう》菌《きん》が侵入すれば之を喰ふ、外傷を起せば癒合せしめ、出血すれば纖維素《せんゐ》に由り止血せしめ、惡食すれば、嘔吐、下痢を起して排泄《はいせつ》する、骨折すれば其の面より軟骨《けいこつ》を出して接着せしめる等、凡ゆる全智全能の神の如き癒能力あるに考え及べば、一見細菌病理學、衛生學等は、療病上不必要なる學問の感じなき能はざるや、、、、然りと雖も、一度療病界の現狀に眼を轉ぜんか、慢性疾患にて喘《あへ》ぎ苦しむ病者、、、不治の難症にて天を怨み永嘆する病者、、、疫病に罹りて阿鼻叫喚死に行く者、、、其處には眼を覆ひ、涙なくしては居

られざる、難病、業病、渦巻《うずま》きて、あたら花の盛りを泥土に埋れ、雄圖空しく消ねて行く、、、、あわれにも亦慘！

吾人人類には金《きん》城《じょう》鐵《てつ》壁《ぺき》命《めい》の綱とも云ふ可き自然が與ねた自然癒能力と云ふ有難き活力を保持して居つた筈に拘らず、斯くも慘《みじ》めな現實の悲哀は如何なる理由に由來するのであるか、、、初め外適侵襲と觀れば直ちに吾人の癒能力は猛然として起り、此處に外敵勝つか？白血球勝つか？一大修羅場は現出される、肉彈相搏つ白兵戰が暫く續く、、、此時此の時機、不幸にも肉体の力で病魔を壓倒する事の出來ない場合には、何時か生存競爭場裡の適者生存優勝劣敗の原則に洩れず漸次に病氣から肉体が壓倒されて、之れが軈《やが》て慢性不治の狀態に陷るのであるとは、嗚呼《ああ》！絶ねざる闘爭場裡の劣敗者《れつはいしゃ》よ！。

卿等は憂悶《いうし》の淵に沈淪《ちんろん》して、徒らに天に向つて怨嗟《ねんしゃ》の嘆聲を發し、頼み少なき藥物療法に向つて、尚強いて一道の活路を求めんとするか？自暴自棄、拱手傍觀《きようしゆほうかん》、只生ける屍として何等構ずる事なく、凋落《しようらく》より奈落へと只取るべき途は死を待つ許りであらうか？既に斯く、慢性の狀態に陷れば、最早肉体の力のみでは到底之れに打勝つ事は出來ない、然らば如何にすべきや、之れ余が多年研究せし畢生の一大事業にして余が心靈學研究に志し療術の創始も實は是れに原因を胚胎《はいたい》せるものなり

E、靈醫振興術の發端

吾人人間の身体には、自然的に吾々の生活生存を脅かす外敵に抵抗し、罹患を防禦し得る活力を有す、又疾病に罹るも速かに治癒に導き得る自然の療能がある、而し乍ら不幸にして身体の活力敗れて慢性疾患に陷れば、最早肉体の力のみでは到底之を全治せしむる事は困難となり、悲觀懊惱の極精神的にも非常の打擊を蒙り、之が軈て心身相關の原理に基づき、自然の癒能力は漸次減退毀損、萎縮《いしく》、退嬰せられて荏苒其病魔に苦しめられるに至るのである、、斯くなれば最早肉体

の力のみでは快復の見込なければ、其の司令部たる精神の猛然たる不屈不撓の壓倒的力を藉りなければならぬ、夫れには、心底深き處に住する、靈性を認め、更に其の靈性の靈源に溯りて、始めて不可思議の靈光に接する、此の靈光が即ち神佛で物心兩界を一括統御する絕對である、之の靈光に接するの途に二つあり、自から靈源に溯るのと、受働の位置に居て座ながら其の靈光を應受するのがあるが、一度び此の偉大力に對して眞眼を開き、速かに靈性を振興し、此の靈光を呼び起した者が、速かに治療すると云ふ事に根據を置いて創見したのが即ち本篇の靈醫振興術である。

本篇に於ては生理學の敎ゆる處に、余の研究と實驗と推理とを以つてしたり。神經細胞の機能たる興奮作用から、其の興奮を傳ふる處の傳搬《でんはん》作用、所謂傳導性、即ち感流なるものは、何であるかを討究し、夫れは即ち或る一種の電氣作用である事に論及し、是を普通の電氣と區別する爲め、余は之を生物電氣と命名したり。然して、其の生物電氣を發生せしむる各種神經系統は、覺醒時《かくせいじ》、睡眠時《すいみんじ》に拘らず、絶えず吾人の身体外に陽炎の如き一種の光線様のものを放射して居る事を觀知し、之を余は生物副射光線と名付けたり。尙又生物電氣の交流照合に因りて、意識の發露あり、其の意識の發露に伴生する意志、意念の特種强力發電發働は、實に纖細《せんさい》不思議の營爲法則に由り、遠近の差別なく吾人の身体外に、驚異すべき放射能を發顯し、意志、意念の標的に、奇々怪々の現象を提起するのである。此の塲合に於ては、前記の單なる副射的放射線の如きものとは想像し難く、即ち一定部位に放射され、或は遠隔の地点にも其の放射が到達して、意表或は人事狀態を傳心し、或は幻像《げんぞう》に現れ、或は疾病を治癒に向はせる等其他種々の作用をなすのである。之の不可思議の放射線に名付けて余は生態光線の名稱を以てしたり。往昔より神秘《しんひ》或は不可思議として、片付けられたるものは、多くは此れなる可く、輓《はん》近《きん》各種科學の長足の進歩發達を爲したりと雖も、依然として、其の本体に至りては、之れを闡明《たんめい》したる者なく、物的科學も、心的科學も共に筆を投じ、口を緘《ふう》して、唯其の造化の妙、谷神の玄に驚くのみである。

神とは何ぞ、佛とは何ぞ、靈とは何ぞ、之れ萬有が有する不可解なる本体の神秘靈能性に名付けられたる、實体不明の假設的實在力で、到底吾々の愚《ご》鈍《とん》なる智能を以てしては氷釋し得べきものに非ざるなり而して此の生態光線は生理、心理的現象なるが故に、如何なる人にも發現し居ると雖も、普通人にありては其の能力微弱なるか、又は其の性善良ならざるかを以つて一般人類生存上稗益する處少く、亦其の善用法利用法等につき、研究せられざりしが爲め、其の有効顯著なる自然の恩《おん》惠《けい》を閑却せられ居たり。余は早くから此の点に留意し、多年實驗に實驗を重ねて得たる學術と、經驗に基き、一般普遍的に應用自在、容易に此の生態光線の人爲的强力放射を可能ならしめ、益々其の能力を發顯せしめ得られる樣、講述せんと欲《ほつ》す、然りと雖も事、心靈に關する無形の事とて、其極致に到れば、以心傳心的に了解し自悟自得せられなければならぬ。幸に讀者の賢明《けんめい》を以つて斯術の眞髓《しんずい》に悟入し、益々世の不幸なる病者の味方となりて、大いに奮鬪せられん事を希ふ。

第四章　神經感流とは何？

吾々生命の本元たる各種細胞は、其れ自身に皆高等深遠なる靈能を有するものにして、絶ねず生命の發動存續に必要なる、靈妙なる働きをなして居る、即ち己が意志の欲するに從ひ、運動し且つ、体內各種器官に於て營む處の機能を調節し、以て、全身各臟器合體一致して其の生命を保ち得るは、實に靈妙なる神經機能を有するからである。

神經生理及び解剖學は、此神經を如何に敎示し居るが、曰く神經纖維《せんい》曰く神經細胞、之の二種の原質より構成せられて居る、神經纖維は、其の種類樣々にして長きものあり短きものあり、有髓《ゆうずい》あり、無髓《むずい》あり其の構造の如きは、最も複雜し居れり、而して之等凡ての神經纖維を構成する主なるものは、神經細胞の突起が延長したるものと見做《みな》すべき軸索《ちくさく》にして、知覺又は運動の興奮傳搬機能を有する事になつて居る神經細胞は、神經原質の主成分にして、其の形は圓形又は卵圓形の大《だい》核《かく》と一個の仁とを有し、二種の突起を發生す、即ち一は甚だ短かき突起にして之を「プロトプラスマ」突起と名付け、一は甚だ長き突起にして之を軸索突起と名付く、軸索《ちくさく》突起は即ち神經纖維となり、其の終末は微細なる分岐を呈するを以て、此部を樹根になぞらへ終樹と名付けらる。而して之等の神經細胞及び突起兩種の原質は、各自其の生理的作用を異にするものにして、即ち神經纖維は傳搬裝置となりて、中樞と末梢とを連繫し、神經細胞は生理的中樞、即ち自働運動反射運動感覺榮養機能及び分泌機能等の中樞作用を有するを以て、今神經細胞が獨立的、換言すれば自働的に興奮するか、或は外部より「プロトプラスマ」突起に受くる處の刺戟《しげき》に由り、神經細胞は興奮を起し、其の興奮は直ちに軸索突起《ちくさくとつき》に傳はつて遂に軸索突起の末端なる終樹に達し此の部にある器管を興奮せしむ、故に「プロトプラスマ」突起は外部甲の神經細胞より來る刺戟《しげき》を、乙の神經細胞に傳ふる働きをなし、又軸索突起は神經細胞より起る興奮を末梢部即ち終樹に向つて傳達する働きをなすもので有る。

斯如く生理學が敎示する處の興奮とは何か、傳搬傳導とは何であらうか、以下少しく顯微鏡的知見に基き、研究を進めて見やう。

初め神經纖維が、皮膚《ひふ》より發して途中の神經節《しんけいせつ》の灰白質《たんはくひつ》を通過して腦に至る時でも、或は腦より發したる神經纖維が途中の神經節の灰白質を通過して筋纖維《きんせんい》其の他の組織に至る時でも、途中の灰白質中に於て、實に不思議千萬なる仕掛を爲して居るので有る。

其れは鐵道と「ステーション」との關係の如きものでも無く、又河川の水と湖水との關係の如きものでも無いので有る。其れは何う云ふ譯かと云ふに、鐵道は「ステーション」に入りて數十條に分岐すると雖も、一方より來りたる汽車は、他の方へ通過する事が出來るやうに敷設されて有る。又河水は途中の湖水に入り込みて一時は廻流して滯留するけれども、終には湖水の出口より流出する事が出來る樣になつて居るので有る。然るに「ステーション」と見做す處の神經灰白質中に入り込みたる、鐵道になぞらへる可き神經纖維は、敍上の仕掛と大いに趣《おもむき》を異にして居るのである。先づ神經纖維が途中の神經節の灰白質中に入り込みたる時は、其處の神經細胞に連結するかの如く見ゆるも、其れは其儘其處に行き止まりの形を爲して居るので有る。其の神經細胞からは短き神經纖維は發出して居るけれども、此れは細胞の附近に於て停止して、他の神經纖維とは少しも連結して居ないのである然らば長き方の神經纖維が、神經節に入り込みて、復、其れより發出して居る樣に見ゆるのは、何處から發出して居るのであるかと云へば其れは神經細胞から直接に發出して居るのでは無く、神經纖維の末梢が神經細胞には接觸し無い樣に、只之を抱《はう》擁《ゆ》し、之を取り卷いて居るのみで有る。此は極めて不思議な仕掛けで有る、故に此れには何か非常に不思議な意味が含まれて有つて、玆には何か異大なる秘密が伏在して居らねば成らぬ事が容易に感知せられるのである、斯の如き仕掛構造を有するものとては、彼の電氣裝置の變壓器を除きては、廣い天地間に他に其の類例を見ないのである。脊《せき》髓《すい》其他中間の神經節の灰白質が、斯の如き構造を有するのみならず、腦の中樞神經の構造も、大抵同一のものから成り立つて居るのである。して見れば、吾々の神經系統の組織は、之を電氣機械に比ぶれば、幾百萬の變壓器と、幾千萬のコードが、幾百千の中央局と支局との間に分配装置し、且つ連結せられ、其のコードたる神經纖維は、脂肪質の鞘《さや》に包まれて、其の裝置は丁度電氣裝置の絶縁線と略同一の仕掛けに成つて居るが故に、神經束の中には、幾千万條の神經纖維が一所に束ねられて居るけれども、各神經纖維を、例へ電氣の如きものが流通するとも、決して其の電氣が他に漏《も》れ又は混線するが如き憂《うれい》は決して無い事に成つて居るので有る。

又神經節の内部の構造は、丁度電氣の變壓器と性質に於て略同一の構造を爲して居る、電氣の變壓器は「インダクション、コイル」の方法に依つて電流を誘導し、電壓を變更するもので有るが、其の大體の構造は、絶縁せられたる銅線を筒の形に卷いて、輪線筒即ち「コイル」を大小二箇別々に作り、其の小なる方は大なる輪筒の内に挿入して、密着適合したる入れ子となる樣に作成する、斯の如く作りたる内部の輪筒を一次線輪と云ひ、外部の大なる輪筒を二次線輪と云ふので有る。

今此の一次線輪の導線の一端より他端に向つて交流電氣か、或は間斷的の直流電氣を通ずる時は、二次線輪の導線に電流が誘導されて發生するので有る。而して線輪の導線の回數の多少と導線の經の大小とに比例して、誘導された電流は、其の電流の多少と電壓の高低を異にするので有る。腦髓《のうずい》や脊髓《せきずい》中の神經節の構造は、大抵皆前記の電氣變壓器の構造と同一の構造を爲して居るので有る。今或る動物の神經節を取り來りて、其内部の神經纖維や神經細胞の組織構造を、強力なる顯微鏡を以て擴大して驗視すれば、皮膚其他の知覺神經より入り來りたる神經纖維の末端の末梢神經は、變壓器の一次線輪に相當したる形を爲して居るのである。而して中樞神經の發端の末梢神經の纖維は、變壓器の二次線輪と同樣な形狀を爲して、これを抱擁《はうゆ》して居るので有る。此れは何の爲めに左樣成つて居るので有らうか、神經纖維と神經節とが斯の如き不思議な構造を爲して居るのを見れば、神經には感流（所謂興奮)として電氣の如き一種の流動物が之を流通し、又茲に於て種々に變壓せられて居るのでは有るまいか。且つ又神經纖維の終点に於ては、神經の實質が鞘を脱出して露出して居り、其の末端は細毛狀に分裂して細毛の尖端には、電導子盤の如きものが附着して居るのを見れば、神經は其部分より或種の感流を受け、又は放散して居るのでは有るまいか、若し神經に斯の如く流通する處の一種の感流が有るとするならば、其れは即ち一種の電氣に外ならぬものである事は容易に知る事が出來る。何故かなれば、動物の神經束を引き出して、之に電流を通ずれば、其神經の分佈區域內の筋肉は、生時の如く運動するので有る此れは神經を流通する感流は、一種の電氣に相違ない事を立證する所の有力なる證據で有る。

晩近電氣學の實驗やベルッエリース氏の電氣分析法の理論に基けば凡百の原素の原子中には大なり小なりの積極性及び消極性電氣を含有

するものなりと。又人間の身体に於ける精神的活動でも、又筋纖維の活動でも、必ず電氣の伴生するものであると云ふ事が解つたのである。又生理學の知見に從へば、總ての組織に於て興奮部は末興奮部に對して、電氣陰性を呈し從ふて末興奮部は電氣陽性を呈する事も發見され又此の實驗に於て或る二点に二箇の電導子を定着し、其の電導子を連結する輪導線内に、極めて鋭敏なる電流計を接續する時は、精神の發動に伴ふて明かに電流計の感電する事が目擊せられるのは既定の事實とせられて居る。又左の如き事例がある。生きて居る動物の知覺神經を生きた儘成る丈け長く引き出して、其の末梢神經横斷面と同じ神經の長軸縱面とを、導線を以て連結すれば、玆に神經中を流通する電氣が上行的に即ち末梢神經先端より、腦の方向に流れて居る處の此の上行性電流が明かに電流計に表はるゝのを認むる事が出來るので有る。處で此の上行電流は何で有らうか、是即ち引き出されたる末梢神經が興奮を起して、痛覺を腦の中樞に向つて報告しつゝ有るので、此の報告の速度が割合に神速にして一秒時間の平均速力七〇メートルに至る等、之等を調する時は神經生理學に敎示する處の興奮傳撥感流なるものゝ本体は、或一種の電氣の流通其物であると斷定する事が出來る。以上の狀況と理由に基き、吾々の心身の活動に伴ふて、神經系統中には常に電氣の流通して居なければならぬ。且つ其の電氣は無意味のもので無くして、必ず吾々の心理的發動の本元たる、心靈的現象、即ち或る一種の電氣其のものであらねばならぬ事が斷定せらるゝので有らう。故に余は之れを生物電氣と云ふ名稱を付して以下次項に漸次論及する

第五章　生物電氣は何處に發顯する？

前章に於て累々說述したる如く、吾々の神經系統は一種の電氣裝置にして、生理學に於て敎示する處の興《こう》奮《ふん》感《かん》流《りう》なるものは、或る一種の

電氣であつて、之等の生物電氣が相交流聯絡照合するもので有ると云つたが、次に起る問題は其の生物電氣なるものは、何處に於て發生するもので有るかと云ふ事になる。之の問題は吾々に早く諒解せられる事と思はる、其れは神經生理學で曰ふ處の神經の興奮感流なるものが或る一種の電氣であるとすれば、吾々の神經の興奮は如何にして起つて居るかと云ふ事を考へて見ると、內部的に於ては、意思、思考、推理、記憶、想《そう》像《ぞう》、豫《よ》想《そう》、等外部的刺《し》戟《げき》をまたずしても直ちに發電する事は吾人が日常經驗して居る處である。例へば今茲に、手を擧げ足を屈せんとする動作を想起すとすれば、先づ腦《のう》中《ちう》樞《す》に於て發電し、此の電流は、中樞間神經と名付くる別種の神經纖維に依りて、腦より送電せられ、一旦途中の神經節に送られ、茲に於て、變壓作用を受けて、適當なる電壓として、再び各種の命令神經纖維を通じて、必要の場所に送電せられて、手を擧げ足を曲げる運動を起さすので有る。

脳脊髄等の、中樞神經の命令を傳ふる神經は、生理學上、遠心性神經にして、通常運動神經と名付けられて居るけれども、之れは、吾々の心身を、一括統禦する、生命の主元たる、神靈の命令を遵奉する處の命令神經でなければならぬ。中樞神經の命令は、生理上必要なる幾百千種の機能に分別して居るのであつて、之れが各方面に傳達せらるゝに非ざれば、吾人の生活は出來るもので無い、運動の如きは眞に其の一部分に過ぎないものである。

此の外、身体の細胞が中樞神經より受くる命令に依りて起す所の活動には、意識に感ずるものと、然らざるものとが有る、意識に感ずる動作は、全体の動作中の一少部分に過ぎないもので有る、吾々の起居動作の如きが即ち其れである、之れに反して、吾々の意識に感ぜざる動作は、身体各種の動作中の、大部分を占めて居る交感神經の支配に屬する、內臟諸機官の作用、各血管腺の作用、細胞の新陳代謝、生活作用等で有る、此等の作用は、一々皆専管の中樞神經より、命令神經を通じて來る所の、命令電流を受くる事に依つて、發作する事を得るので有る。此の電流以外には、此の作用を起し得るものは無いので有る。

又外部的に於ては、皮膚及び筋纖維に於ての發電は、主として傷害の刺戟や、寒熱の刺戟に依り、發電する性質を持つて居るのであるが各種の細胞は、分業的に依りて、種々の特別なる刺戟に應じ、發電する力を持つて居るので有る。例へば、目の或る部分の細胞は光線の刺戟に依りて發電し、口及び鼻の細胞中の或るものは、香味の刺戟に依りて發電する等、此の外身体各部の細胞は、吾々の知らざる種々の刺戟、例へば、各種の内分泌物の刺戟に逢ふて、發電するが如きもので有る、吾々の身体中に於て、無意識界の生活を支配する所の、交感神經の感流の如き、即ち其れである。

斯の如く論じ來れば、吾々の身体各種細胞は、生命發動存續に要する、靈妙なる機能を有すると同時に、發電の性質をも有して居るのである。此の發電を有する著明なものに、電氣魚と稱する魚が有つて、之に少しでも觸れる者が有る時は、忽ち猛烈なる電氣を發生して、之れに觸《よ》れたる者をして、感電せしめ、甚だしきに於ては、震死せしむる事がある。然るに此の電氣は何から發生するかと云へば、魚の身体中に、電槽《でんそう》細胞と名付くる一種の腺細胞が有つて、之れから起るのである。動物中に、電氣を發生する細胞を有するものは、前記の電氣魚のみに限らず、少しく研究せられたならば、其れ程迄劇烈で無くとも微弱なる發電細胞を有するものは、他に幾等も有ると思ふ。動作の細胞は一般に皆、多少の發電の性質を持つて居るもので有るけれども、普通の場合では、其れが極めて微弱の電氣で有つて、今迄吾々の知覺に、感じなかつたと云ふ事丈けで、其れも精細に檢したならば、必ず其の電氣反應が顯れる事と思ふ。

前述の幾多の理由に依つて、吾々の神經系統中には、絶ねず生物電氣なるものが流通して、意識並に無意識に相交流し、不可解なる中樞神經の營爲方則に依り、魯《ろ》鈍《どん》なる心意以外の靈妙なる靈能を發揮して絶ねず自己生命の生存保續に、晝夜兼業怠る事なく、働きつつある事は、其の結果に依りて、特に外科醫の認め驚嘆する處であつて、即ち骨折の自然癒合、切開手術に因する自然癒合、化膿菌侵《しん》襲《しふ》に因する白血球の食菌作用、細菌侵入時の發熱、不良飲食物攝取時の、腸の吸收停止に依る下痢、嘔《く》吐《ご》等其他擧げ來れば、際限無き狀況にあるが如く吾々心身を一括統禦する、神靈の偉大なる靈能は、只々驚嘆啞然たるものであるが、斯の如き靈能を、充分に發揮せしむる機關は、又神經細胞及神經纖維の健全と、中を流通する、生物電氣の完全疎通に俟《また》ねばならぬ。然らば其の電流は、何處に發生し、如何なる方法を以て、流通するものであるか、之れは知覺神經より傳はり來りたる皮膚、其他外部の神經細胞が、或る物の刺戟を受けて、發生したる當初の電流の引續き聯續するもので、あらうかと云ふに、最近生理學の研究に依れば、之れはさうでは無くして、左記の如き、極めて複雜なる法則に依つて、流通するものである事が解つたのである。

今吾々の知覺神經の先端、例へば嗅神經、聽神經、味神經、視神經觸覺神經の表面に現はれて居る所の神經細胞が、或る刺戟を受けたとする、さうすると、其の刺戟せられたる神經の先端は、發電して電氣を起こす、之れは動物の細胞は、如何なる細胞でも、發電性を持つて居る、其上に、神經細胞は特に其の發電性が鋭敏にして、又最も强大である。處で、之の知覺神經の先端に起りたる電流が、直ぐに腦脊髓神經中樞に向つて送電せらるゝのであるかと云ふに、最近の實驗に依つて、之れはさうでは無い事が知れた。即ち神經の各纖維は、單純なる一箇の電導線の役目を務むるのでは無くして、纖維其れ自身が、無數の發電槽である事が知れたのである。其れは神經纖維の中央部を、針の如きものにて刺戟すれば、刺戟せられたる其處の神經纖維の中央部先づ發電し、上行、下行、即ち中樞部と末梢部兩部に向つて送電せられる事が知れた、又其の一部分に受けたる刺戟に依り、發電し、其の電流は纖維の次ぎの部分が發電し、其の電流が、又第三の部分に電流を起すと云ふ、順序方法を以て、漸次送電せられ行くのである。

其の趣は丁度火藥の一塊が、爆發する場合に、火藥の各分子が、遞次聯續的に、爆發して行く樣な具合である。例へば、一粒の火藥が、熱に依りて爆發すれば、其の爆發に依りて熱が起る、其の熱が、次の火藥粒を爆發すると云ふ工合である。而して火藥の一端に傳はりたり熱が、他の一端迄に傳はるには、其處に、化學的變化が起らねばならぬ如くに、神經に於ても、其の一端に傳はりたる電氣が、他の一端に迄、傳はるには、其處に亦、化學的變化が起る必要が有ることが知れた。其れは如何なる譯かと云ふに、神經纖維は、自身が生活して居る間のみ送電する能力があるので、酸素の無い處では、送電を仕得ないのである、又痲醉《ますい》藥に依つて痲痺《まひ》したる場合には、送電能力を中止するのである、且つ神經は健全なる生活を維持して居る場合で無ければ送電しない、又神經電流は、温度低くければ其の發電微弱にして、又其の送電甚だ遲くなるのである、故に温血動物の神經電流は、其の速力早く一秒時平均速力七〇メートルを算し、冷血動物にありての電流速力は遲く、一秒時平均速力二〇メートルを算すと云ふ。

然して神經纖維が送電作用を行ふて居る場合には、必ず一定の化學的分離物が、遊離《いふり》發生するものである事も知られるに至つたのである然るに茲に、非常に不思議とする事は、普通の電氣なれば、距離《きより》が延長すればする程、其の電氣は微弱となり、又時間が長くなればなる程其の電氣は弱力と成るが、普通電氣の性狀であるに引かへ、吾々の、身体内を流通する處の生物電氣は、其の普通電氣の法則等には服從しない事である。其れは如何なる微弱の電流からでも、非常なる、又聯續的の電流が發顯し得る事である、之は如何にして、斯く營爲せられ居るやに付ては、今日の處、吾々の知識を以てしては、完全に氷解する事は出來ないけれども、恐らくば、一種の聯續的刺戟、例へば觀念伴生とか或は聯想とか名付けられたる、思想關聯の方法に依りて、起る所の現象には、相異なき事は否まれざるもので、一例を以てすれば、數十年前に皮膚の一部分に受けたる聊かの刺戟でも、終生消滅せしめ得ざる、精神作用の電流を發生せしむる原因となる塲合があると云ふのは、彼の明智光秀が、織田信長の扇子の刺戟に依つて起されたる、顏面表皮の電流は、光秀の神經系統中に、終生消滅せざる電流を、繼續的に發生せしめたのであつた。して見れば、吾々人間の神經中に流通する所の如何に微細なる電流でも、神經細胞の或る適當なる狀況の下には、感應或は變壓等の作用に依りて、如何なる程度迄も強大なる電流を、聯續的に發生することが出來るもので有る事が知られるであらう。

第六章　精神作用は如何にして興る？

腦の精神作用中には、意識と名附けられたる一種不可思議なる狀態が有つて、古來未だ何等の說明も出來なかつたので有るが、人間の精神作用を腦の中樞に於ける電流に基くものであるとすれば、吾人の意識に關する說明は、極めて簡單に出來る事に成ると思わる。即ち吾々の意識なるものは、腦の精神作用の電流と、五官及び筋纖維の感覺作用の電流とが、互に相交流聯絡して流通する塲合の自覺に外ならぬのである。故に腦と感覺機官との電流作用が、互に交流照合することなくして、分離獨立して活動する塲合には、吾々の意識は決して發生する事を得ないので有る。今之れを吾々の視覺によりて考へるときは、能く判然すべし。

吾々の視覺は、只だ單に色を識別する性能を有するばかりにして、其他の性能を兼有せず、故に眼に直面する一側の色彩《しきさい》によりて、物体の方面、長短《ちようたん》、廣狹《こうけふ》等が、漫然《まんぜん》平面的形貌によりて、羅列《られつ》されたるを識り得るばかりにして、吾々の視覺が、單獨の働きによりて、物の遠近、凹凸《おふとつ》、傾斜《けいしや》等を識別し得るは、視覺其の物の本能發露によるに非ずして、他の中樞神經細胞の、發電、交流、照應に俟たざれば、識別し得ざるものなり。他の中樞神經細胞とは何か、記憶《きおく》、(經驗《けいけん》)考慮《こうれう》、理解、判斷等の中樞細胞が發電し、共鳴、交流、照應する事なり。

されば、吾々の事物を見るや、事物が眼の視覺に、平面的色彩の羅列《られつ》を以て觸るゝ時、其の濃淡《のうたん》、比較及び幾何學的考量、其他是等に關する種々の理解及び記憶が、視神經細胞の發電をまつて、遞次連續的に發電し、神速に、相交通照應し初めて、物体の遠近、凹凸《あふとつ》、傾斜《けいしや》等より其他種々なる鑑察、識別を生じ、其の結果なるものを摑んで、吾々は事物を目擊したりとなすもので有つて、決して區分的、即ち單に獨立的に發電するも、相交流する事なければ、吾々の意識は、之に與り識る事は出來ない、之れ視れども見ねず、聽けども聽ねず、喰ねども其の味を知らず、と云ふ可き所である。

以上述ぶるが如く、動物の細胞には、發電作用の性質が存在して、精神作用なるものは、神經系統に電流が、往來するが爲めに起るもので有るとすれば、神經系統の全体の組識構造に於ても、精神と身体との關係の狀況に於ても、不可解の事柄が、自然に氷解せられ、何人も諒解するに苦しまざる事になる、古來何人も、動物の精神作用に關して、何等の說明をも試むる事能はずして、茫然として自失し、只途方に暮れて居るの有樣で有つたのは、全く此の動物の身体の各種細胞に發電作用の存在する事に、着想する能はざりしに依るのである。

吾々の精神作用は、中樞神經に起る所の、或る變化たるには相違なきも、扨て其の變化は、如何にして起り、營爲せられ居るかを研究して見ると、其れは、中樞神經の間を、生物電氣の流通往來するものでなければならぬ事は確である。何故なれば、吾々人類の、神經系統全体の構造、神經纖維及び神經末梢の構造、神經節の構造、腦髓の構造等の組織、又其れを流通する、感流の速度の割合に神速なる事、又身体の少し大なる裂《は》傷《せう》、或は其他の傷口《きづくち》より起る所の痛みの感覺の、如何にも劇烈にして、連續的で有ること、動物の身体中には、現に發電作用を有する細胞の存在する事、最後に動物には、心身の活動に伴うて、實際に、電流が往來流通して居ること、之等の狀況が、動物の神經系統の組織に附隨して、存在して居る事を考ふる時は、神經系統には、常に電氣が流通して居なければならぬ事、且つ其の電氣の流通は無意味のもので、無くして、必ず動物の精神作用、即ち心の働きの實體であらねばならぬ事が、明かに斷定せらるゝであらう。

前述の理由に依りて、神經中樞に發生する所の精神作用は、腦の灰白質中の或る細胞間に電氣が流通して、神經細胞の實質中に、ある變動を起さしむるもので有ると云ふ事になるのである。果して然らば、吾人が日常の精神作用は、神經系統に如何なる電氣の流動を生ずるもので有ろうかと云へば、大体左の如きもので有る事を知る事が出來る

例へば、左手の先に針が刺さつたと假定すると、第一に其の刺戟の痛みが反射して、全身が震動する、眼を以て見る、右の手を以て針を拔き、傷手を押へると云ふ行動が起つたとすれば、生物電氣は左の如くなるのである。針に依つて傷付けられたる左手指の細胞は、其の刺戟に依りて發電して、附近に電流を放散する、さすれば、其方面を監理する、知覺神經は、其の露出部の細毛から、此の電流を感受して、

前節に記述したる遞次連續的の化學電氣傳搬の方法に依り、之を脊髓の神經節に送電する、神經節の神經細胞は、之を變壓調節して、直ちに命令神經に送電して、局部の震動を起す、之が反射機能である。脊髓は更に又、神經を通して、同一の方法に依り、腦の灰白質中の、或る部分の神經細胞に送電するのである、腦の中樞神經は、此の送電を受けて直ちに、又自己の發電作用に依り、附近關係の神經細胞に送電して、各自の發電作用を起さしめ、交互に必要なる電流の變化交換が幾回か反覆繰り返へさるゝ事に依りて、始めて痛みの認識となり、痛みの所在の認識となり、次に眼に對して見よと命じ、右の手に害物を除けと命ずる等、必要なる思案決定が起るのである。斯の如き精神作用は、毎回腦の或る部分に、電流の縱横に交換循環するに依りて始めて起るのである、其れと同時に、其決定せられたる命令は、同一なる電流の形式に依りて、中樞間神經を通じて、途中の神經節に送り、茲に適當に變壓して、命令神經に依りて、或は眼、或は手等必要なる部分に送電せられて、必要なる作用を起すのである、此等の狀況を、文字や言語を以て言ひ表はせば、只斯の如き一通りの簡單なる、筋路を記するに止まるけれども、實際に於ける電流の發生、及び交通の狀況は、然かく單純のものでは無く、頗る紛糾《ふんきう》、錯綜《さくさう》したるものなる可く到底、吾々の想像し、又了解し得る事の出來るものでは無いのである。

然るに、此れは只前記の如き、極めて單純なる針の刺さつたと云ふが如き事に伴ふ所の、精神作用に於ける、生物電氣の流通の概況を示したる迄の事である、若し夫れ、人間の實際生活の精神作用中に於て最も複雜なる可き研究とか、思案、思索とか工夫或は熟考とか云ふが如き、精神作用に於ける場合の神經纖維を流通往復する所の電流の有樣の如きは、極めて、複雜、錯綜したるものであらねばならぬ。光線は、其の光波の振動數が、或る程度を超過する時は、之に對して吾々の視覺は、何の役にも立たなくなりて、少しも之を感じない事になるのである、丁度之と同じ理由で、中樞神經の精神作用は、餘り複雜なるもので有るが爲めに、之に對して吾々の理解力は役に立たぬのである。是が故に、人間の精神作用は、中樞神經に於ける、極めて平凡簡單なる、活動の狀況で以て出來るものゝ如く誤解せられるのである。然し乍ら、腦髓のみにても幾百億と云ふ程多數の細胞と、纖維とより成り立つて居る事を考へても、又腦の消費する、血液の分量の少から ざる事を考へて見ても、神經電流の速力は、可なり神速で有るに拘らず、腦髓は物の考慮に、多くの時間を費す事を見ても、又思案、考慮等の精神作用は、腦の發熱を起して、非常に身体の疲勞を生ずるものである事を考へて見ても、人間の精神作用に要せらるゝ處の、生物電氣流通の度數と、分量とは容易ならざるものであらねばならぬ事が、解かるであろう。

以上論述し來りたる論旨に基き、綜《そう》合《ごう》論《ろん》結《けつ》すれば、精神或は心は、腦及び神經組織に於ける、局部的中樞神經細胞の分業的本能性と、發電作用の電流とが、他の局部的中樞神經細胞の分業的本能性と、發電作用の電流との、相交流照應せる結束機能なりとし、此の結束性發露を精神作用、或は心理作用、又は精神の發露、或は心の發露と稱するものである。

第七章　生物電氣と生態光線に就て

前章に於て種々解き來りたる如く、吾々の日常生活即ち生存中には絶えず神經系統に意識、或は無意識に、生物電氣の發電流通し、種々の生理、心理の生活現象を發顯して居るのである。若し其の生活現象を提起すべき、生物電氣の發電能力が萎微《いび》、又は廢止せられる如き事あらば、忽ち吾人は疾病となり、甚だしきは死を招致するが如きに立到るもので、此の生物電氣の完、不全は、直ちに吾々の一身上、一大衝動を提起せられる事になる。此の生物電氣發顯の完、不全は、又各種細胞の健、不健に負ふ處にして、此の外細胞には、種々の靈能を有して居り、發電能力は其の一部分に過ぎないもので有る事は、前章に說《さ》いた如くである。

然るに此處に不思議な事には、其の生物電氣發顯に伴ふて、吾々の身体には、常に絕ゑず副射的放射光線の如きものを、伸《のば》して發露しつゝある事實が、最近續々篤學者の研究に依つて、其の發表を見るに至つた。之れは米國市俄古《しかご》の慈善病院長オードルネル博士の發表である其れに由ると、吾々の身体には絕ゑず或る光線を外部に向つて放射して居る、此の光線の存在を、科學的器械により發見された。最初に同病院の四人の看護婦の身体を此の器械に依つて檢視せるに、何れも其の看護婦の身体より、赤色の光線が体外に放射されて居たと、更に此れを確證すべく入院患者の一人、瀕死の重態にあり、今將に死に垂々とせるを、此れに由つて檢視したるに、始めは、薄赤色の光線を放つて居たので有るが、暫くして青色と變じ、遂に死に至るに共に消失して了つたと、、、、又我國に於ては、彼の心靈學の泰斗文學博士福來友吉先生の透視と念寫中にも、之に類した發表を見る、其れに由ると透視實驗中幾重にも包まれたる寫眞乾板に透視者の放射的光線に因り感光現象を呈し之が動機となりて、彼の念射の發見となり當時學界に一大センセーションを惹起した事の記述あり。

尚又往時にありては、聖賢《せいけん》、高德《こうとく》、神仙《しんせん》の傳記を見れば、之等に類する記事を見るを得べし、例へば、釋尊の身邊より、三千大千世界に遍照する、光明の經典あり、我國にては、天照大神天の岩戸に御隱れになり、爲に今迄明るかつた世界は、暗黑世界となり、諸神大いに心配し、中にも力の強き手力男尊、天の岩戸を御開きになり、天照大神を拜し奉れば、世界は元の明かさとなる、等の傳記有るが如き、其他諸宗の宗祖、祖師の繪像を見れば、其の頭顱の周りより、毫光とて、光明の放射を抽かくが如きは、崇敬《すうけい》の餘りに、故意に神秘化した事とは想はれず、古人にも亦、早くから此の或る一種の放射能的光線の存在を、認識し居たりと想像する事が出來る。又輓近《ばんきん》英國一流の眼科醫たるチャールス、ルス博士は、視覺光線に付、其研究を發表して曰く吾人の眼からは、非常に强力なる光線が、發射して居ると云ふ事を發表して、學界に一大驚異を與へた事がある。

斯の如く吾々の身体より、一種の放射線的光線の發露有る事が、往時は漂々《へうへう》莫然として、神秘的に認識して居た事が、現代理科學の進步發達に連れて、自然實證的に證明發表せられる、草分的時運には到達せられんとするに到つた。然れども、今日尙過渡期にして、充分組織的系統的に完結せられ、一般學界に認容せられる迄には、尙益々篤學者の努力研究に俟たねばならぬ事である。

而して吾人人類より、前記の如き副射的光線の放射が、如何にして發露しつゝあるかは、誰しも未だ能く説明し得ざる所にして、余も亦之れを説明し得ざる一人なりと雖も、余の經驗上に於ける所感を、基礎として考察するに、普通の場合に有りては、只副射的に、放射發露《ほうしやはつろ》しつゝあるに過ぎずと雖ども、特殊なる心境と、特殊なる人にありては、能く種々なる特殊發露をなすものにして、往昔より、神秘或は、不可思議など謂はれたる事柄の多分は、此の放射光線の、特殊發露ならんか。

此の場合に於ては、單なる副射的放射線の如きものとは想像し難く又電子の放射とも異なるべし、即ち、一定部位に放射され、或は遠隔の地點にも、其の放射が到達して、意表或は、人事狀態を傳心し、或は幻像に現はれ、其他種々の作用をなす事あり、例へば、甲と乙との精神發露が導火線となり、双方の特殊放射線發露が、互に相交る時、奇異なる現象を作す事あり、余は自己の、眞劍一心專念の場合は、常時以上の或る力の放射發露を、幾多經驗して居るので、之を明治維新に、生死の境を往來して來た、或る劍士に眞劍の心理と云ふ事に付いて、有益なる話を聞いて見た事がある、其れに由ると、、、

一口に、呼吸を計つてと、手輕く取計らふが、之れを十分に判らぬと、一人前でない、息を引き乍らは、決して斬り込めぬもので、角力柔道、其他總て肉体的飛躍に、經驗の有る人でないと、其處は解から無い。其れで必ず、十分に息を吸つて於いて、其れを吐き乍ら、打ち込む、手も、足も、腰も、此の呼吸と協同一致して、動作をしないとすぐ破られる、敵を見る時、眼、刀尖、肩、胸、口と之れ丈けが、一つの目標として、眼界の中に入つて居る、之れが、どれ丈け一致し、どれだけ隙《けき》が無いか、其れを知る事が、敵情偵察で、之れを呼吸を計

ると云ふ。息丈けの事ではない、換言すれば其の協同動作の緊張が、頂点に集中された神經は、常時以上、即ち超特別なる作用を發露して來る、自分からも、或る不可思議の力を放射して居やうが、對手からも、何とも知れぬ異樣な力が、皮膚だけでなく、內臟へ、腦髓へ、グン〳〵壓迫してくる、若し之れを何か物理的に、是の力を檢算する器械があつたら、吾々人類から、非常な驚異すべき放射力として、素晴らしい高度なものが發見せられるに、相違ないとの話である。

此の緊張が、二人の間に鬪爭が暫く內に、生理的變化を起して、蒼白になり、所謂「氣合負」になる事が有るも、大抵は、生理的に我慢が出來なくなると云ふ事は、完全に、諸動作が一致して、靈慟的に緊張した時、エイッと云ふ懸聲になつて、前述の不思議な力が放射してくる、烈しい氣合は內臟へ、ビイーンと響く位の力を以て居る、人間の聲で無く、神秘的、絕對音響の一種類だ。

道場剣術では、こんな凄まじさは無い、眞劍の時の、此の吼號は、十町位へ響《ひび》き渡る事が有る、無形の炸裂だ。、、、、尙眞劍勝負の彼の凄い眼、其れは、物を見る眼でなくなつてしまい、一種の殺人光線を放射する穴だと、其れから、自分の意志等何の役にも立たない、所謂、第六感的な發働となり、迷はず、憂へず、悲しまず、惑はず、疑はずと云ふ心得が有るが、無念無想柳生流で云ふ、西江水の極意で、西海の水の如く止まらず、流れず、變化して自在、眼も、肌も、聲も、普通時と異つた作用をして、眼に見ねずとも、耳に聞ねずとも、敵の動きが明かに判る様になつて來る、だが其の差は一瞬《しゅん》、紙一枚で意識しない意志の働きで、所謂靈働とでも云ふ可き所作で、之れは說明しても解ら無いとの話、、、、眞劍の下を、幾度も潜つて來た劍士の述懷《しゅつくわい》、眞劍勝負の生死の境地、實に至言である、之れ以心傳心的にのみ識る所の不立文字、、、、、前記は吾人が、一生懸命の場合に發露する處の、不可思議なる体外放射力發顯に付いて、一例を示したので有るが、又古來我國に於て、天臺、眞言、法華の諸宗に於て、行われる寄身（ヨセガラ）お加持、足留、不動金縛、眞言秘密、九字切り結印、呪文等の名稱のもとに、所謂宗教靈術なるものが屢々、其の不可思議なる力の、放射發露を見る事がある、其の一例を示して見やう、是は廣瀬中佐の父廣瀬重武氏に關する逸話である、彼は維新前に於ては勤王家として働き、明治治世にありては自ら好んで裁判官の遠島罪と迄謂はれし、熊本縣天草に奉職し、又自ら希望して、交通不便積雪數月に亘る矢張裁判官の遠島罪の場所なる、岩手縣に奉職したり、氏曰く、我れ官職を奉ずるは、陛下に忠ならんが爲めなり、人の厭《きら》ふ勤務を敢てするこそ、君恩の萬分の一を報じ奉るなりと、惜《おし》いかな鄕黨氏の人を知らず、未だ世に表彰されたる事無し、重武氏性甚だ怯懦、されど激烈なる雷鳴を好み、頗る普通の人間と異なりたる心癖有り、十四五才の頃、或る夜氏の母近所に要事ありて他出し、氏獨り家に留らざる可からず、性怯懦なる重武氏には、鼠の泣き聲も、百鬼の襲ふが如く聞かれたらんに、豈計らんや、障子の外に幽靈來り立ち、夫より頻りに動く影を見たり、氏の平素學び得たる九字結印盡きざるなきも、幽靈益々勢を得て、是等に屈服すべくもあらざれど、遂に去れり、暫くの後ち母歸り來りて裏口の障子を開き見れば、利刀を以て縱横無盡に、寸斷されたる一枚の單衣を拾ひ上げて曰く、妾が他出に際して、雨模樣なる故洗濯物を取り入れ置きしを、之は誰れの惡戲ぞと一心に思案するを視たる重武氏大に悔悟且つ赤面して、有りし次第を陳べ、氏の怯懦より九字結印等の疎忽を爲せる結果なりしならんと、大に謝罪したと云ふ。

　其他丑《うし》の刻詣りとて、藁の人形畫像等に、釘を打ち人を殺め、怨女の一念岩をも透すの俚言の如き、目的人物の身体に、種々の現象を表すが如き、死去時の執念、幽靈等々例を擧げ來れば、世上幾多の奇蹟や、不思議な現象は何處の土地にも山積し、際限なき狀況にあるが、之等は、吾々人類の潛在性、不可思議力の、外部放射發露現象である中には如何がはしき傳說、風評も數多あれど、事實之等不可思議力の潛在は、何人も之を認容する所である。故に余は繁雜を避る爲、例證は數例に止める事となす。

叙上の如く、能く其れが發露の偉大なるものは、能く普通放射を超越して、特種發露を行ふものにして、此の場合に於ては、單なる副射的放射線の如きものとは異なり。吾人の意念に從ひて、一定部位に放射せられ、或は遠隔の地點にも、其の放射が到達して、其の作用種々の成果を現す實證を得たる所感を基礎として、考察しみるに、其の作用實に利刀の如きものあり。麻醉藥の如きものあり、紫外光線の如き又ラジユウムの如きX光線の如き作用あり、平流、感電、兩電氣感ある場合あり、其他高貴特効藥の如き、偉大なる作用を顯す事ありて、曰く何、曰く何と、擧げ來れば際限なき多種多様の作用を發顯する等實に不可解不思議の性能を有して居るものゝ如し。是れ皆各人各々の意志、意念を基礎として、其の作用各種多様に變化するが如き、實に奇々怪々とする處にして、余は此の放射線に名付けて、生態光線の名稱を以てしたり。

兎角吾人人間の生態光線は、極めて特殊なる放射發露を作し得るものにして、先天的に、特殊なる生態光線放射を有つて生れたる者あれど、練習の仕方によりては、平凡なる生態光線も尙ほ特殊なる放射性發露を作し得るに至る可し。換言すれば、何れの學藝技術にても、熱心に練習すれば、其の熱誠の積もるに準て、夫れに關する、生態光線の特殊放射性發露が、自然に發達するものなるべし。余が、本書によりて紹介せんとする、第一療法（靈醫振興術）は、此の特殊放射性發露を、随意的に行はんとするものゝ一種なり。

第八章　生態光線の人爲的放射論

生態光線の、放射發露に就いては既に述べたる所なるが、本章に於ては、生態光線を、人爲的に放射せしむる方法、論理を説明せんと欲す。生態光線を、人爲的に放射せしむるには、余の識る範圍にては、精神統一の運用を以てするの外に途なかるべし、又た生態光線を、向上發達せしむるにも同樣、雜念、忘想を去つて、一意一念、統一的に精神を錬磨し、以て雜念交起の發働を中絕する、此の際に、一種不可思議なる放射發露が、吾人の身体に起るのである。之が軈て生態光線の發露を、向上發達せしむる所以となるのである。故に精神修養と云へるも、是によりて、間接に、生態光線特殊發露の修養を、遂げんとするものである。而して生態光線の特殊發露が自然的に行はるゝ場合も其の時或は其の以前に精神の發露するあり、或は同様精神發露が、幾多も重複蓄積されたる等、何かの形式によりて、生態光線特殊發露の原因を成し、殆ど神秘的奇蹟に似たるが如き現象を、現はすものなりとす。

さて人爲的に、生態光線の放射發露を促すには、豫め先づ、精神の統一的發働を旺盛にするを要す。之れを旺盛にする時は、自然的に生態光線は放射發露さるゝ譯である、精神の統一的發働を旺盛にするには、專ら精神を覺醒の狀態に導かざるを得ず、從來の術者は、無念無想或は無我の境に入りて、靈通し得べしとせる者多かりしが、余は必ずしも、之れと一致するものに非ず、步むも、乘るも、遂に彼の標的に、到達し得ることと有りと雖も、余の卑見を以てせば、無念無想は人間の覺醒狀態にある場合に、決して得らるべきものに非ず。

然れども此の方法を以て、多年の練習を積み、既に熟達せる技術、又は信念を放棄す可しと忠告せんとするには非ず。夫れ、若し、人間が無念無想たるを得ば、全く、休眠の狀態にあるか、或は、死したる場合なる可し。而して、無我境の如きも、無念無想と大同小異ならんか、例へば、無念無想、或は無我境に入れる時、或る感覺を有するならば、夫れによりて、無念無想、或は無我境に非ざるを識るを得べし即ち寒暑、音響、快鬱等を感ずるならば、無我境に非ず、無念無想境にも非ず、今或人が、無念無想、或は無我境にありとせば、彼れは寒暑音響、快鬱等を感せざるのみならず、凡ての思念を喪失せるなり、然らば、彼れは全く深き睡眠に落ちて、昏々たるか、或は全然、死して他界せるものなり、蓋し、或る特別の場合を除かば、人間が、顯著なる仕事を成すには、先づ精神の統一的發働を行使すべく、眞の、覺醒狀態にあるべきを、喫緊の重要事となす。

されども、余は人間の睡眠中に於ては、凡ての精神發働が皆無なりと、見做すものに非ず、或る種の精神發働は、睡眠中にも行はれつゝありて、又た他の或種の精神發働は、睡眠中に於てこそ殊に旺盛なり心臓の皷動、血液の循環、呼吸及消化作用等は、睡眠中と雖も持續され、從つて之れを操縱する、神經組織及脳漿の機能、換言すれば、心理作用＝即ち精神發露の伴ふあり、殊に、特殊の疾病を醫すること、疲勞を治すること、其他或る種の生理作用は、却つて睡眠中に於て旺盛にして、從て其等に關する精神發働も、熾んに行はれつゝあり、是等の現象を、技術的に利用せるものは、（睡中行爲術）や、（睡中談話術）及び（催眠術）等なる可し。

醫學界に於ては、睡眠によりて疾病患者の疲勞を除き、以て間接に治癒を促進し、又たは睡眠の調節によりて直接に疾患を醫する等は技術的に實行されつゝあり。加之、今より三十有餘年前、佛國に於て發見され、現今世界各地に於て用ひられつゝある、麻醉分娩の如きは、此の證左として、最も著しきものなり。斯の如き人間の肉体内にては睡眠中と雖も種々なる生理機能を營むを以て、其れに關する精神《せいしん》發露《はつろ》は、覺醒意識《かくせういしき》に直接訴ふることとなしと雖ども、著しく作用しつゝある譯なり。されども余は、是非とも睡眠中に於てに非ざれば、所要の目的を達成し得ざることは止むを得ざるも、人間が、顯著なる仕事を、果すには、覺醒意識の、核心運用を以てするを、殆ど凡ての場合に於て、適切且つ賢明なる方法なりと確信するを以て、余の此の技術に於て、人爲的に、生態光線の特殊發働を促すには、睡眠中の精神發露を用ひず、成可く心身の覺醒したる狀態を尙ほ一層適當《いちそうてきさう》に覺醒せしめ、神經細胞の發電能力の充實と相以て、其處に、一種の旺盛なる、生態光線特種發働を得べしとなす。

第九章　生態光線發顯修養法

(A)　第一修

先づ、少し厚き紙を以て、直徑二寸位の丸形を作り(之を觀念紙《くわんねんし》と云ふ)之れの表面に「靈《れい》」と記し、之を豫《あらかじ》め、下腹部《したはら》丹田《たんでん》に張り付けるべし、而して後ち靜かなる一室を撰《えら》び、中央に座蒲團《ざぶとん》を敷《し》き、足の拇《おや》趾《ゆび》を重ねて、其の上に尻《しり》を載《の》せて坐《ざ》し兩膝《りようひざ》を左右に開き（和服を着し懷手《ふところで》をなし着物の下、即ち直接其部の皮膚《ひふ》、又はシャツの上にてなす事）下腹部の觀念紙を、上より右手の手掌にて覆《かぶ》せ、次に左の手を以て、右の腕關節《わんくわんせつ》（手首《てくび》）の背部《うしろ》より握《にぎ》り、右の拇指《おやゆび》を以て、左の撓骨《けうこつ》動脈《どうみやく》の搏動部《はくどうぶ》に當て、左の拇指にて、右の撓骨動脈搏動部に當てる事(右の方法困難の者は、略方法《りやくはうはう》として、右手掌にて觀念紙を覆《おゝ》へば、次に左手にて、右手の腕關節《わんくわんせつ》（手首）の背部を握り、左手拇指にて、右手撓骨動脈搏動部に當てゝ、右手拇指の左手撓骨動脈搏動部に當てるを簡略《かんりやく》しても可《よし》）最も自由に自然に爲《な》す事、臀部《でんぶ》を後に、下腹部を前に突出《つきだ》し、之に由つて、姿勢《しせい》の基礎《きそ》を固《かた》め脊柱《せきちゆう》は自然に其の上に眞直にし肩《かた》は自然の儘《まゝ》を少しく後方に開く、心持ちに爲し、頭《あたま》は前後左右に傾《かたむ》く事なく、最も安樂に背柱の上に安置し、口及眼《め》を輕《かる》く閉《と》ずる事。

附言　靈感透熱療法準備的修養法中心機沈靜法の第一修の附言參照

(B) 第二修

第一修の、基礎の姿勢が整《とゝの》へたら、先づ五回自己に出來得るだけ、深く且つ長く鼻孔《びこう》より呼《こ》息《そく》吸息《きゆそく》なす事、次に臍下《さいか》丹田《たんでん》にウンと力《ちから》を入れる。此の場合の呼吸は、呼吸の法則等無く、自己の最も容易に呼吸し得る自然の呼吸に放任《ほうにん》する、故に、呼出吸入に心を囚《とらわ》れざる樣、靜かなる呼吸を鼻より爲す事。附言、丹田に力を入れる塲合は、絶對《ぜつたい》に頭《あたま》頸《くび》、肩《かた》、胃《い》部《ぶ》を固《かた》く、其の部に力を入れる事なく、寧《むし》ろ反《かへ》つて胃部は凹むかの如く特に注意すべし。

(C) 第三修

第二修の呼吸稍《や》々整《とゝの》へば、腦髓部《のうずいぶ》及脊髓縦軸部《せきずいじゆうじくぶ》全般《ぜんはん》に亘《わた》り、全身の精《せい》力《りよく》を集中《しゆうちゆう》すべし（腦《のう》脊髓《せきずい》部《ぶ》に充血《じゆうけつ》せしむる如く力《りき》ムのに非《あら》ず）之れは所《しよ》期の生態《せいたい》光線《こうせん》發露《はつろ》を作さしむる爲、旺盛《おうせい》なる精神《せいしん》發露《はつろ》を促《うなが》さんには、誰《たれ》も識《し》る如く、人間の腦髓《のうずい》と神經《しんけい》組織《そしき》とが、人間の精神發露機關《きくわん》なるを以て、成るべく、適切に、之等を使用すべきなり。然れども、此の爲、全身の筋肉《きんにく》を緊張《きんちよう》せしめざる様に爲す可し、斯《か》くする時は、間もなく靜平爽快《せいへいそうくわい》なる呼吸を爲しつゝ有る事を、自から氣付くなるべし。次に少時《しはらく》にして、全身に亘り氣持良き微温《びおん》を感《かん》じ、異様《いよう》なる、併《しか》し快《くわい》感《かん》を帶びたる、輕《かる》き全身的緊張の氣味を覺《おぼ》ね來る。之の時より、左右の撓骨動脈の搏動を、一意右手掌を透《とう》して、觀念紙及下腹部内に打ち居るが如く、一心に念想《ねんそう》すべし。斯く爲す時は、全身的緊張味《み》に續いて、体《たい》重《ぢう》頓《とん》に輕《けん》減《げん》されたる如く感《かん》ず、是より、稍々《やゝ》暫時《しばらく》の我慢を爲せば、全身が輕《かる》くなりて、浮《う》き上り、而して、体力數倍し、同時に、全身が半透明光体を宿したるが如き、氣持を覺ゆるに到る。此の時、觀念紙を覆へる、右手掌及指頭《おやゆび》に、ピリ〱チク〱或はプリ〱と、丁度《てうど》電氣《でんき》樣感《ようかん》の、微妙《びみよう》なる律動《りつどう》の、周期的《しゆきてき》發働《はつどう》を感《かん》じ來《きた》る。尚前條の心狀態《しんじようたい》を、其儘《そのまゝ》持續《ぢぞく》しつゝ、兩手を下腹部より徐《おもむ》ろに離して、前頭部額の直前《すぐまへ》にて、高く合掌《がつしよう》を爲し、一心に兩手掌間《かん》に、注意を集中《しゆうちう》する時は、兩手掌間に温熱《おんねつ》を感じ、益々ピリ〱チク〱と、甚だしきは、痛《いた》い程の律働《りつどう》の感識《かんしき》あり、（尚ほ進めば輕きウーオーンと云ふ微音《びおん》を時に發する事あり）此の時、特種生態光線は、放射され得る狀態にありて、其の、宿《やど》したるが如き氣持に覺《おぼ》えられる半透明光体は、生態光線の、特種發露を爲したるものなる可く、其の副射線を集《あつ》めて、任意の目的物に投ぜん事を、心を以て、思念する事を、余は生態光線の、人爲的放射《ほうしや》と云ふ、、、、

叙上《じよじよう》の修養法は、毎日三四十分乃至一時間を以て、一回とし、毎日二回は修すべし、之を、一週間繼續《けいぞく》する時は、大概《たいがい》、他人又は自己の病氣を治療する能力《のうりよく》を露顯《はつけん》し得べし、尙時間の餘裕《よゆう》ある人は、何回行つても宜敷く、修養が、積《つ》めば積む程、益々、病氣治癒能力は強《つよ》くなるものなり、斯術《このしゆつ》は、本來具有する力を、働き出さするが、故に、萬人が万人、間違ひなく發働するものにして、人に依りて、强弱は固より有りと、雖も、今だ、未《み》体《たい》得者《さくしや》は一人もなし、此の療法は、前條にも論說《ろんせつ》する如く、ドンな病氣が癒《なほ》るべきかは、實際の治病經驗《ちびようけいけん》より推《すい》則《そく》するより外、現在にては、道《みち》なかるべし。故に、科學的說明《くわがくてきせつめい》として

の、理論は立たざれども、余《よ》及び會員諸子の經驗を綜合《そうごう》して、考察《こうさつ》すれば、醫療の届く範圍の病氣は、大抵《だいてい》癒《なほ》ると、概言《がいげん》して差支へない様である。間には、現代醫療の方で、甚だ難治《なんじ》とされ、又治癒の見込なしと見放《みはな》された者が、容易《ようい》に癒《なほ》る場合もありて、修得者《しゆとくしや》は、先づ實地施術《せじゆつ》して實際經驗により、自信を得る事が、何より肝要《かんよう》で有る。

而して、實際に、臨床應用《りんしようおうよう》の場合は、其の思念の指定する如く、生態光線の人爲的放射を導《みちび》く爲め、思念に和して、手を動かし、或は手を標的に凝定《ぎてい》、又は直接疾患部《しつくわんぶ》に、尙又、病氣經路《びようきけいろ》を考察し、他の部處に、手掌を、直接或は、間接に、接觸《せつしよく》し、思念を誘導《ゆうどう》援助《えんじよ》する事は、生態光線放射を有効、且つ容易ならしむるなりとす（各病に付實地治療方法は、各病治療編に詳記すべし）前記の仕方によりて、生態光線の、特種《とくしゆ》發露《はつろ》をば作し得る狀態に至る迄の順序は、其の時の季候《きこう》、或は場所、又は自己の熱心《ねつしん》、健康等の模様《もよう》により、同一人が試みる場合にも、毎回多少の相違あるを以て、各人又た多少の相違ありと見る事當然なり。

第十章　術者施術中の姿勢態度心念

靈感透熱療法中の、術者施術中の姿勢態度心念と、稍々同一なるを以て、其の所を參照せらるべし。

尙治療を施《ほどこ》す時は、成る可く右手を使用し、兩手を使はざる樣せらるべし、兩手を使用する場合は、其の都度記述《つごきじつ》す、然して治療は、凡て眞面目に眞劍《しんけん》に行はねばならぬ。贅氣《せいき》半分《はんぶん》に治療してはならぬ。

第十一章　患者の姿勢

靈感透熱療法中の、患者の姿勢の項《こう》と略《ほぼ》同一なるを以て、其の項、參照《さんしよう》あれ、尙治療を爲す時は、凡て、術者も、患者も、出來る丈け樂な位置《いち》に体を置く様に、眞直《まつすぐ》に仰臥式《おうぐわしき》、伏臥式《ふくぐわしき》、横臥式《おうぐわしき》、さ字臥式《じぐわしき》等、成る丈け臥《ぐわ》式を取り、目を瞑《つぶら》せて、術者、患者共に談話《だんは》せざる様なすべし、之は患者の氣を散《ち》らさざる爲なり。治療は、割合に時間が、かゝるが故に、体に少しでも無理があれば、續けられざるが爲、又手を輕《かる》く患部に接觸《せつしよく》する丈けにて可し。決して強く押《お》しつけてはならぬ、尚特に押しつける必要ある場合は其都度《つご》指摘《してき》記述すべし。

第十二章　各種施術時間

施術時間は、大抵《たいてい》三十分間乃至四十分位の長きを要す、而して其の增減《ぞうげん》を規定《きてい》するには、即ち施術療点《せじゆつりようてん》の多少、病症の何如んによりて、各々差違《さゐ》あり、最も早きは、單純《たんじゆん》なる齒痛《しつう》の如き、三十秒乃至一分にして既に止痛《しつう》するが如きありて、各種病氣に必ず多少の效果《こうくわ》が、一回は一回顯《あらわ》れるが故に、倦《う》まず耐《たゆ》まず、熱心《ねつしん》に施術なす事である。

尚患者の心理狀態《しんりじようたい》も、治《ち》不治《ふち》に大なる關係を有するが故に、術者大いに考慮《こうりよ》し、暗示《あんし》又は患者の豫期作用、信仰《しんかう》等の偉大さをも、充分理解《じゆうぶんりかい》し、臨機《りんき》の所置を取る事も研究せられねばならぬ事である。

第十三章　施術回數及繼續

施術回數は一日五回より、一週に三回位施すものとの相違ありて、即ちその度數は、病氣の種類及び、治療上の目的によりて一定せずと雖も、普通二十四時間に二回宛施術なすを常とす、繼續は疾病によりて一定せず、自覺症狀《じかくしようじよう》全く消失し、何等の異狀《ゐじよう》無きと雖も、四五回繼續する場合あり、又器質《きしつ》に異狀なき齒痛の如きは、自覺症狀減退すれば直に止むるありて、術者良く病氣根治したるや、否やを、深く慮ひはかりて、一時的の譏《そし》りを受けざる樣注意ありたし。

第十四章　實地施術の要訣

實地施術に當りて、術手を當てると故障《こしよう》疾病《やまひ》ある局處には、或る一種の感識《かんしき》を覺《おぼ》ゆる場合が多い、之れは生活機能の缺陷《けつかん》に因《いん》する、陰陽《いんよう》精力《せいりよく》の不平均に由る相索引《あいさくいん》補充《ほじゆう》の律動《りつどう》？其の感じは、一寸指《ゆび》で突《つ》いた樣な一小部分に現《あら》はれる事あり、廣汎《こうはん》に亘りて現はれる事あり、時には帶狀《おびじよう》、線狀《せんじよう》に現はれる事ありて、其の感じは丁度、修養時に於ける手掌指頭に、律動《りつどう》感識《かんしき》と略《ほゞ》酷似《こくじ》し、シクシク或は、ムズムズ、時としては吸ひ付けられる樣な感じである。又場合に依りては、手掌が熱くて堪へられぬ樣になる事あり、又腕《うで》が全体緊縛《きんばく》せられる樣な、痛みを覺ね、棒《ぼう》の樣に成る事もある、等種々の感覺《かんかく》を受けるのである。其の感じが、病氣故障《こしよう》の平癒《へいゆ》に伴《ともな》ふて、次第に弱《よわ》くなり、遂には消失《しよしつ》して終ふ。之を治療の一經過となし、一度の治療に要する最小限度は、一經過丈は、是非行わねばならぬ、尚進んで幾經過繰返しても差支へ無く多く行へば行ふ程、効果は顯《けん》然《ぜん》で、何回も何回も行つて全く感識が無くなれば、其れが即ち病氣全快と見做《みな》すのである。

吾人の身体は常に營《ゑい》養《よう》物《ぶつ》を吸《きう》收《しう》すると同時に、又之等の廢《はい》朽《きゆう》せる不要終《しゆう》産《さん》物《ぶつ》を排《はい》泄《せつ》する能力を有するのであるが、一度び有《いう》毒《どく》細《さい》菌《きん》の侵《しん》害《がい》を受け、疾病を發し、或は官《くわん》能《のう》の障《しやう》碍《がい》機《き》能《のう》減《げん》衰《すい》せんか、老《ろう》廢《はい》物《ぶつ》質《しつ》有《いう》毒《どく》物《ぶつ》の停《てい》滯《たい》を來し、排泄不完全となり、益々病性を惡化し、又は著しく健康を害《がい》するものである、例へば、白《はく》血《けつ》球《きう》の毒《どく》物《ぶつ》排《はい》泄《せつ》、赤《せき》血《けつ》球《きう》の炭《たん》酸《さん》物《ぶつ》排泄、消化器及び腎《ぢん》臟《ぞう》等《とう》の、不要物排泄等は即ち是れである、而して斯術は之等吾人の有毒有害物排泄作用に、最も顯《けん》著《ちよ》の作用を有するものにして、梅《ばい》毒《どく》、淋《りん》病《びやう》、結《けつ》核《かく》、諸《しよう》病《びよう》、皮《ひ》膚《ふ》病《びよう》、腎《ぢん》臟《ぞう》病其他の有毒患者に、本書記《き》載《さい》療《りやう》点《てん》學《がく》第二十六療点に、手《しゆ》掌《しよう》を當てゝ、下毒の思《し》念《ねん》を爲せば、黒い臭《くさ》い大《だい》便《べん》と、混《こん》濁《だく》したる小便とが排《はい》泄《せつ》せられる。之れ諸毒の下つた證左《しやうさ》にして、若し有毒物の排泄せられるや、体《からだ》の疲勞《ひろう》を覺《おぼ》えると雖も、大体に於て氣分《きぶん》爽快《そうくわい》となるものなり、叙上《じよじやう》は一回の治療にて奏効《そうこう》するあり、幾回も繼續《けいぞく》も要するありて、一概《いちがい》に申し難しと雖も、良く効果の顯《あらは》れるものなり、其他は卷末《くわんまつ》各病理《かくびようり》編《へん》に讓《ゆず》る。

第十五章　特別各種施術法

第一療法（靈醫《れいゐ》振興術《しんこうじゆつ》）に通常、病患者《びようくわんじや》の疾病局處《しつびようきよくしよ》又は、疾病病絡《びようらく》を考察し、他の部處等に皮膚《ひふ》直接《ちよくせつ》、或は着物《きもの》繃帶《ほうたい》等の上より、間接《かんせつ》に手掌を當てゝ、術者の、人爲的生態光線放射を行ふ事にあるが、時に疾病の種類により、又は病者其の者の性狀《せいじやう》によりて、特別の方法を採《さい》用《よう》する事あり、其の術式を左に記するを以て、術者宜敷《よろし》く、臨機《りんき》之を應用し、益々快癒救濟《くわいゆうきうさい》の實を擧《あ》げられん事を希ふ。

第十六章　氣合施術法

氣合術の要訣《えうけつ》は、呼吸と共に人を呑《の》み、社會を呑み、天下を呑みて之を臍《さい》下に疊み込み、腹を實にしエイット一聲《せい》割《わ》れる様な聲《こゑ》をして人の虛《きよ》を衝《つ》くにあり、、、、之の呼吸の事に就て、往昔《おほむかし》吁《あ》云《うん》の呼吸と云ふがある、之は吁《あ》は息を吐き出す事にして、云《うん》は息を吸ふ事である。息を吐き出す時は、自から、筋肉《きんにく》弛緩《ちくわん》し、息を吸ひ込み下腹部に力が這入ると、筋肉は自から緊張して引締るものである。斯くて吁の時は精神筋肉等万事力なく、虛脱《きよだつ》衰耗《すゐもう》の象《かたち》、故に此れを虛と云ふ。云の時は精神筋肉等万事充實し、精氣《せいき》喚發《くわんはつ》躍動《やくごう》の潜勢力《せんせいりよく》を充實するの象故に之を實と云ふ。されば吾人が云を以て敵《てき》の吁《あ》を衝《つ》くを氣合術の秘訣《ひけつ》とされて居る。故に氣合法によりて、疾病治療に從事せんか、術者は十分に息を吸ひ込み、以て生態光線放射の可能充實を計り、病患者の今應《まさ》に息を吐き終らんとする刹那《せつな》、間髪《はつ》を容れず、紫電《しでん》一閃的《いつせんてき》に、エイット大喝《だいかつ》一聲《いつせい》諸共《もろとも》、對者《たいしや》の虚を衝き、一擧《きよ》にして患者の病的觀念を一掃《そう》し、心氣《しんき》一轉《てん》新《あたら》しき健全なる、精神の躍動を喚起《くわんき》せしめ、後ち漸次靈醫振興術の手掌法を施しなば、意想外《いそうぐわい》の奇効《きこう》を奏する自他共に驚く可きものあり。

第十七章　震動施術法

凡て、疾病を醫する事は、患者自体の自癒《ちゆ》機能《きのう》を覺醒《かくせい》誘發《ゆうはつ》する事にあれば、生態光線放射を患者に施す事は、術者の人爲的生態光線放射によりて、被《ひ》術者の生活現象の異常缺陷《けつかん》を興作《こうさ》整頓《せいとん》するに因るものにして、其の際、術者の人爲的生態光線放射によりて、被術者の疾病が治癒せらるゝは、被《ひ》術者の自然本能によりて、或る刺戟《しげき》が、被術者の肉体内外の患部に、誘致さるゝが爲ならん。靈醫振興術の、普通施術にありては、無震働《むしんどう》にして、何等被術者に奇異の感覺を與へ得ざる場合有るを以て、被術者は、其の無味閑想の爲、時にありては施術の効を疑ひ、或は餘りの平凡に繼續の念薄らぎ、或は倦む等の事無きにしも非ず、依つて斯の如き場合は、震動法を加味し、施術なすも亦効なからん。此の震動法と無震動法「普通法」の異なる所は、其の施術に着手する刹那《せつな》の、種別的意念によりて分れるものにして、彼れは震動法となり是れは無震動と成るにある。

震動法とは、所謂靈動とも云ふ可き所作にして、決して、上下左右に故意に動搖《どうえう》し、振り動かすに非ず、被術者に接觸すれば、上肢《じようし》の緊張に相俟つて、自然的に發動するの妙機《みやうき》にして、術者の手は外觀上、動搖し居るや否や判然せずして、患者に、一種電氣樣感を與へる事なり、右は術者最も困難とする處にして、甚だ熟練《じゆくれん》を要す、斯の法は、各種細胞《さいほう》の覺醒《かくせい》を促し、内部の臟器《ざうき》及筋肉《きんにく》血管等の運動機能を催進し、一種電氣樣感に由り、心氣爽快を得て術の奏効を增大にするの特長あり。

第十八章　遠隔及間隔施術法

此の法は、被術者の身体に、何等接觸する事なく、被術者とは全々相離れ居て、施法爲すものにして、之れには被術者と相對し、其の間相當の空間を設くるあり、又全々不知の遠距離《ゑんきより》にある被術者に施法するあり。以上の二法中、被術者の希望依賴に由り、諒解のもとに施法するあり。又然らざるありて、種々なれども要するに、兩者間に何等肉体的聯繫《れんけい》なくして、術者の意志、意念の力に因りて、被術者の心身に術者又は被術者其の希望目的を達成せしめんとするの法なり。

第十九章　間隔施術法

（A）

被術者は立てるにもあれ、座せるにもあれ、臥するにもあれ、施術前に當つて、先づ被術者の心機の沈靜《ちんせい》を待つて、術者は、徐に被術者の兩眉間に、手掌指頭を凝定し、左叉は右に動き、或は傾むく事を一念を以て、被術者に全力を集注なし、指頭を少しく右に動かせば、之れに和して被術者の顔動き、術者左に指頭を動かせば、被術者の顔叉之れに從ふ、叙上は著明なる感應顯れずとなすも、僅少にても右の傾候を認めなば、此れ術者の意念、感應なしたりと見做《みな》し、次に局處病なれば其の局處に、全身病なれば全身的に、病氣平癒の善意の思念に和して、生態光線放射を行ふのである。

第廿章　遠隔施術法

（B）吾々の意念、一心は、時間空間を超越して、實に奇異《きい》なる現象を遠隔の對者に波及して、意志、意念を傳へ、或は幻像に現れる等奇怪なる作用あり。一例を以てすれば、俗間によく行はれる長居の人を早く去らしめる法とて、下駄《げた》に灸《きう》を据《すえ》ゑる事や、箒《はうき》を逆まにして、手拭を覆《かぶ》せ歸れと云ふが如く、其の他男女和合の法、足止めの法等、對者の不知不識に不拘、思念者の意念が、對者に傳心して、受念者は不知の間に左右せられるが如き事は、此所に事新しく述る迄もなく、良く世人周知の事實である。斯法にありても、亦此の理の利用にあるものにして、其の反應感應の成《せい》否《ひ》如何は、思念者の力の强弱にも因る可きは基よりなるも、又對者の心狀、病疾の輕重、時と場合、其他の事狀等も効果に重大關係ありて計り難し、兎《と》も角《かく》、斯法は、術者の一心であり、専思専念の力であらねばならぬ事は多言を要しない。斯法は、現在行はれつゝあるものに被念者の手形を使用するあり寫眞を使用する有り、肌着、着物等を祈念するありて、要するに、術者の一心一念を得るに益々容易、且つ集注なさんとする一種の法便である。

長居の人を早く去らしめんとするに、下駄に、灸、箒に手拭を使用するが如きものである、其他經文、九字切り、呪文、結印、お百度踏み等の如きものあれど、皆其等は一心一念を出すの法便として使用せられる。故に彼等其者に、力の在するに非ずして、斯く〳〵彼樣に法を（法便）行へば、彼樣な結果を生ずると謂ふ、之れを行ふ者の豫期信念の力、即ち確固たる、精神の力に因るのであつて、法式の如何に非ざるなり。余の知れる一老《ろう》婆《は》あり、彼れは法華の信者にして、和尚より九字切りの秘法を習ひ、斯法を病者に施して、實に驚く可き奇効を奏し、街隈より施術を乞ふ者間前市を成すの盛況を呈し居たり、然るに家事の都合上、一時施術を中止し居たりしが、或る時一病者の切なる懇願により受諾し、其の施術中途に於て、以前行ひつゝありし、本當の九字切り方とは、少し違つて居るかの如く思はれて、ハツト胸を衝き、シマツタと思つた。而し扨て、何處が、相違せるか、如何に考へても、自己に判然せずして、施術は終つてしまつたのである。

後で色々考へて觀ても、どうしても解らない、違つて居るには、相異なきも判らない、其後、多くの病者に之の九字の秘法を施術したれど殆ど皆失敗に終つたと、本人直接余に告白された事がある。

彼樣な例は外にも幾等もあるが、要するに彼の老婆は、今迄行ひつゝあつた秘法（法便）を、生命と考へ、之れを失念したかの如く、ハツト思つた瞬間、最早一心專念の力に缺陥を生じ、疑心暗鬼を生じ、九字切りの法便より、最も緊切重要なる一心と謂ふ、斯法の核心に瑕を生じ、秘法が異りはせぬか、違つて居る樣だと云ふ疑ひが、如何にしても、取除く事が出來ず、如何程、自己は一心に施術しても、最早其の後の施術は皆、無効に終つたのであつた。奏効するか否かは、九字法其物の力に非ずして、之れを行ふ術者の信念、曇りなき確固たる一心一念の力に有りて、此の外に何ものもないのである。

故に病疾平癒の遠隔施法にありても、同じく其の法便の如何んに關せず、只術者の主心誠念は、疾病平癒に全力を以て終始一貫し、決して他意ある可らざるなり。之れ百言を費すより只一心であり一念あるのみなり。

第二十二章　結文

荀くも現代に於て、疾病を治療せんとする斯道の術者は、現代醫學によりて考察を進め、研究を遂ぐべきなり。余の療術も亦た然り。只だ療術の表相を學べば足れりとすべからず。即ち此の技術に附帶する最とも適切なる、一つの常識を要するなり。其の常識とは醫學に關する一般的概念の常識にして、醫學を修めたものには殊に有利なり。

要するに醫學に通ずるもの程、技術を巧妙に運用し得る譯なり。故に醫學を修めたること無きもの、又たは醫學に關する一般的概念の常識を有せざるものは、少くとも通俗的なる生理學の一卷位は、必ず精讀し置かざれば、恰も盲人が衆人を、引率して其の先頭に立ち、人馬の交通織るが如き、十字街を通過せんとするが如し。凡て肉体が治療によりて疾病より免かるゝには、必ず其所に正しき法則の下に、生理作用の行はるゝに由るなり。能く祈禱者、野狐仙等は奇蹟を吹聽せんとすれども、人間の肉体内外の自然法則を、一足飛びに超越して全治するが如き奇蹟は、決して之れ有るべからずして、其所に何等かの正しき理由あるべし。

逆に或人疾病を得るや、之を强ひて奇蹟的に考へ、自然法則を超越して、得たるなりと認むるものあり。而して或種の宗敎家等は、因果應報及び死生靈の崇りなどゝ説明せんとすれども、之れを信ずる者及

び之れを強ふる者、兩つながら現代文明に背馳したる野暮漢なり、其等の奇蹟と思はれたることとは、皆な正しき合理現象にして奇蹟にあらざりなり。而して昔日に於て奇蹟と思はれ、＝或は祟り＝或は疫病の神が荒れ廻はるなど傳へられたものが、或は虎疫＝天然痘＝赤痢病＝等なりしこと、及び其他此種の實例は甚だ多し。されば現代醫學の素養あるか、又たは少くとも現代醫學に關する、一般的概念の常識なきものは、前に述べたる如き未開時代に流行したる、因襲的迷信に陥る場合なき能はず。

余の療術に於けるも、決して自然法則を超越して、疾病を治し得る場合無きなり。而して靈は吾人の樞心にして、靈は肉体と精神發露とを一括統御して、其等の分業的本能性を發露せしむるを以て、人間の肉体が一種の自營自存をなすべく構成されたるに基付き、疾病等は、當然本能的に自癒すべきなるに、反て逆行的に變化し行くことあるは、

是れ其の靈能が其の本能性を損傷したるに因るものなる可し。余は偶然なりしか果た僥倖なりしか、之れに著眼して以來、顯著なる奏効を成す場合多きに至れる事は、既に幾度も述べたる所なるが、想ふに病氣を施療する時は、被術者なる疾患者が術者の善意を受けて、其の靈性が興作整頓され、從て肉身之れに和して復活本能性を發露するを得るを以て、肉体の全部又は施術局部の、血液循環を順調ならしめ、老廢物の排泄及び新組織の發生等、生理機能を促進せしむるものなる可し、尙ほ余の臆斷を披瀝すれば、術者の施術によりて疾患者の靈能靈働を介し、疾患者の精神發露を督勵し、其の刺戟によるか、命令によるか、果た其の引率によるか、免疫体、赤血球及び白血球（喰菌細胞）等の增加を來たし、全身的に或は局部的に、防禦力と自癒力とを發作せしむるが如し。而して一二十年前より醫界の凡ての視線を、殆ど悉く吸收しつゝある「ホルモン」活動も、或は之れに漏れざるべし・而し

て施術の實際に於て、「ホルモン」に關する智識は、非常に必要なる場合あるを以て、之れに關する概念的常識なりと、認むるものを略記すれば「ホルモン」は「ロンドン」大學の「スターリング」及び「ベーリス」兩學者によりて、始めて學理的に發見され、西曆一九〇九「スターリング」は二三紙上に之れを掲載發表したり。兩學者は之れを「ホルモン」而して「ホルモン」に幾種もあるを以て「ホルモンス」と名付け、「ホルモン」とは「ケミカル、メッセンヂャー」即ち化學的使命者の意味なりと云ふ。尙ほ之れを種別すべく其の或る者に、「スイクリテイン」(內分泌)の名稱を與へたり、之れ一般に云ふ「ホルモン」なり、「ホルモン」は我醫學界にては戟戟素と呼ばれ、內分泌とも云ふなり。之れが血液及び淋巴中に混ざりて全身を巡り、諸臟器等に刺戟を與へて、其の本能性を發作せしめ、且つ調和を保たしむるなり。而して積極的には營養の循環＝即ち新陳代謝、及び消化液分泌等の調節を

行ひ、以て發育を促し、消極的には老廢物及び有害なる物質を破壞して、無害ならしむ等の作用をなすなり。而して「ホルモン」を內分泌と言へるは、外分泌に對して與へたる名稱にして、外分泌腺は排泄管の開口局部によりて理解され、其の作用等も長き以前より、周知の事實なりしことは、言ふまでも無きことながら、外分泌とは唾液腺、胃腺、膓腺、肝臟等の分泌を云ひ、內分泌とは、排泄管が、未だ解剖的に發見されざる甲狀腺、副腎、胸腺等の分泌を稱し、而して學者は膵臟及び攝護腺等は、內分泌と外分泌を兼併することを證し、且つ內分泌は直ちに血液及び淋巴中に分遣派出され、上述の本能的機能をなさしむ、故に「ホルモン」は人間の生存上、絕體に缺ぐべからざること明かなり、而して學者の研究によれば、「ホルモン」產出機能の增減は、攝取食物中に含まるゝ「ヴイタミン」の量と、密接なる關係を有し、其の量多ければ、「ホルモン」產出機能旺盛なりと。然るときは余が療術が、從來の醫療と併用さるれば、効果顯著なると同時に、「ヴイタミン」の含有量豐富なる食物を攝取すれば、「ホルモン」の產出量を增加すべきなれば、余が療術を以て施療をなすにも、食餌の攝取に注意することは、最も緊切なりと謂ふ可し。（其等の「ホルモン」の化學的性分は「アドレナリン」以外は未だ分明ならざるを以て、大多分の不分明なるものは、人爲的に合成し得ずと云ふ）余が療術を以て、他人に施療するに當り、是等の概念的常識を用ひて、疾患者を治療する時は、屢々著しき靈効を顯はすことあるなり。此に於て斯術者たらんものは、「ホルモン」の本能的機能に關する一般的概念を、承知し置く可き時は又無駄ならざるを信ずるを以て、此に之れを贅説したり。

終りに臨んで一言すれば、余の施術は慢性病等の病巣に、能く徹底的奏効を爲す場合多きなり。元來結核症等の病巣には、藥物の刺戟が能く徹底せざるを常とす。故に患者が長く服藥を繼續しつゝも應驗を得る能はざるなり。而して病巣外の血液中には、免疫物質又は喰菌體が、旺盛に其の機能を作用しつゝあるに拘らず、病巣中にありては免疫物質も喰菌體も、共に其の機能を作用することを怠り、病源體は却て勢を逞ふするなり。されば容易に慢性疾患等を、藥物によりて全治するを得ずと雖ども、斯術施療にては、被術者なる疾患者の性格及び體質等に多大の關係あるに拘はらず、多くば施術の應驗能く疾患局部の病巣内に徹し、疾病を根治的に醫するを得るなり。之等に關して余の療術を證明するに、現代理化學又は現代理化學を基礎とする諸科學により、的確なる説明を與へ、且つ科學的試驗成績等を援用するを得ずして、唯だ余の想像的臆測を以て、專ら自己の療術を自讚するは、極めて慚愧に耐へざるを以て、余は他日を期し、尙ほ修養と研究と練磨を積み、再び本書に校正を施し、又たは適當なる機關を設けて、諸君と共に研究せんことを熱望す、玆に余の最も力強く感ずる所のものを、諸君の前に告白すれば、余が慢性の結核患者等に、斯術を施し、其の血液、略炎或は排泄物等を顕微鏡下に檢すれば、施術の回を重ぬるに從ひ、其の血液中に活潑なる喰菌体等の增加するに反し、病源体は、益々減少を連續し、略啖の量及咳嗽を惹起する度數を、減ずる等を發見すると共に、体温が普通狀態に低下し、漸時に健康を回復することを見ることと是れなり。然れども現在の余は、之れ以外の有力なる證左を有せざるを以て、本書を科學書とせず、技術書として書するの止むを得ざりしを遺憾とす。此に筆を捨てんとするに際し、余は將來此の技術が完全に科學化されて、醫學の一課目と成ることを切望し、大に之れを諸君の研究と援助とに期待して止まざるなり。

第二編

第二療法（神經調整術／家庭及自己療法）緒論

本編に於ては、何等藥物を用ひず尙又機械器具の必要もなく、隨時隨所に臨機應變に諸種の疾病を容易に、且つ快感の裡に少しも危險なく根本的に治療せしめんとする療術を記述せんと欲す。斯術は基礎を純然たる生理解剖に求め、何人が之を行ふも、必ず、物の理的に奏効あらねばならぬ樣組織たゝせたる物理的合理療法なり、名づけて神經調整術と爲す。抑も吾々の疾病なるものは、生活現象の變調を來したるものにして、其の生活現象の變調たるものゝ由つて起るの原因は種々ありと雖も、夫れ吾々の生活現象を提起せしめ居る機關として、動植物性の二大神經系統がある。若し之等の二大神經系統に障害或は缺陷を生ぜんか、吾人は忽ち生活現象に變調を來し常態を損して各種の疾病を生ずるものである。

而して此の二大神經系統には、中樞と末梢の別ありと雖も、之れ元より一態に名づけられたる區別にして、中樞の缺陷は末梢に、末梢の變調は中樞の缺陷を生ずる等、兩々相俟つ相互關係は丁度國家組織に觀るが如し。一朝中央政府其政策を過またんか、直ちに下國民の安寧を破り、下國民の惰弱はたちまち國家の基礎を危うからしむ。之を隣國支那の現狀に觀るが如し、斯の如く不健全なる相互關係は國家組織の根底にまで重大なる影響を與ふるものである。故に吾人が、其の健康を完全なる狀態に於て保持せんと欲せば須らく吾々自身の一細胞一組織と雖も、些に缺陷なかしむべく常に努力せなければならぬ。

此の吾々の身体の中央政府たる神經の中樞は、腦腔脊柱管內に存しそれより小さき糸狀の如き神經纖維を出して、全身の組織即ち皮膚、筋肉、血管、各種內臟等を管理して居るのである。此の中樞より組織に來る神經の纖維を神經の末梢と謂ひ、中央政府たる神經中樞の命令を各種組織に傳ふべき傳送の職務を取行ふのであるが、又組織の變狀をも一々中央政府に万遺漏なく報告する飛脚の如き役目をも掌るものである。斯の如く中樞、傳導器、終末組織等が恙なき時は天下泰平、國家安全、無病强健と云ふ境地にして、一端右の神經系統中何れかの部分に於て毀損せられんか、それ大なれば生命を危くし、僅微なればそれに應ずる衝動を受くる、豈神經の健全を希はざらんや。故に疾病を治療せんと欲せば須らく神經を整ふ可く神經整へは病自ら消失せん、之れ偏に神經調整法の科學的合理化に求めんのみ。

神經を調整するの法に化學的、理學的の別ありと雖も、本編に記するの法は、藥化學の力を藉らず、即ち無投藥療法にして特に手先の技術を以て神經を調整せんとするものなり。此の方法に現今我が國にてはマッサージ按摩の法ありと雖も、之等は未だ衛生的或は慰安的に行はれ、其他醫療の氣紛ぐれ的補助位にのみ思考せられ居るに過ぎして一療術として獨立し得る權威尙遠きにあるを余は之を甚だ遺憾と爲すところ也。然るに他外國に之を求めんか、論理堂々基礎を確固たる生理解剖學に藉き、一新機軸ある合理療法として唱導せられ專門大學迄設けて雄飛發展しつゝある無投藥療法カイロプラクチック及びオステヲパーシーあり。兩者共に米國に於て盛んに行はれ從つて之の方面の學校も各洲に一二は必ずありて大なる學校は二三千の生徒を收容すと云ふ。此の治療法の効果偉大なる事一般民間に認めらるゝに至り、醫學界に於ても一大革命を惹起し、從來の投藥療法を捨て之の療法に歸依する者日々に增加し、何れの街に至りても之の治療所の看板を見ざるはなしと。

カイロプラクチックは西曆一千八百七十九年米國のドクター、デデパーマー氏によりて始て科學的に組織建てられたるものである、今其の所説に從へば、總て吾人の病氣は脊柱骨關節の異常、即はち脊柱の或る部の關節が歪み捻れ、又は傾斜彎曲等の不正規を生じたる場合、神經の派出孔即ち椎間孔が、自然に狹まりて其處を、通過する神經、及血管なりの壓迫を來し、爲に神經機能の障碍となり、又其の神經感流性の中絶を招きて、凡ゆる疾病の原因となる……と云ふ學理論説を根據と爲す故に、施術に際して先づ其の神經の發出徑路たる、脊柱關節に異常即ち不全脫臼が存するや、否やを確める、若し是れあらば、其れが病因なりと爲し、之を直さんが爲棘狀突起及び横突起を挺子として、椎骨を正しい位置に調整し、不全脫臼に由り壓迫せられ居たる神經を常態に復歸せしめ、尙又神經に一衝動を與へて、神經の働きを旺んならしめ血行を良くし、新陳代謝機能の亢進を計り、以て疾病を治癒せしめんと謂ふ學理理論に基きて各種疾病の治療に從事しつゝあるのである。

又オステオパシーはカイロプラクチックと共に現在米國に於て奇蹟的無投藥療法として、旺んに流行してゐるものであつて、斯術は西暦一千八百七十四年米國人ドクター、アンドリユー、テーラー、スチル氏が創始したものである、其の所説に由れば、總て病氣は骨骼に缺點を來せば、周圍の神經なり血管に異常を來し疾病を起すのであると謂ふ、即ち骨骼の異常、臟器の轉位、神經機能の故障、血液及淋巴液の循環障碍等之を調整すれば、自然に病氣は治療す可きものなりと云ふ學說の基に行はれる治療法であるが、前上のカイロプラクチックと殆ど共通酷似した點が多いのである。

本編即ち第二療法は以上のカイロプラクチック及オステオパシーや其他の療法を取捨撰擇して余が多年幾多の實驗と經驗とに基き、其等療法の微妙纎細にして充分の熟練練達を要する、即ち一般讀者にして容易に成し能はざるものは之を退け、一般普遍的に何人にも容易に、且つ少しの危険もなく、極僅かの練習により、着々其の實績を擧げ得られる樣、圖解を挿入し講述作成したり、之れ即ち本編の神經調整術である。先づ斯術の具体的操作法を講述するに先立ち、多數讀者の中には或は、人体生理解剖の學に明かならざる人なきを保し難く、若し然る場合は萬人に、斯術を了解せしめんと欲する余の眞意に悖り、遺憾至極なるを以て、些か蛇足の感あれども、左に人体脊柱の構造及び神經系統に關する生理解剖の大意を記述し、本編樞紐の了解に資せんと欲す。

第二章　家庭及自己療法として

吾人が不孝にして、病魔の虜となる場合は、普通の頭痛腹痛感冒等の如き程度の、假初の病なる時、又數ヶ月以上數年間病床に呻吟せざる可らざる重症、又療養に多大の日子を費し、且如何なる名醫の匙も到底能く癒し得る途なく、唯徒らに氣休めに過ぎざる藥を服しつゝ、死期の到るを俟つの外なき、悲慘きわまる不治の難症等も、其發病の當初にありては、等しく僅微なる症狀を呈して忍び寄るが故に、罹病者の多くは所謂微恙として、姑息なる賣藥療法を試みつゝ時機を失し醫家よりは手遲れを宣せられて、長く肉体は元より精神上物質上の痛苦を嘗めつゝ、遂に生命を奪はるゝの不幸を招く事あるは、世上往々にして見る處なり。

昔時三人兄弟の名醫あり、長兄には人々を罹病せしめざるの醫術あり、次兄は病者を其病の輕き間に治し、末弟は重患者を治するを以て得意とせるに、世人はすべて末弟を名醫として最も尊敬し、次兄を庸醫となして長兄に至りては終に其恩を知るものなかりしと云ふ。之れ一の寓話に過ぎざるべしと雖も、吾人が健康を希望する上に於ては、既に緒論に於て述べたるが如く、身体の一細胞一組織に至るまで、其健全を期し、以て病魔の窺ふべき際を與へざるを最善とし、万一不幸にして罹病したる際は、其の未だ重症とならざる早期の間に、病魔の退治をなすべきにて、前掲寓話中の長兄の如く、常に健康の完全を期し、不幸もし發病するも、次兄の如く微恙の間に病患を征服すべし。時機を失するに於ては、名醫と雖も術を施すの餘地なかるべきなり。

然るに不幸なる世人の多くは、生活戰線上の苦鬪に逐はれ、最も重大なるべき自己及家族の肉体的異常に對して、動もすれば治療を怠りて時機を失ふは、豈に絕大の悲惨事ならずや。爰に僅微なる疾病は速坐に治癒せしめ、急症に對する應急處置に適して屢々奇効を奏し、重症難症をも早期に診療して、生命を危殆に陷入れず、尙且つ現代の醫學が、未だ治癒せしめ得ざる疾患に對してさへ相當の効果を收めつゝある處の、本治療法を以て最適なる家庭及び自己療法として、江湖に薦め得るは余の心ひそかに誇とする所なり。

平素身体虚弱なる者は、力めて本療法を行ひて、強健なる体格となすべく、身体強健なれば、各種の悪疫（傳染病等の如き）に冒さるゝ憂少なし、即健康者は、血液の循環旺盛にして、血液中の白血球の活動も從つて盛なれば、假令病菌の身体中に侵入する事あるも、白血球の喰菌作用によりて、之を撲滅し得るものなり。先天的に感冒に罹りやすく、寢汗をかき又肩の凝るが如きは、肺疾患に掛りやすき体質なれば、本療法によりて、營養機關たる胃腸を整へ、食慾を促し、便通を利し安眠を取るべく常に心掛くべし。健康者も月二三回は本療法によりて、疲勞を恢復し常に保健に十二分の注意を拂ふべし。

今や本邦に於ても、如何なる山間僻地と雖も、自動車の通せざる所なく、空には飛行機の航空路開かれ、獨の飛行船Z伯號は、數十時間にして世界を一週する等、所謂スピード時代を現出せり、この高速度の時代に當り、豈獨り療病界のみ呆然として、舊態に晏如たる事を得んや・醫學は高遠にして、數年螢雪の功を積むに非ざれば、資格を獲得する能はず、且開業に莫大の資金を要する等、到底中產者以下の窺ふ事を許さず、これを他に求めんと欲せば、坊間其術に乏しからずと雖も、その多くは普遍的の實行の不可能なるもの多く、信ずるに足るもの少なし・余は爰に鑑むる處あり、多年の經驗に基づきて、普遍的可能性あるものゝみを選び、平易を旨として、何人にも了解せしめ得る樣講述せんとす・余が本書を著す處の眞意たるや、實に本治療術を日本全土に普及し、以て消極的には國民中一人たりとも非命に殪るゝ者なからしめ、積極的には國家保健衛生の一端に資せんとす・これ余が本治療術によりて微力ながら、邦家に貢献せんとする所以なり。乞ふ讀者、余が微意のある所を掬みて、杜撰なる坊間の類書と同一視する事なく、本書に據りて眞摯なる研究を遂げ、以て本療法の眞價を十二分に發揮せられんことを

第三章　脊柱の解剖

脊柱とは軀幹の背部中央に位し椎骨と稱せられる、三十三個、の骨相重疊して一連の柱となりS字狀に彎曲し屈伸自在の運動をなすものにして之を、眞椎及び、假椎に分ち眞椎とは各個に分離すべきものにして、其數、二十四個あり、最上位の七個を、頸椎とし次の、拾二個を、背椎又は胸椎とし、下方の五個を腰椎と云ふ。又運動に依り、更に分ちて、第一及び第二頸椎を廻旋椎と稱し、第三頸椎以下第五腰椎に至る迄を屈伸椎と總稱す。

（第一圖）

脊柱側面

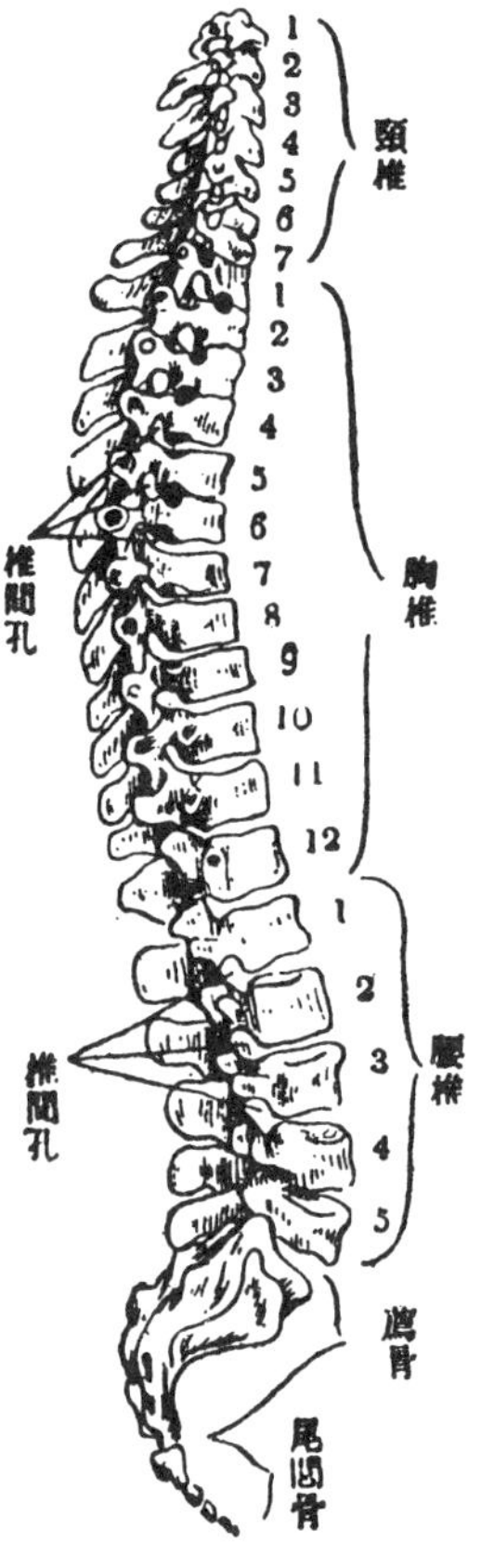

(第二圖)

(第三圖)

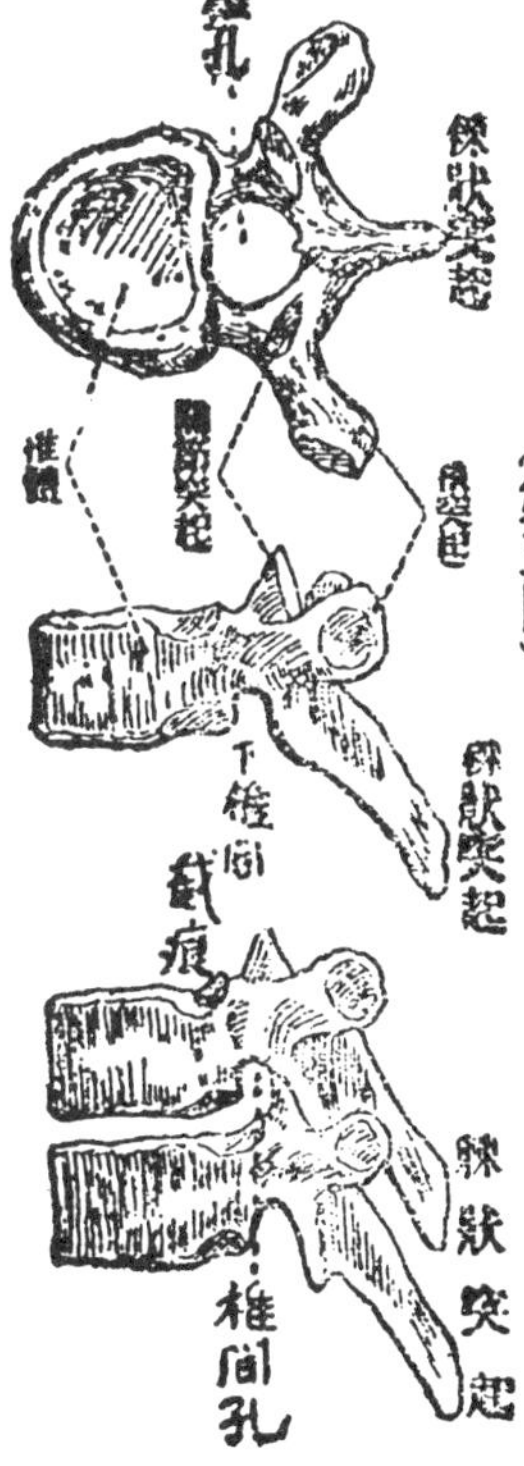

(A) 廻旋椎(第一頸椎及第二頸椎の總稱)

(第四圖)

甲、第一頸椎

乙、第二頸椎

丙、第一第二頸椎關節.

第一頸椎（別稱……載域）は脊椎骨の最も上位にありて他の椎骨と異なり、輪狀にして椎體を具有せず、輪の前半を形成する部を前弓と云ひ、後半を形成する部を後弓と云ふ、前弓の前面中央の結節を前結節と名づけ、同內面中央の凹關節面を後關節窩と名つく、後弓は中央の後面に結節あり、之を後結節と云ひ當に棘狀突起の痕跡を露はすものなり側部は前後二弓の會合部にして橫突起を出し、其の橫突起には橫突起孔と名つくる一孔を有し椎骨動脈の通路となり、椎骨動脈は之れより上行して、大後頭孔より頭蓋腔に入り、大腦の後下方及び內耳小腦等に分佈す、橫突起には上下に關節面を有す、之を上及び、下關節窩と名つく、而して、上關節窩は凹くして、後頭骨の髁狀突起と關節し、下關節窩は平坦にして、第二頸椎の上關節窩と關節す第一頸椎神經は第一頸椎と、後頭骨の間より出で前枝は上頸神經叢に行き、後枝は後頭下神經と云ひ後頭骨と廻旋椎の諸筋に分佈す。第二頸椎（別稱……樞軸）

は其の第二位にあるものにして、第一頸椎と異なる所は、第二頸椎にありては一體を有し、體より上方に向ひて圓き突起を出す、之れを歯状突起と名つけ、第一頸椎の後關節窩と關節し、第一頸椎をして頭蓋と共に右顧左聘の自由を得せしむ。是れ廻旋椎の名ある所以なり。第二頸椎神經は、第一頸椎と第二頸椎との間より出で、前枝は、上頸神經叢に行き、後枝は大後頭神經と云ひ、僧帽筋を穿ちて、後上方に走り、後頭より頭蓋頂の皮膚に分佈す。

(B) 屈　伸　椎

（第三頸椎より第五腰椎迄の總稱）

屈伸椎とは、第三頸椎より、第五腰椎に至る、二十二個の椎骨の總稱にして、頸椎、胸椎、腰椎、は各部形状は多少相異る特徴を以て居るが、大体に於て共通して居ると思つて差支へない、椎骨は如何なるものから成り立つて居るか、と云ふと、體、と云へるものと、弓、と稱するものより成り、体は、弓の、前大部にありて、形稍や扁圓圓盤狀をなし、厚さは略四分の三吋直徑は略一乃至二吋ありて、腹部に面したる前方は凸狀、後は一帶に凹狀をなし、其の前面には、營養管を入るゝ、二三の孔があり、後面には、血管を通ずる、稍々大なる孔を有して居る、而して、其の上下面には椎間軟骨と云へる蒲團樣の軟骨を有し椎骨と、椎骨との摩擦を消し、又運動の自由を得せしむ事になつて居る弓は体の後側外角に癒着して、後半部を形成し、其の間に大なる一孔を呈す、之を椎孔と稱し、各椎相互に重疊して一大長管を為す之を、脊髓管と云ひ、此の中に動物性神經中樞たる、脊髓、及び其の被膜を包藏するものである。又弓の體に癒着する部を、弓根、と云ひ其の上下に半月狀の、截痕を有し、上を、上椎間截痕と云ひ、下を下椎間截痕と稱し、椎骨の互に疊積するに由りて、下椎間截痕は、下位にある椎骨の、上椎間截痕と合して、稍や圓き各、椎間孔、を形成す、之れ即ち全身に分佈する、脊髓神經、の、發出孔、にして又脊髓動靜脈の通ずる所である。弓より出づる突起は其數、七個、ありて、中央の癒合部より後方に突出するを、棘狀突起と稱し各人の背部中央に凹凸一條の骨を觸れるもの即ち之れなり、又弓根より左右に突出する二個の突起を、横突起と稱す、更に又弓根より、上及び下方に向つて、上下各一對の突起を出す、其の上なるを、上關節突起、と云ひ、下なるを、下關節突起と云ふ此の突起は上位の、下關節突起、と、下位の上關節突起と、相關節して上記の、椎間截痕と共に、椎間孔、の壁をなす。

第四章　脊椎各個の形態の特徵

脊柱の各部に於ける脊柱の特徵を研究するのであるが、之れは脊椎各部の轉位、神經の發出部、其他凡ての場合に、重大なる關係を有して居るのである、詳細に亘りては短編の宜く盡し難く、故に簡單に之を說明せんに頸椎に在りては其體、扁平卵圓形にして、上面及び下面は鞍狀に彎曲し、椎孔は最大にして稍々三角形を呈し、横突起の尖端は、肉叉狀に分岐し又、横突起孔を有し椎骨動脈の通路となる、上下の關節突起は短且つ平坦にして、其面廣く、棘狀突起は尖端分岐して、短且つ扁平なり。胸椎に在りては、其體心臟形にして、上下兩緣の各側に、肋骨窩を現はし、肋骨小頭と關節する處となる、椎孔は小にして圓形を帶び、横突起は長くして圓形、尖端に膨大にして、横突起窩を呈し、肋骨の肋骨結節と關節する處となる上下關節突起は鉛直なり、棘狀突起は三角形にして長く斜めに下垂す、腰椎に在りては、其体最も大にして腎臟形を成し、稍や三角形なる椎孔を有し、且つ扁平なる長き、横突起、と鉛直なる、上下關節突起及び、強く後方に突出せる扁平なる棘狀突起を有し尙ほ、乳嘴突起、及び、副突起を具有せり、但し第一頸椎は環狀にして体を有せず、又第二頸椎は体の上面より、圓錐形にして、上部に向へる、歯狀突起を有し、其の形自から他椎と相異なるを見るべし・

第五章　脊髓

脊髓は前條廻旋椎の項に於て逃たる如く、各椎個々の、椎孔相重疊して、一大長管を爲せる、脊髓管中に、包藏せらるるものにして、上は第一頸椎より、下は第二腰椎に至り、夫より、終線、に移行す、脊髓の構造は大腦と同じく、灰白質と白質とより成り、灰白質は其の內部に存在し、白質は其外表を圍繞するものにして此の灰白質の、横斷面は恰も、H字狀の形態を現はせり、而して脊髓は其前後に深き縦裂あり、之を、前縦裂、及び、後縦裂、と云ひ又は、前正中裂溝、及び、後正中裂溝と稱す。

（第五圖）

脊髓

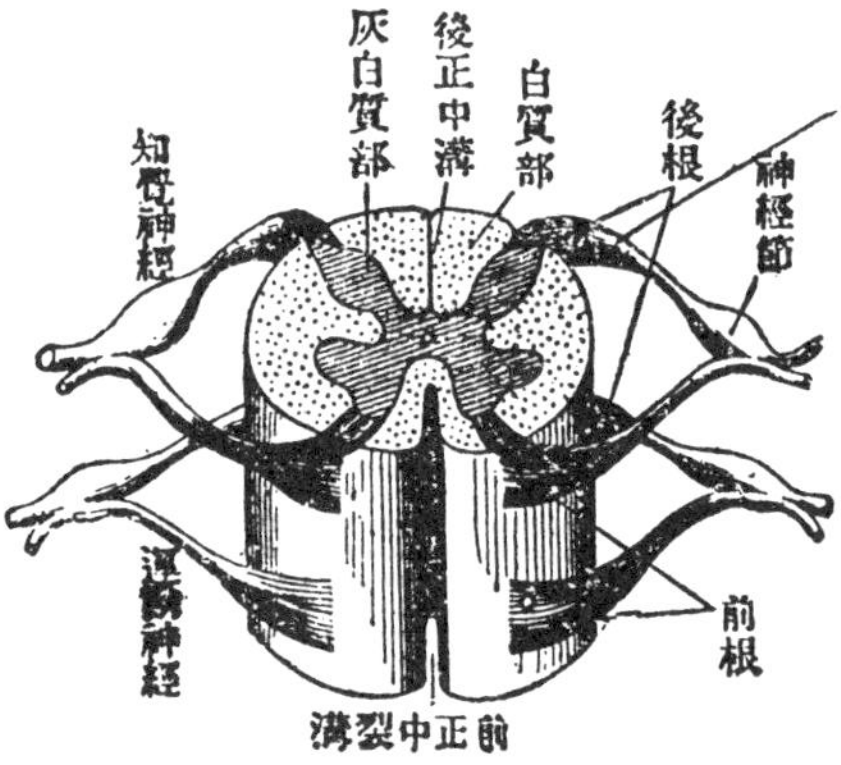

（第六圖）

脊椎横斷面

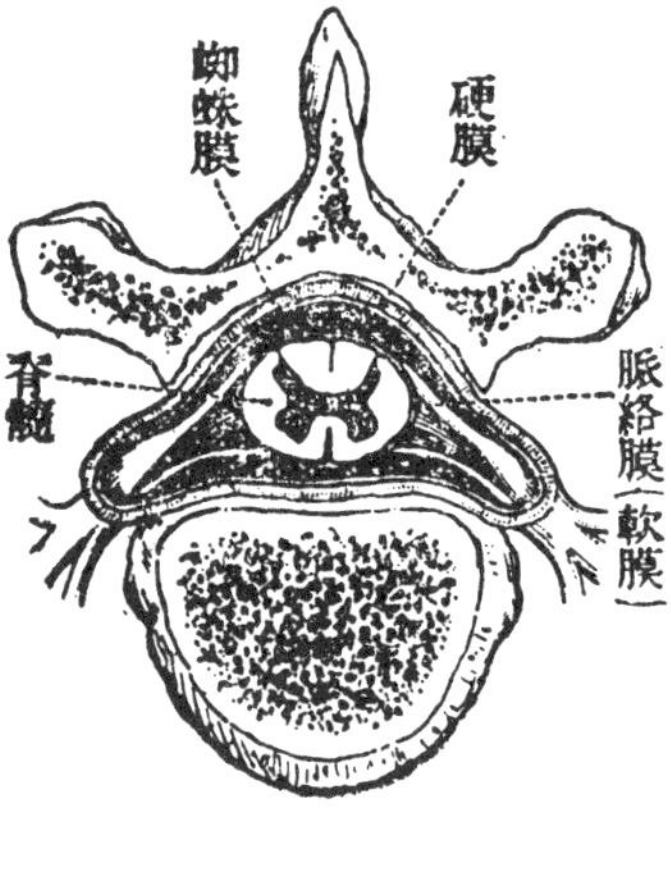

之れに由りて脊髓は左右兩半に分れ、更に側方に於ける前後二條の全側溝に由りて、三分に分る、之れを、前索、側索、及び、後索、と云ひ、前縱裂の底部は左右の前索互に結合す、之を白連合と名つけ、之に對して左右兩半を結合せる、灰白質を灰白連合と名つく、其中央に一管を有す、是れ即ち、正中管、なり。又前側溝よりは脊髓神經運動根を出す、之を前根と稱し、後側溝よりは同知覺根を出す之を後根と稱す、總て之等の白質は、神經纖維より成り、求心性、遠心性の傳達經路にして、神經細胞を有せず、之に反して灰白質は、種々の神經細胞を有し以て中樞の働きを營むものなり。

第六章　脊髓神經

脊髓神經は其數、三十一對、を有し、前根即ち運動根は、脊髓の前側溝より起り、後根即ち知覺根は、脊髓の後側溝より起る、前根は運動を、後根は知覺を司どるものなり。後根は椎間孔に入るや膨大して、脊髓神經節（又は椎間神經節）を成し、爰に於て前根は之に融合して運動及び知覺の、混合性となり、椎間孔を出づれば、再び分れて前枝及び後枝となる前枝は軀幹の前側壁、四肢及び、橫隔膜、等に分佈し且つ小數の神經を、內臟に送り、同一地位の、交感神經節と交通す。後枝は長及び短背筋並に、背部の皮膚、頭部及び、項部の皮膚に分佈す、今脊髓神經を其部位に由り、大別して

頸椎神經……八對　背椎神經……十二對
腰椎神經……五對　薦骨神經……五　對
尾閭骨神經……一對　となす、

神經末梢部

神經末梢部とは、腦及び脊髓より出でて、全身の末梢に佈蔓せる、白色の神經纖維の大小束にして、多くは血管に伴ひ、各組織中を走り、

次第に分岐して種々の枝別を生じ、神經の終器に移行す．其の枝別の互に連接するを神經の吻合と云ひ、又多くの神經互に集合するを、神經叢と稱す．神經の終器とは、末梢神經の終止する所にして、運動神經は筋中に於て、知覺神經は皮膚及び粘液膜內に於て、各殊異の形狀を有する終器を具ふ．而して神經終末が、終器に分佈の狀態は、殆ど草木の根の土中に發生して、四圍に佈蔓せるが如く、末端各々系統を逐ふて漸次細小となり、普く全身の組織中に分佈するものなり．

第七章　腦髓の解剖大意

腦髓は頭蓋腔內に存在し、形は球狀を呈し、其の下端は脊髓の上端と連接す、蓋し胎生の初期にありては腦及び脊髓は、共に同一の管にして、兩者の區別なく、漸次發育するに從ひ管の上端膨大し同時に種々なる彎曲を呈して遂に、脊髓に比し著しく複雜なる構造を有する、腦髓に進化したるものなり、斯の如く腦髓は一の管系統より發育したるものなるを以て其の内部には、腔洞を有し脊髓内の腔洞即ち、正中管と交通す。

第八章　腦の形狀及區別

腦は頭蓋腔内の内形に等しく球狀を呈す、之を大別して、大腦、前腦中腦、後腦、とし、而して更に大腦を左右の半球を分ち、之を又、前頭葉、顱頂葉、顳顬葉、及び、後頭葉、に區別し、前腦は視神經床、第三腦室に分ち、中腦は大腦脚四疊體及びジルウィス氏導水管に分ち後腦は又延髓小腦第四腦室及びワロル氏橋等に區別せられる。

第九章　腦神經の名稱及運動知覺の區別

腦神經は腦髓より發生する所の神經にして之れには左の十二對あり、第一對……嗅神經（知覺）第二對……視神經（知覺）第三對……動眼神經（運動）第四對……滑車神經（運動）第五對……三叉神經（知覺運動の混合）第六對……外旋神經（運動）第七對……顏面神經（運動）第八對……聽神經（知覺）第九對……舌咽神經（知覺運動の混合）第十對……迷走神經（知覺運動の混合）第十一對……副神經（運動）第十二對……舌下神經（運動）

第十章　腦神經の起始及び分佈の大畧

第一對嗅神經は嗅球より起り、鼻腔上部の粘液膜に分佈す、第二對視神經は、視神經交叉部より起り、眼球の網膜に分佈す・第三對動眼神經は大腦脚の間より起り、眠窠内の諸筋に分佈す、第四對滑車神經は四疊體後阜の下部より起り、滑車筋に分佈す、第五對三叉神經はワロル氏橋の兩側より起り、前頭、上顎、下顎、顳顬各部の外皮、舌及び咀嚼筋に分佈す、第六對外旋神經は延髓とワロル氏橋の間より起り、外直筋に分佈す、第七對顏面神經は即ち延髓の上外側より起り、顏面の諸筋及び後頭筋に分佈す、第八對聽神經は延髓の上側部より起り、耳の迷路に分佈す、第九對舌咽神經は同じく延髓の上側部より起り、舌及び咽頭に分佈す、第十對迷走神經は延髓の側部舌咽神經の直下より起り、喉頭、心臟、肺臟、胃肝腸、に分佈す、第十一對副神經は延髓の下部及脊髓の上部より起り、喉頭筋、口蓋咽頭食道筋、胸鎖乳嘴筋、僧帽筋等に分佈す、第十二對舌下神經は橄欖體と錐狀体の間より起り、舌筋及び舌骨下部の諸筋に分佈す。

第十一章　交感神經系統

交感神經は腦及び脊髓神經と異なる、一種特別の神經装置にして脊柱の兩側に並列する多數の神經節と、之より出ずる神經纎維とより成り、腦脊髓神經より分派せる交通枝と連絡し以て內臓及び脈管、分泌技を內分泌腺に分佈す、今之を中樞部と末梢部に分つ

(A)　中　樞　部

中樞部は交感神經節にして、脊柱の兩側を縱走し節狀索をなせる交感神經幹を云ふ、神經節は其數概ね脊髓神經に一致し互ひに交通技を以て、脊髓神經前枝と交通す、而して各節を連接せるものを接間枝と名つけ、各節は更に横枝に依りて左右互に連接す。又神經節は其の部位に依り之を頸神經節、背神經節、腰神經節、薦骨神經節及び、尾閭骨

神經節、と稱すと雖も頸部のみは例外にして、僅かに左の三神經節を具ふるのみなり。

（A）上頸神經節は最大にして第二乃至第四頸椎の兩側に位し、上四個の頸椎神經前枝と交通す。

（B）中頸神經節は第五及び第六頸椎神經の兩側に至り第五及び第六頸椎神經前枝と交通す。

（C）下頸神經節は第七頸椎横突起の前に位し第七第八頸椎神經及び第一胸椎神經前枝と交通す。

（B）末梢部

末梢部は交感神經節より發する交感神經纖維にして細少の數枝を發生し腦脊髓神經と連合して諸內臟及び脈管に伴ふ所の多數の交感神經叢を爲す、之を、頭部、頸部、胸部、腹部及び、骨盤部に分つ

（一）頭部には上頸神經節より生ずる三個の神經あり、之を頸靜脈神經內頸動脈神經及び、外頸動脈神經、と云ひ、同名の脈管に沿行す、

（A）內頸動脈神經は內頸動脈並に其枝別に伴ひ內頸動脈神經叢を構成し其より舌咽神經の皷室叢、三叉神經の半月狀節、外旋神經、鼻神經節、毛樣神經節等に交通す。

（B）頸動脈神經は舌咽神經の岩樣部節及び迷走神經の頸靜脈節に連接す。

（C）外頸動脈神經は外頸動脈並に其枝別に伴ひ外頸動脈神經叢を構成し其れより耳神經節顎下神經節等に交通す。

（二）頸部には上中下の三神經節より生じ、各動脈に伴ふて叢をなす、之れを咽頭叢、喉頭叢、上及下甲狀腺叢、椎骨動脈叢、等に區別す、其他上中下の三神經節より各一條の心臟神經を生ず、之を上中及び下心臟神經と稱し迷走神經の同名枝と共に胸腔に下りて心臟叢を構成す

(三)胸部には心臓叢及大内臓神經小内臓神經あり

(A)心臓叢……頸部の上中下三神經節より發したる三心臓神經及び第一背椎神經並に迷走神經の心臓枝、舌下神經下行枝の一部は大動脈及び肺動脈を圍擁し心臓叢を構成し心臓實質中に分佈す

(B)大内臓神經……は第六乃至第九背椎神經節に生ず

(C)小内臓神經……は第十乃至第十一背椎神經節に生ず。

(四)腹部……には内臓動脈軸叢及腹部動脈幹叢あり、

(A)内臓動脈軸叢(別稱大陽叢)は胸部の大内臓神經及小内臓神經が共に横隔膜の脚間を穿ち腹腔に入り内臓動脈軸(内臓動脈軸とは腹部大動脈幹が横隔膜の大動脈裂孔を出づれば直ちに胃肝脾等に枝別を出す動脈根幹の名稱)の部位に於て叢を成す、之を内臓動脈軸叢又は大陽叢と稱し其の叢より動脈枝に伴ひて腹部内臓の諸部に移行す、即ち胃に分佈するを胃冠狀叢、肝臓に分佈するを肝臓叢、脾臓に分佈する

を脾臓叢、腎臓に分佈するを腎臓叢上膓間膜に分佈するを上膓間膜叢と稱す

（B）腹部動脈幹叢……とは腹部大動脈幹に纏繞して叢を成すものにして又其の動脈枝に伴ひて下膓間膜叢及び精系叢等を構成し下膓間膜精系等に分佈す

（五）骨盤部……には腹部動脈幹叢（又は大動脈叢）の一系たる、下腹叢が骨盤内に延長して薦骨神經叢の分枝を受容して動脈に伴ひ骨盤内臓及び生殖器に分佈す、之れが痔に至り痔叢を構成し、膀胱に至りて膀胱叢、輸精管に至りて輸精管叢、膣子宮に至りて膣子宮叢、男子の陰莖海綿體、女子の陰核等に至りて陰莖、又は陰核海綿體叢を形成す尙又尾閭骨神經節よりは一小枝を尾閭骨腺に與ふべし

第十二章　交感神經の機能

交感神經の機能を別ちて獨立的官能及び關係機能即ち傳導機能の二とす、

（一）獨立的機能……とは腦脊髓神經との交通を悉皆斷絕するも尙ほ且つ獨立して働きを有するものにして之れに、（A）心臟の自動性神經節（B）膓の膓神經叢、（C）子宮、（D）喇叭管、其他血管及び淋巴管の神經叢等あり．

（二）傳導機能……とは或る中心神經系より興奮を受けて之を神經節に傳ふれば神經節は之を臟器に感流せしめて、其機能を制止し、或は其運動を喚起す、之れに頭部にありては、（A）瞳孔散大纖維、（B）汗腺に對する分泌纖維、（C）唾液及び淚液分泌纖維等、を發生す、

胸部にありては、（A）心臟鼓舞纖維（B）膵液分泌纖維（C）內臟神

經は即ち胃腸の鼓舞作用のみならず又運動制止纎維をも含有す、其他下腹交感神經は、脾臟、大腸、膀胱、輸尿管、子宮、輸精管及び、精嚢等の運動及び其の制止纎維を發生し且つ交感神經は全身の脈管運動纎維を含有す

（附記）　輓近生理學上植物性神經を交感神經と副交感神經（或は自律神經系）と類せらるラングレー氏の所説に據れば動物性神經の纎維は終末器即ち筋肉小体或は筋纎維の神經体若しくは知覺性終末體に直接に連絡するものなれども植物性神經にありては神經纎維と終末器官との間には常に神經節細胞の存在するものなりと即ち腦脊髓を出でたる遠心性神經纎維が其の途中に於て一個の神經節細胞を介在するものにして中樞は腦脊髓中に存在すと云へり。

以上の交感神經と副交感神經は一定の拮抗作用を有するものにして例へば動眼神經を走れる副交感神經の刺戟は毛樣神經節を經て作用し瞳

孔の縮小を來せども最上頸部神經節より來り眼に入る交感神經を刺戟する時は瞳孔の散大を來す。又心臓に在りては副交感神經纖維は迷走神經内に在りて之を刺戟する時は制止的に作用して徐脈を來し交感神經を刺戟する時は促進的に作用し數脈を來す、其他氣管枝は迷走神經の副交感神經纖維の支配を受けて收縮し胃腸の運動は副交感神經に由りて促進せられ交感神經によりて制止せられる事になつて居る。

第十二章　神經調整術

第一節　腹部操作法

（一）　患者の姿勢及位置

患者を先づ仰臥せしめ膝を屈して成るべく腹筋を弛緩ならしめ、兩手を緩かに体の兩側に置く（或は兩手を伸ばすも可也）而して輕く閉目せしめ靜平なる呼吸をなさしむ。

(二) 術者の姿勢及位置

術者は患者の左側に坐するを法とすれども、又場合によりては、右側に坐するも可なり。而して窮屈なる思ひをせず極めて緩やかに、術の運行を容易ならしむべき姿勢を執るべし。

(三) 操作手技

左手中指を中心として三指を密着せしめ右手の同じ三指の指紋部を其上に重ね添へる、操作の場合術者の左手指の指紋部は　只患者の皮膚上に接觸するのみにて、主として右手指の力を以て壓力の強弱加減を行ふものとす。

（第七圖）

腹部操作の手技を示す

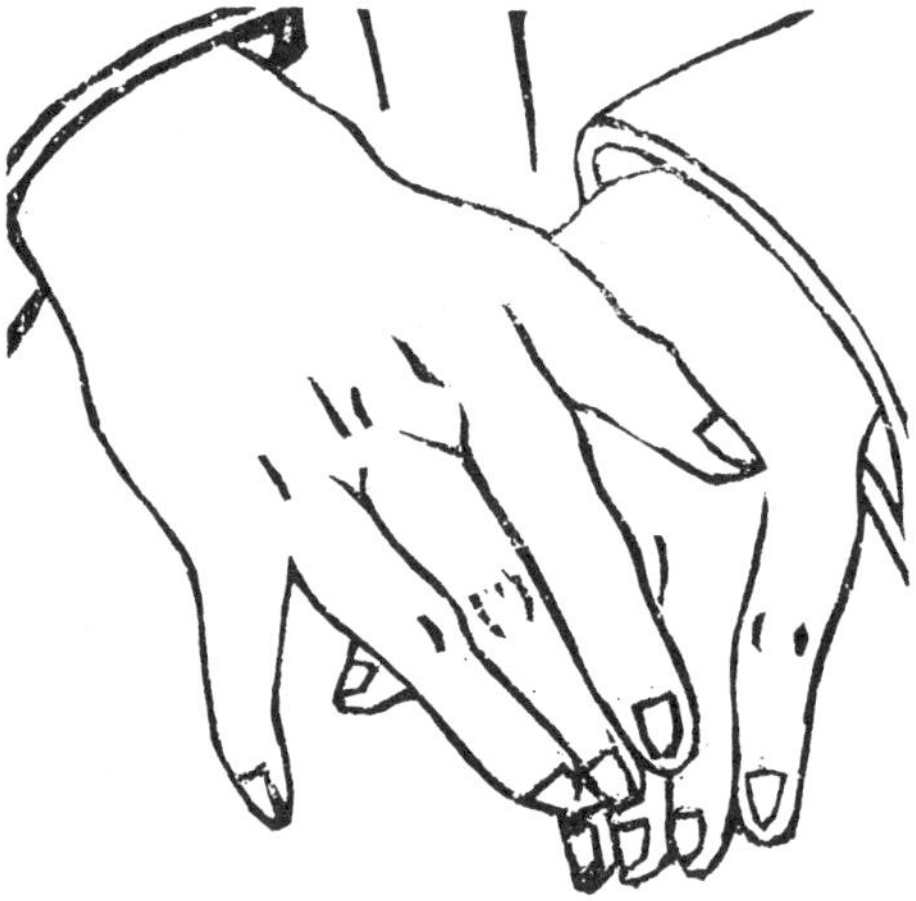

（第八圖）

腹部操作の圖

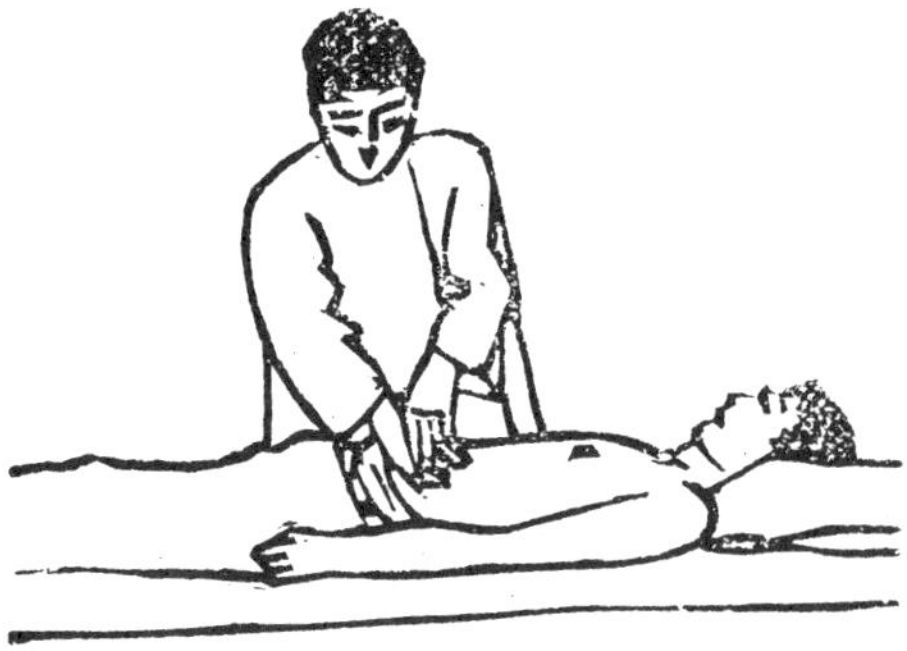

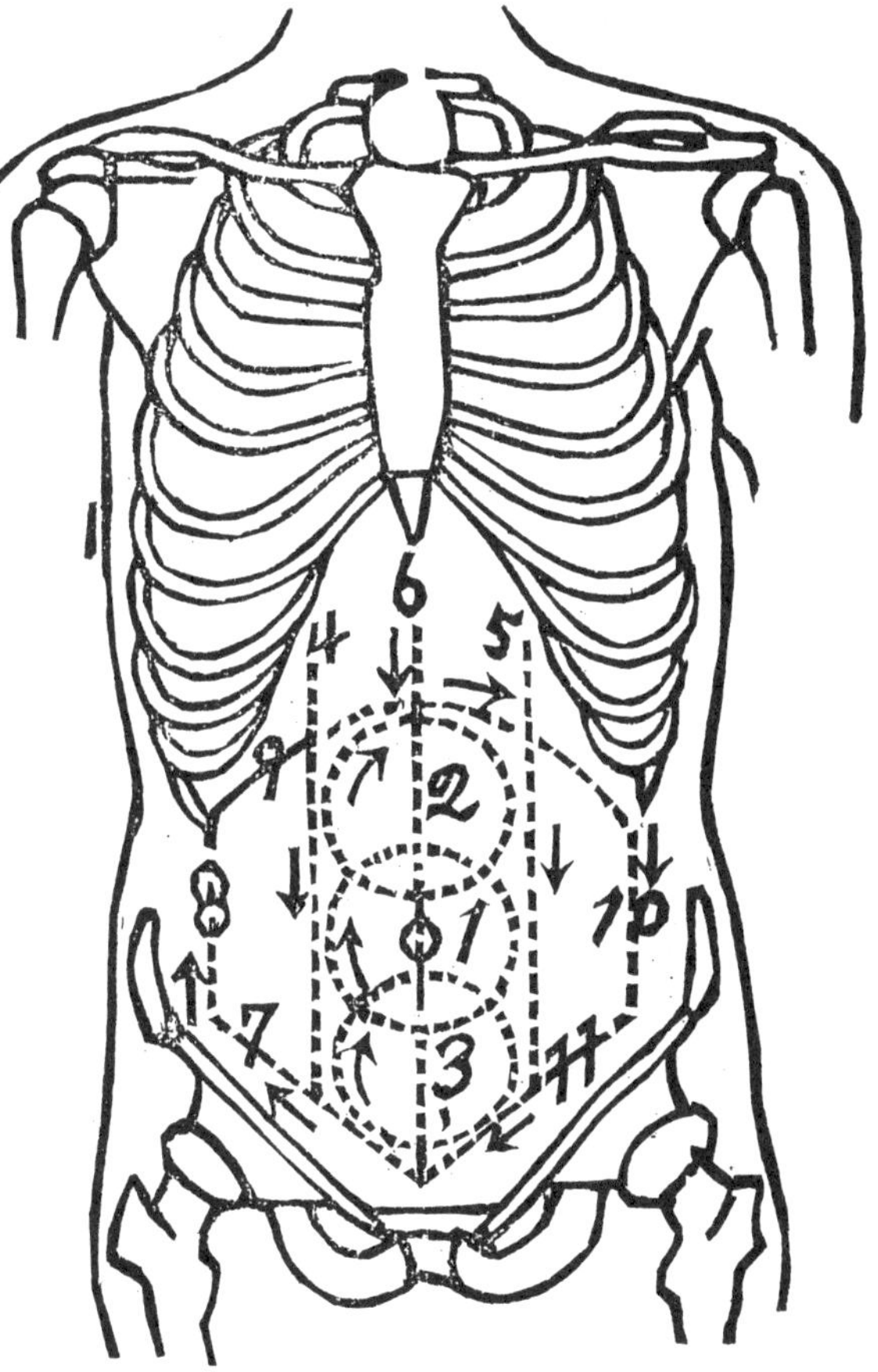

（第九圖）

（四）腹部操作法

先づ第九圖の第1圈内に、左手指の指紋部を輕く接觸して、其左手指の上に右手指を重ね添ゐて、初めは極く輕く靜かに淺く第一線内全部を垂直に壓迫する（此の際决して爪先を立てゝ、患者の皮膚を毀損せざる樣注意し、術者の手指は必ず指頭の指紋部を以てなす事）一壓迫に要する時間は患者の二呼吸乃至三呼吸とす。

次に靜かに手を其箇所より離して、第一圈内全部を壓迫す、第一圈内を終れば第二圈内を壓迫し第三圈内に移り、それより順次第四線第五線と第十一線に至るまで全部の壓迫を終る。

之を腹部操作法の第一回となし、第二回は前回に準じてより強く壓迫し第三回は第二回に比較して更に強く壓迫するものとす。要するに第一回の操作に於ては輕く淺く第二回より漸次に強く深くしつゝ、患者の年齡体質及、疾病の程度狀態を考慮し、愼重なる注意の下に患者の堪え得る範圍にて、普通三回を以て一治療とするも疾患と其程度に應じて、時に四五回の操作を必要とする事もあり。

前述の如く腹部の操作（一治療普通三回時に四五回）を終れば、次に腹部内臓諸器管の機能減弱減衰せるものには、必ず腹部の震顫を行ふ之の震顫法に二あり、普通の場合にありては、手掌震顫を用ひ、特別腹部諸臟器の機能衰弱せるものには、之等臟器の主宰神經たる、交感神經の内臟動脈軸叢、即ち通稱大陽叢及内臟神經叢を目的に、各吸息を利用して、漸く深きに到り、之に向つて指頭震顫を施す。其震顫部は、何れも第二線部第三線部の二圈内とす。尚ほ全腹部操作の際決して肋骨を壓迫すべからず。なるべく餘り肋骨に觸れざる樣注意すべし。第一線部……とは臍窠を中心と爲し、直徑四寸位の圓内全部を云ふものにして、内部の臟器として胃の一少部と、小腸の大部分横行結腸の一部、深部に腹部大動脈幹等あり。

第二線部……とは胸骨劍狀突起下緣、即ち心窠部より臍窠迄を折半し之れを中心として、直徑四寸位の圓內全部を云ふものにして、內部の臟器として、肝臟の左葉胃及橫行結腸の一部膵臟十二指腸、最も深部即ち椎骨体の前左右に腎臟、其中間に腹部大動脈幹等を藏す。

第三線部……とは臍窠より恥骨軟骨接合の上際迄も折半し、之を中心と爲し、直經四寸位の圓內全部を云ふものにして、內部の臟器としては廻腸膀胱其の下に男子は精囊攝護腺深部に直腸を藏し、女子は子宮卵巢深部に直腸あり。

第四線部……とは、第八線と腹部正中線即ち第六線との中間線にして起始部は右第九肋軟骨下緣肝臟下緣部、內部に膽囊を藏し、最も深部後腹壁に右腎臟あり、下るに小腸あり停止部の近傍に至れば、男子は睪丸を提擧する、提睾帶精系あり女子は右卵巢を藏す。

第五線部……とは第十線と腹部正中線即ち第六線との中間線にして、

左第九肋軟骨の下縁より、始まり、內部に胃及脾臟稍々下る、左腎臟等を藏し、下るに小腸あり、停止部の近傍に至れば、S字狀結腸あり男子は睪丸を提擧する提睪帶及精系等を藏し、女子は左卵巢等を有す

第六線部……とは腹部正中線にして、起始部は胸骨劍狀突起下緣より恥骨軟骨接合部上際に至る最も長き線にして、線の中央は白條線とて左右直腹筋の接合部にして、稍々中央に臍窠を有す。

第七線部……とは第六線の終り卽ち恥骨軟骨接合部上際より起始し、右腸骨前上棘の內緣に至る短き線にして、停止部の內部に盲腸あり之れ大腸の起始部に當る。

第八線部……とは第七線の終るの部に始まる、之れ上行結腸の起始部にして、上行結腸の上を上行して、右第十一肋骨先端の下緣に至る迄とし、內部は上行結腸より橫行結腸に移るの部に當る。

第九線部……とは第八線の終りに始まり半月狀を描きて、左第十一肋

骨先端の下縁に至る迄とす、之れ横行結腸の經路に等しと見做すものにして、若し横行結腸下りをれば其れに一致するものとす。

第十線部……とは左第十一肋骨先端の下縁に始まる、茲の內部は横行結腸より下行結腸に移行せんとするの部に當る、其より漸次下行す、即ち下行結腸の經路に浴ひて、左腸骨前上棘の內縁に至る迄の線なり茲は左腸骨窩にして、下行結腸よりS字狀結腸に移行せんとするの部に當る。

第十一線部……とは左腸骨前上棘の內縁に始まるS字狀結腸部を通り恥骨軟骨接合部上際に至る迄とす。

第十三章　腹部操作法の生理的作用

腹部操作法を行ふ時は、其の作用器械的刺戟及反射的刺戟となりて、腹部一般の生理的機能を催進せしむるの効あり、延いては全身的營養を良好ならしめ、病弱者は健康に健康者は益々保健の効を奏し疾病に冒さるゝ事少なし。

左に具体的作用を列擧すべし。
一、胃膓の蠕動機を亢め、二、消化液の分泌及老廢物の排泄を促して消化作用を進む、三、膓管の吸收を促し、又は内容物を送下して糞便の排泄を促す、四、腹部の諸血管及淋巴液の循行を進め、殊に紋脈系の循行を盛ならしむ、五、腹筋の攣縮を緩和し營養を増す。

第十四章　腹部操作法の注意

一、腹部操作法は普通食後二三時間に於て行ふものなれども、疾病の性狀及操作上の目的、時と場合にありては食後直ちに行ふものあり。
之の時に於ては、稀に惡心嘔吐の氣味ある事あれば注意しなければならぬ。

二、若し被術者にして、膀胱內に尿水の貯留するあれば、操作前に必ず排尿し膀胱內を空虛ならしめねばならぬ。

三、腹部操作中は被術者の顏貌に注意し、過劇粗暴ならざる樣常に注意せざる可からず。

四、腹部操作中は、被術者は安靜平等の呼吸を爲さしめざるべからず。

第十五章　腹部操作禁忌症

一、胃腸の潰瘍及び出血ある場合、二、姙娠中及其の疑ひある場合、三、月經中、四、法定十種傳染病、五、急性腹膜炎增惡期、六、胃癌七、腹部動脈瘤のある場合、

但し右疾病ある場合と雖も、長き經驗と自信ある練熟の士にありては、好結果ある場合なきにしもあらず、依つて之等は特別なるも概して初學者は行ふべからず。

第十六章　腹部操作の要訣

元來腹部は、力をウンと入れると非常に堅くなり、強力なる壓迫と雖も、容易に凹むものに非ず、又力を拔けば、ゴムマリの如く軟くして彈力あり、壓迫を加ふれば、容易に深く凹み、決して疼痛を愬ふる事なし、又壓迫を取去れば以前の如く膨れて、常態に復するを健康なる者とす而して、其多くは健康体の如く見ゆるも、實際腹部操作法によりて驗すれば、十中八九人は必ず異狀を認むるものあり。若しそれ病者不健康なる者に於ては推して知るべきのみ。然らば異狀とは何ぞと云ふに、壓迫して疼痛苦痛を覺ね、又は堅き硬結あるを云ふものにして、之れ罹患の前提、疾病の局處、病氣の本元ともなるものにして、之の硬結は、小は豆粒より大は手拳大に至る等種々あり、又其の硬結は、移動するあり動かざるありて、一定せずと雖も、總体に於て、岩石の如く移動せず壓迫して痛み甚だしきを重症とし、少し軟かくして壓迫に耐ねて疼痛少なきを輕症と見做して過ち少なかるべし。如斯腹部に硬結ある場所は、一二回の腹部全線操作に於て必ず發見し得るものなり。

若し前條の如く、腹部の何れかに硬結を發見する事を得ば、之れ病原ともなるものなれば、叮嚀に強からず、弱からず、按壓して、之に操作の全努力を集中し、其塊を柔軟にし、又疼痛を感せざる迄に解かざるべからず、之れは一回にして直に柔軟となるあり、數回の施術を要するあり、一週日以上經續操作するも、尙依然として柔軟ならざるものは餘程の難症と知るべし、之れ各處の癌及び難症腹膜炎に多く經驗する所のものにして初學者の注意を要す。

全腹部操作に於て、腹內內臟の何れに缺陷又は疾病に冐され居るやに就ては、硬結及び疼痛が全腹部全線圈內の何れの個所にあるやに依りて大略察知する事を得るものにして、例へば第一線圏内に異狀あれば凡そ小腸に病氣ありと識るべく、第二線圏内に異狀を認むれば、胃肝十二指腸等の何れかに、疾患ありと心得て大差なきが如し。

尙又第八線の起始部、即ち右肋骨窩に於て、疼痛苦痛硬結を認むればば盲腸部の疾病第拾線の停止部、即ち左腸骨窩部に於て、異狀を發見すれば、下行結腸S字狀部の缺陷、第四第五線の停止部近傍に於て變狀を認めば、之れ卵巣の病變を疑ひ、精系の疾病等を考察し、第六線の停止部近傍第三線圏内に疼痛苦痛硬結等を感知せんか、之小腸子宮膀胱の何れかに疾患ありと思ひて大過なからん。

以下各線と、内部臟器の位置を考察して、略何れの臟器が惡しきかを察知せざる可からず、而して後各疾病の如何によりては、靈醫振興術或は靈感透熱療法を施す時は、殆んど各種疾病を一掃する事豈難しとせんや、尙詳細は項を更めて說明すべし、篤學者は直接敎授を受けらるゝも可なり。

第十七章　腹部操作の適應症

腹部操作は、健不健に拘らず常時之を行へば、健康者は益々元氣旺盛にして百般疾病に冒さるゝ事なく、生活機能の萬全を期するが故に頭腦明晰營養良好にして、頑健そのもの〻如くなり、針を以て突きたる程の病もなく、諸障消滅すれば眞氣之れに從ふの古言の如く、延命長壽は期せずして成るべし。又口は病の門、腹は病の巣とも云ふが如く、病者の多くは病源を玆に胚胎する事殆んど總てと謂ふも過言に非らざるなり、依つて之の奏効顯著なる腹部操作法を患者に施す時は、如何なる疾病か治せざらんや。

左に腹部操作法の適應病名の大略を次第もなく列記すべし、尙ほ詳細は卷末應病編に記載しあれば其部を參照せられたし。

適應疾病

胃アトニー、慢性胃加答兒、胃擴張、胃下垂、胃酸過多性、神經性胃痛、胃酸減少及缺乏症、神經性吐嘔、急性胃加答兒、慢性腸加答兒、盲腸炎及盲腸周圍炎の後療、蟲様突起炎の後療、便秘、神經性下痢、腸管狹窄、腸疝痛、痔核、脫腸、急性腸加答兒の後療、蛔蟲驅除、肝臟硬化症、肝臟肥大症、黄疸、肝臟充血及鬱血肝、膽石症、急性腹膜炎の後療、慢性腹膜炎、腹水(脹滿)、鬱血腎、急性腎盂炎の後療、膀胱炎、膀胱加答兒、膀胱痙攣、膀胱痲痺、淋疾、遺尿性、尿道加答兒遺精症、陰萎症、睪丸炎、副睪丸炎、糖尿病、肥胖病、直腹筋攣縮、脚氣、ヒステリー、神經衰弱、惡疽、子宮内膜炎、月經過多症、子宮痙攣、子宮前後側屈、無月經症、膣炎、慢性卵巣炎、卵巣肥大及萎縮症、卵巣囊腫、臍ヘルニヤ、急慢性攝護腺炎、精系炎、其他全身的營養不用、不眠、腦充血、腦貧血症等。

（注　意）

概言して右病症の中と雖も、急性にして炎症劇しく熱三十八度以上のものは、初學者の充分の注意を要する事なれば無暗に行ふべからず。

第十八章　脊柱部の操作法

第一法　横臥式操作法

（一）患者の姿勢及位置

患者を横臥せしめ、膝を稍や屈せしめて、さ字形となし極く僅かの伏臥的傾斜の位置をとらしむ。

（二）術者の姿勢及位置

術者は患者の面前に相對座す、

（三）操　作　手　技

術者の兩手指を第十圖の如く示指、中指、藥指の三指紋部を稍屈

して一列に併置す、

第十圖　横臥式

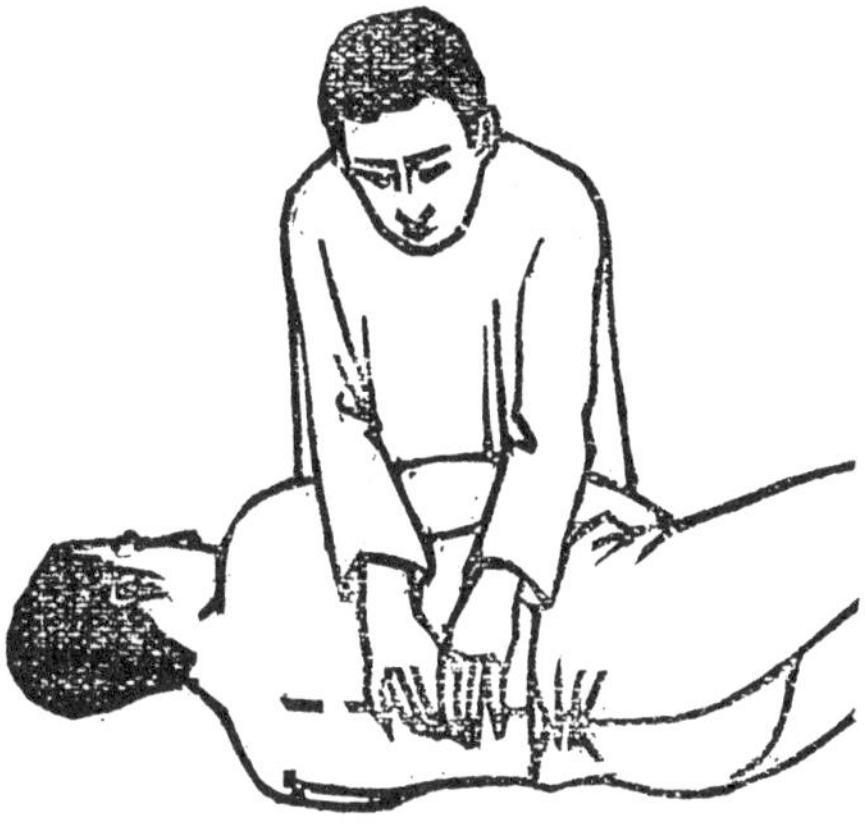

（四）脊柱部操作法

先づ項部第一頸椎部より始め、頸椎棘狀突起尖端の傍ら稍五分位の處に、硬きゴリゴリしたものあり、之れ項靭帯及僧帽筋の腱にして、之れを柔軟になす目的にて前述の操作手技を以て上下にグリ、グリ、コリコリと揉捏する、次に胸椎部に移りて、胸椎棘狀突起の兩傍一寸位の處、又人に依りては五分位離れた處を前上の如き手技を以て操作す。次に腰部に至れば、腰椎棘狀突起尖端の兩傍五六分位の處、又次に薦骨部に至れば、薦骨假棘狀突起の兩傍七、八分位の處と、斯の如く薦骨尾閭骨關節部に及ぶ。

而して一箇處に行ふ揉捏は、普通二十回位行ふを適度とし、尙又何回行ふも差支へなし。

斯くして頸椎部より、胸椎部、腰椎部、薦骨部と次から次へと、漸時下方へ下る、右の如く頸椎部より薦尾閭關節部に及ぶを、第一回となし之を每三回繰り反す。次に患者の向を換へて前回同樣の、操作法を行ふ事。

（注意）以上の脊柱部操作の場合、若しそれこの筋が手指に、グリグリ、コリコリ觸れざれば肯綮に當らざると知るべし・

第二法　伏臥式操作法

（一）患者の姿勢及位置

患者を先づ蒲團の上に伏臥せしめ前頭部額の下に柔き座蒲團樣のものを敷く、此の際上肢は躰の兩側に無理せぬ樣自然に伸す、又は上肢を屈曲して、前頭部額の下に兩手掌を重ねて、下敷となすも可し、下肢は自然の儘を揃へて伸す事・

（二）術者の姿勢及位置

術者は患脊の左側に、立膝の位置をとるか又は患者の上に馬乘りの如き姿勢、即ち跨りの姿勢をとるも可し。

（三）操作の手技

術者は兩手の拇指を除きたる殘り四指を互に密着せしめ、拇指は示指と大きく開きて拇指の指紋部にて壓迫操作する。

（四）脊柱部操作法

第十一圖

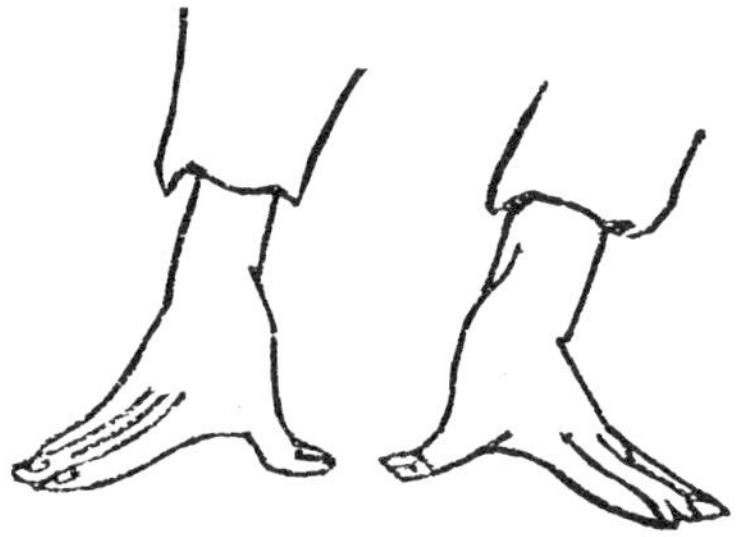

脊柱壓迫操作の手技を示す

先づ術者の兩手拇指の指紋部を以て、患者の第七頸椎棘狀突起の兩傍五分位の處に併置し、約二呼吸位の時間を以て、被術者各人の年齡體質疾病の如何に由り、其者相應の强弱加減を斟酌なし、適度の壓迫をなすのである。

次に第一胸椎棘狀突起の兩傍五分位の處を、前上同樣拇指壓迫をなす斯の如く第二、第三、第四、第五胸椎棘狀突起の兩傍と、順次下方に下りて尾閭骨部に至り止む、次に又第七頸椎部に返り此の度は棘狀突起の兩傍一寸位の處を前回同樣壓迫するのである。

脊柱兩側の壓迫經路附近に於て、特に筋肉硬固となり、ゴリゴリ、コリコリの箇處は之れを柔軟になす目的にて、入念に壓迫を加へるのである。斯の如く第七頸椎棘狀突起の兩傍五分乃至一寸の處を壓迫なし下りて、居閭骨の兩傍迄至るを一回操作となし、之を二、三回迄繰り反すのである。

第三法　仰臥式操作法

（一）患者の姿勢及位置

患者は先づ蒲團の上に仰臥なし上肢は躰の兩側に自然に伸し下肢も亦揃へて自然に伸展なす事

（二）術者の姿勢及位置

術者は患者の左右側何れかに座位をとる事。

（三）操作の手技

術者は兩手の拇指を除きたる殘り四指を互に密着せしめ、其の四指を少しく屈曲なし指頭の指紋を以て操作なす事。

（四）脊柱部操作法

術者は兩手を患者の脊柱部の下に押し入れ前上の手技を以て、第一法横臥式操作法又は第二法伏臥式操作法に於て、述べたる、脊柱の兩傍を指頭を以て上方に壓迫し、指頭の屈伸を以て手前に引くが如く筋肉の稍硬く索狀をなせる部を、グリグリ、コリコリ、と操作なす事、普通二十回位之を行ふ、而して脊柱の右側全般に施しなば、次に左側に

第十二圖

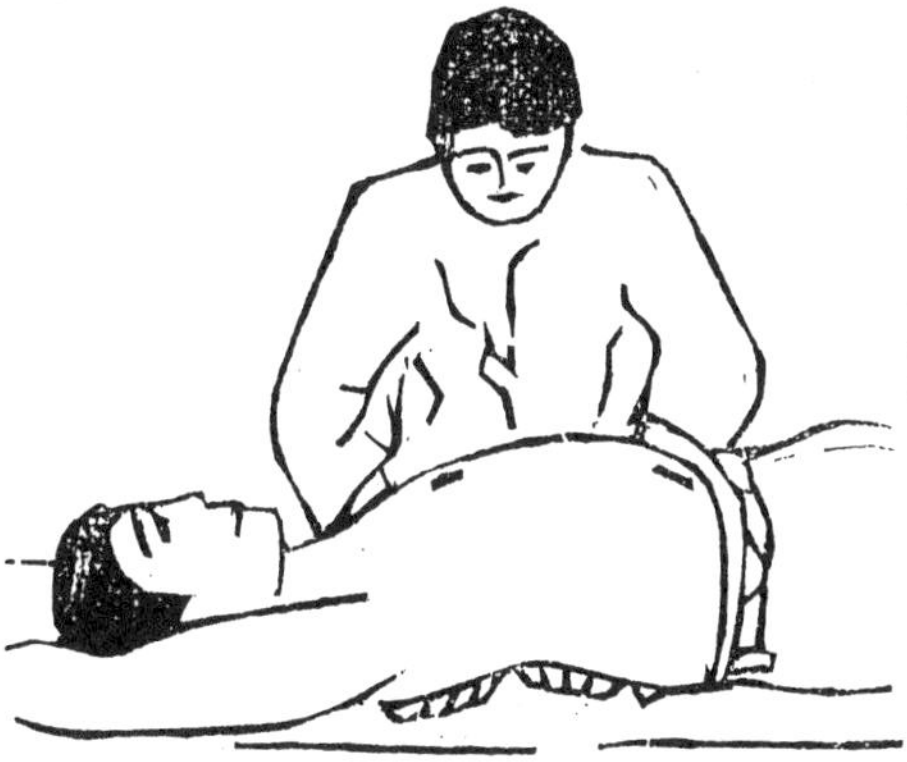

仰臥式操作法

之を行ふ、以上を普通三回位反復操作するのである。

之の仰臥式操作法は、主に重患者に採用すべきものにして、患者の身体を動かし能はざる場合適宜應用すべきなり。

第十九章　施術資要

總ての疾病は、脊柱骨の異狀轉移に其の原因を有するが故に、此の脊柱骨異狀轉移を常態に復歸調整することに由りて、凡百の疾病が治癒されるとは、カイロプラックチックやオステオパシーの等しく主張する處である。故に凡ての病患者を取扱ふ場合は、先づ其の病患者の脊柱骨を叮嚀精細に、診査し其の異常轉移が何處に存在するやを確定することは、最も緊要なることである、大略此の脊柱骨の異常轉移を認知する法は、後章に説明するのであるが、凡そ夫れ等の異常轉移は前述の第一法第二法第三法等の如く、操作爲すことによりて、其の異常轉移が、自然に調整せられる場合が頗る多いのである。多くの疾病が

此の脊柱兩側の操作によりて治癒するのである、
然し施療に當りて、漫然と此の脊柱部操作を施すよりも、何處の椎骨に異狀又は轉位が存在すれば、如何なる部に疾病を生ずべきか、尙又內臟の如何なる部に疾病を生ずれば、脊柱の如何なる椎骨棘狀突起部に、異狀及轉位が、惹起せられるやが判然すれば、其の肯綮に當りて治療上効果を上げる上に、最も好都合である、一例を以つて示せば胃の脊髓の中樞は胸椎4567の部に在り故に此の部脊椎骨に轉位があれば、胃の疾病を生じ、胃の疾病を有するものは、其の胃に分佈する交感神經は67891011等の胸椎の前部より發するが故に、胃の病的刺戟絕へず其の交感神經を介して脊髓の中樞部に來る、故に脊髓中樞部に於ては、隣接せる脊髓神經細胞に傳搬せられ爲めに其の脊髓神經は異狀昂奮を起して、初期に在りては、疼痛を訴へ一時的にもせよ筋靱帶の收縮を起し尙之れが長期に亘れば、自然筋靱帶の營養を害し機能の減衰となり、廢朽萎縮して、所謂ヒキツリを生じ彈力欠乏して伸縮を毀損せられるに至り、茲に脊椎骨の轉位を惹起することゝなる故に以上の學理を了知し、脊髓の神經中樞と椎骨との關係、中樞と末梢たる筋血管腺各種內臟との關係を施療前に當り、記憶なし居れば、操作の運行を最も適切に發揮せしむることが出來る、故に左に脊髓の中樞を記し尙又各種疾病が脊柱骨の何處に異狀反應を顯現するか更らに其の異常とは如何なるものかを略記して術者の參考に資せんと欲す。

脊髓の各中樞部參考表

頸椎（1–7）

左	椎	右
瞳孔散大中樞	1	1 眼及耳ノ脈管運動神經ノ異常顏面一般ノ病氣
2 3 4 上頸神經節部	2	
	3	2 3 一般ノ脈管運動中樞
中頸神經節部	4	3 4 吃逆(シャクリ)ノ中樞
5 甲狀線ノ中樞部		5 橫隔膜神經ノ起始部
6 心臟ノ作用ヲ強ム	5	
	6	
	7	
7 心臟及甲狀線		
下頸神經節部		

胸椎（1–12）

左	椎	右
1 椎骨動脈基礎動脈ノ中樞	1	2 3 肺臟血管ノ
毛樣筋ノ中樞	2	4 5 6 收縮中樞
2 嘔吐ノ中樞	3	
3 氣管及氣管枝ノ中樞	4	
2 3 心臟ノ作用ヲ強メル神經	5	4 5 6 7 胃ノ中樞
4 5 心臟ノ運動ノ調和	6	
	7	7 8 9 惡寒戰慄ノ中樞
6 大內臟神經	8	
7 胃腸蠕動抑制中樞		
8 9 收縮神經	9	8 9 10 肝臟ノ中樞
分泌神經		
	10	10 膽囊ノ中樞
9 10 左脾臟中樞	11	
11 12 1 大陽叢ノ部	12	11 12 小腸及腎臟並ニ卵巢ノ中樞

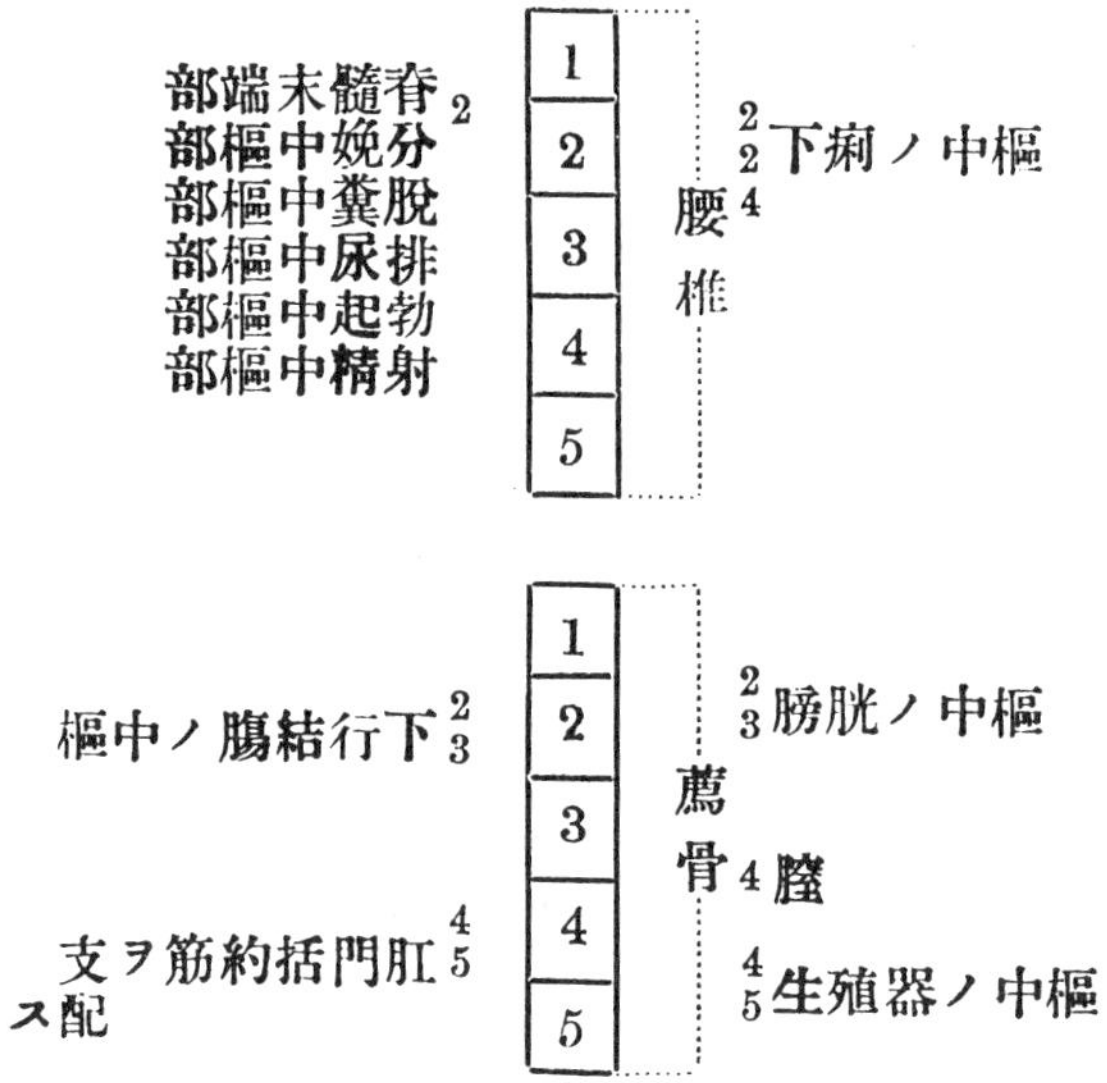

腰椎
1
2
3
4
5
2 脊髓末端部
分娩中樞部
脫糞中樞部
排尿中樞部
勃起中樞部
射精中樞部
2 2 4 下痢ノ中樞
薦骨
1
2
3
4
5
2 3 下行結腸ノ中樞
4 5 肛門括約筋ヲ支配ス
2 3 膀胱ノ中樞
4 膣
4 5 生殖器ノ中樞

第二十章　脊柱部の異常とは何か

脊柱部の異常とは脊椎骨の捻れ歪み等に依りて生ずる、即ち椎骨の轉位が主因となりて、脊柱部に顯れる自覺、又は他覺的徵候を云ふものにして、此れに（一）知覺神經の異常興奮に因る敏感及過敏（二）苦痛（三）鈍痛（四）運動神經の機能障碍に因る筋肉靱帶の收縮（五）溫度の變化（六）官能の障碍（七）脊柱の運動障碍（八）棘狀突起の不整（九）横突起の不整（十）脊柱部の浮腫、がある、又反對に各種內臟の疾病が主因となりて、之れが中樞部たる交感神經節に病的刺戟を受け又交通枝に依りて脊髓の神經細胞に傳搬せられ、之れが椎骨の棘狀突起部近傍に叙上の徵候を顯現することもある。

何づれにもせよ、此の脊柱部の異常が、何處に存在するかを發見檢出する事は、脊髓の各中樞部參考表又は各種疾病と脊柱の異常轉位關係表、等と共に照し合せて病氣診斷及び其の治療指針に僅少ならざる利便をもたらすのである、例へば第四胸椎に異常轉位を發見すれば、肝臟に疾病の存する事を察知し、第五第六第七胸椎に異常轉位を發見すれば、疾病は胃に存するとなし、第八胸椎に異常轉位があれば、脾臟の疾病を疑ひ、第十胸椎に異常轉位を發見なせば、腎臟が冐され居るとなし、下胸椎或は上腰椎部に異常轉位を認むれば、膓に疾病ありとなすが如し、而し乍ら叙上の異常轉位を發見すると雖も、此れ只に胃、肝、脾、腎、膓、等に漠然と疾病あるを察知するに過ぎずして以上の疾病が胃癌なるや胃加答兒なるや將亦胃擴張なるやに付きては殆ど知る由もなければ其の場合にありては腹部按診によりて略其の何たるやを察知すべきである、猶進んで確診すべき必要ある場合は理化學的に多くの檢査診斷法を採用すべきである。

又腹部操作の場合に於て內部臟器の疼痛硬結を發見すると雖も其の

臓器の何たるや判然せず確診甚だ困難なる場合多しかゝる場合は脊柱の異常轉位を驗診なし何の中樞部に相當するや尙又各種疾病と脊柱轉位の關係表を參酌なし略何の臟器なるやを察知する事が出來るのである、故に脊柱部の異常轉位なるものゝ﹅徵候が了解出來ざれば甚だ不都合を生ずる場合あれば左に少しく註解するとなす。

（一）脊柱部皮膚の知覺過敏

椎骨が歪み捻れ等があれば自然椎間孔は狹まり又は椎骨に附着する筋靱帶等に壓迫障碍せられてそれより派出し、又は其處を通過する知覺神經は、それが爲に異常興奮を起して、脊柱部皮膚面に知覺の過敏を生ずるのである、其他內臟の疾病が原因となりて、病的刺戟が絕えず交感神經を介して脊髓中樞に傳搬せられて、隣接せる神經に及ぼし、椎間孔を出るや直ちに脊柱部皮膚に分佈する知覺神經の敏感となるもありて、此の敏感は患者自身には何等自覺せざるを通常とし術者の指頭にて按觸して始めて識るところのものなり故に之れは疼痛とは又別ものなり。

（二）苦痛

苦痛とは自覺症の主なるものにして、椎骨の轉位が原因となりて神經が壓迫せられたる場合、苦痛は障碍の局處に起るが普通なれど、屢々其の場所に苦痛を訴へずして、遠隔の場所に其の痛みを持つて行くのである。

其の理由は神經の發出孔たる、椎間孔にて神經纖維が、緊壓せられ其の緊壓せられたる神經は、之を自己の末梢分佈區域に感じさせるのである、例へば肋間神經痛の場合に、胸椎部異常轉位は、其處より發生する肋間神經を壓迫し、其の分佈末梢區域たる、前胸部胸骨緣に苦痛を訴ふるが如き、或は腰椎部の異常轉位は其處より發出せる股神經を壓迫して、大腿前面又は側面に、苦痛を訴ふるが如く、尙又、頸椎下部の異常轉位は、上肢の神經痛を起すが如き、薦骨部の異常は膝頭及大腿後面及下腿部に痛みを覺えるが如き、皆此の好適例である、只患者の自覺的苦痛を感ずる塲所は、遠隔の部にして、脊柱部には些少の苦痛をも訴へざる爲めに、脊椎骨の異常轉位を看過することが少くない、故に患者が身体の何れの部分にか痛みを訴へる塲合は、此處に分佈する脊髓神經の發出する脊椎骨を、能く精査する必要がある、此處に至りては、脊髓神經の起始及び分佈部の、解剖學を知悉する必要が生ずるのである。

(三) 鈍痛

鈍痛は脊髓部に於て、自覺的には一寸厭な痛みで、患者は忘れ様と努むれば努むる程、益々不快な感じがするものであつて、之れリユマチス様疼痛と云ふ痛みである、此の痛みの最高點を指壓すれば、患者は非常な劇痛を訴ふるものなり、之れ多くは慢性內臟疾患の、連綿刺戟反射の現れと見做す事が一番多い、又其の最高點を少し離れた處を、強壓迫する時は、患者は疼痛を訴ふると雖も、概して爽快を感じ、喜嬉として蘇生するの感ありと……之れ多くは、筋及筋膜靱帶の異常緊張に見る處なり。

（四）筋肉靱帶の收縮硬變

患者の脊柱部の操作時に良く術者は、棘狀突起部及び其周緣部にゴリゴリ、コリコリしたるものを其の指頭に觸れるであらう。之れ筋肉及筋膜靱帶が、椎骨の轉位及內臟の疾病が主因となりて、神經の障碍を惹起して、收縮硬變を來したのである。此の收縮硬變は左右何れかの一側に徵はれる事あり、又兩側に現れる事あり、右側に來るものは右側の轉位を意味し、右側の疾病を表徵するものである。左側に來るものは、等しく身体左側の疾病及轉位を意味するものであつて、兩側にあるは之れ兩側に疾病及轉位を考へなくてはならぬ、此の筋肉靱帶の收縮硬變は、脊柱部操作に依りて、其の收縮硬變は解けて柔軟となり轉位は整はられ、疾病は治療に向ふのである。

尚又椎骨の轉位を調整すれば、直ちに筋靭帯は常態に復する事も多い、何れにもせよ筋肉の收縮硬變を解きて柔軟に爲す事は、椎骨の整調を意味し、疾病の根源を除去する事にもなる。

(五)温度の變化

吾人が多くの患者に接して居ると、圖らずも脊柱部の手掌接觸に由り全般的体温より特に冷たく感ずる處と、温く感ずる部處が自ら識別せられるであらう、之れ即ち疾病の存在を物語る、有力なる徵候となるものにして、概して温度高きは、椎骨の急性轉位を意味し、急性病症を窺知せしむるものである、又特に冷感を覺ゆる部は、病長く經過し來りたる、慢性疾病を意味し、椎骨の轉位も之れと等しく、長期のものと思つて差支ない。之れ術者の疾病診斷の一法となり、施療指針の助けとなるものなり。

（六）脊柱部の浮腫

施療に當りて、先づ吾人が、患者の脊柱を上部より下部に至る迄、一應注視檢診して見ると、脊柱の或る部に於て他部より特に膨張してゐる部を、よく發見する事があるであらう。之れ即ち内臟に疾病あるを察知し椎骨の轉位を物語る有力なる施療上の助けとなる、此の膨隆は如何にしてなつたのであるかは、先づ椎骨の轉位が原因となり、或は内臟疾病が原因となり椎骨の轉位が惹起せられたるかにあるものにして、何れにせよ、其の部の血液循環障碍を招致して鬱血し浮腫を生じたるものであつて、棘狀突起の後轉位とは亦別なり。

（七）官能の障害

吾人が常に身体の健康を保持せんと欲せば、求心性傳導及遠心性傳導の、完全なる機能發顯に俟たねばならぬ、然るに、其の神經傳導の受發根源たる、神經中樞の住宅、即ち椎骨に歪み捻れの轉位が起れば、發信受信の門戶たる椎間孔は狹められ、甚だ不自由を感じ自然外部との音信疎遠となり、甚だしきは音信不通の止むなきに到る場合を生ずることがある、今迄本局との疎通によつて働きつゝありたる、外部分佈區の各器官各組織は爰に到りて活動が自然停滯する、即ち神經の官能障碍を惹起することになる、故に神經の分佈區たる部の官能障碍を發見せば、其の神經の發生部たる住宅を調ぶれば、必ず其の住宅の歪み捻れを發見する事が出來るのである。

（八）脊柱の運動障碍

吾々が日常患者を取扱ふ時、良く患者が首が廻りませんとか、首が吊りますとか、腰が曲りませんとか腰を伸ばし得ない事を訴ふることがある、之れ脊柱運動障碍であつて、之れ脊柱の轉位が主因となりたるあり、內臟及筋の病變より來るありて、脊柱の異常轉位を確証する有力なる徵候である、脊柱の各部に於ける轉位の徵候は次の如くである第一頸椎の轉位は、頭を肯かせて見て、痛みを感じ、又顔を右顧左眄の自由が困難となる、其他の頸椎にありては、頭の前後屈伸に、不自由で又痛みがある脊部の運動障碍を檢せんには、患者の膝を堅く接し手を垂れしめ、躰を水平に屈ませ、其の棘狀突起が一直線にあるや否やを見る、又充分に後方に反らせ、尚又左右に屈ませて、其の脊柱部の運動障碍を檢するのである、若し患者が前に屈んだ場合に運動が制せられ、或は屈伸に欠くる處があれば、脊椎の轉位を物語り、又脊柱が右か左に曲つて居る事を發見すれば、之れ靱帶と筋が一方に收縮して居るのであり、之の場合脊柱の運動は、必ず障碍を生ずるものである、腰椎の運動障碍も脊部と同樣に檢することが出來る、最も多く轉位を惹起するは、第四と第五腰椎の關節又は第五と薦骨との關節即ち腰薦關節に運動障碍を識る事が多い、何れの部にしろ運動障碍あれば之れに應ずる脊椎部の筋と靱帶に收縮ある事を示す、之れ必然收縮した側に脊椎の變化を起し靱帶と筋が椎間孔の轉位した側に壓迫せられる結果である。

（九）棘狀突起の不整

棘狀突起の位置も亦、異常轉位を告ぐる重要なる徵候である、棘狀突起を檢するに、其の棘狀突起が一直線に在るか否か、即ち左又は右かの線外に出てはゐぬか、尙又一直線にあるも何處かに、一個又は二個の特別に凸出せるものがありはせぬかを調べる、若し之れあらば、椎骨の轉位を識る有力な助けとなる、然し之れ丈けにては、絕對に轉位を確定する事は許されない場合がある……と云ふのは、此の棘狀突起は人に依りて特に發達した人を稀に見るからである、故に橫突起の觸診法と相俟つて、決定せなければならぬ。

椎骨の後轉位により、椎間孔狹まり、其所を通過する神經、血管、淋巴管が壓迫せられたるを示す。

其の壓迫によりて、神經は機能障碍を起し、其の分佈區域に疾病を發す。本編の脊椎操作に依り、此の轉位を常位に復歸せしむれば、壓迫より解放せられ、充分に機能を發揮する事が出來疾病を治癒に導く。

第十三圖

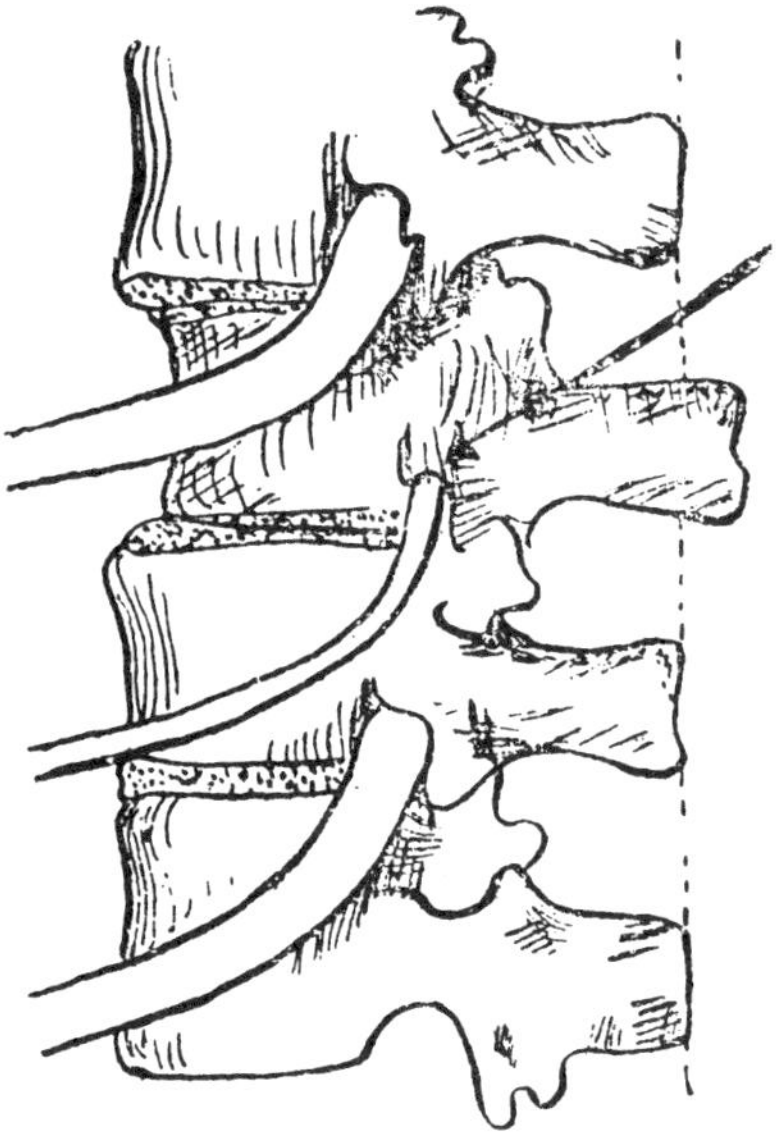

椎骨ノ後轉位ニヨリ椎間孔狹マリ其處ヨリ發出セル神經並ニ動靜脈ノ壓迫狹少セルヲ示ス

第十三圖ノ一・二

椎骨ノ後轉位ヲ示ス

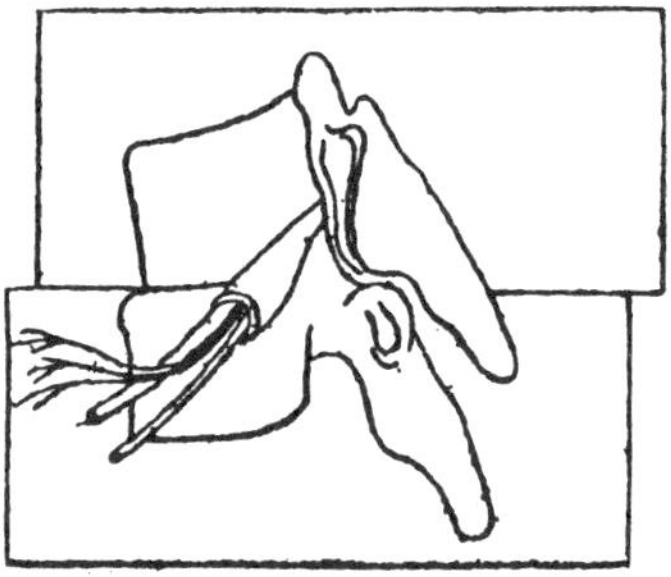

椎骨ノ正狀位ヲ示ス

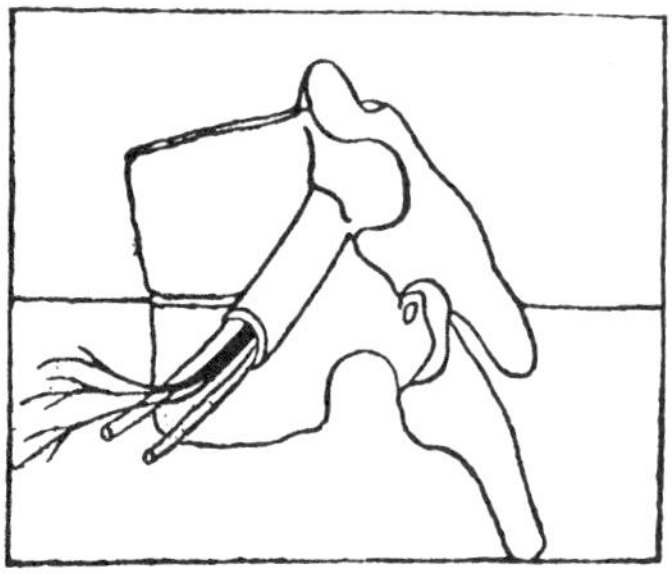

（十）横突起の不整

脊椎の轉位を檢するに、横突起觸診法なる一法がある、然し斯法は肥滿した人に於ては、非常に困難にして、普通人にありても、餘程經驗を有する人に非らざれば判定し難し、然し乍ら、椎骨の轉位を知る上に、棘狀突起以上に、重要且つ確實なるものなりと謂ふ只參考に資する丈けを記述して、了解し難き事は、殊更に强ひる無駄を省く事となす、以上種々なる異常轉位を略記したのであるが、其の椎骨の轉位を調整する法に、實に多くの方法が設けられてゐる、カイロプラチック にて現在行ひつゝある方法は、一寸素人には出來難い点が非常に多く況んや通信敎授書に依りて、之れを說かんとする本編にては、殆んど其の微妙なる手技に至つては一寸困難に屬する故に、本編にては其の異常轉移を調整せんとするには、先づ椎骨の轉位を認める証左として、筋靭帶の收縮硬變を解くにある、之れ轉位を調整せんとする間接的方法なりと雖も、又延いては根本調整法ともなる手段である。

外部より各棘狀突起の位置を知るの表

脊柱解剖を、明確にする爲め、椎骨の位置を知ることが必要である。

次に其の指針となるものを列擧する。

第一頸……椎之れには棘狀突起がなく、後弓は後頭部と第二頸椎の棘狀突起との間に在る、横突起は、乳嘴突起の直下である。

第二頸椎……之れは後頭部の下に、棘狀突起を有する第一番目のものである、故に容易に知ることが出來る。

第三頸椎……此の棘狀突起は、第二頸椎棘狀突起に覆はれて居る、故に觸るゝことは困難で、首を曲げた時に認めることが出來るのみである、而して之れは、後頭下第二番目のものである。

第四頸椎……此の棘狀突起は首を曲げた時に、觸るゝことを得る第三番目のものである。

第五頸椎……此の棘狀突起は、後頭下第四番目のものである。

第六頸椎……此の棘狀突起は、後頭下第五番目のものにして、次の第七頸椎棘狀突起の直上のものである。

第七頸椎……此の頸椎の棘狀突起は、非常に長いので直ちに認められる、故に椎骨を上下に數ふる道しるべとなるものであつて、次の第一胸椎の上位のものである。

第一胸椎……此の棘狀突起は左右の肩峯突起の上部を、一直線に引いたる線上の突起が其れである。

第二胸椎……此の棘狀突起は、第一胸椎の直下に位するものである。

第三胸椎……此の棘狀突起は、左右肩峯突起の內緣を、一直線に引きたる線上にして、第一胸椎の下第二番目のものである。

第四胸椎……此の棘狀突起は、第一胸椎より四番目のものである。

第五胸椎……此の椎骨の棘狀突起は、第七胸椎から數へて、容易に決定することが出來、第一胸椎より第五番目のものである。

第六胸椎……之れは次の第七胸椎棘狀突起の直上に在るものである。

第七胸椎……此の胸椎の棘狀突起は、兩手を兩側に垂れて、座する時は、肩胛骨の下角と相應じ、俯したる場合には、曲尺四分上に在つて指を肩胛骨の下角に置いた一線上のものが夫れである。

第八胸椎……此の棘狀突起は、第七胸椎を決定して、其の下に觸れるものが、即ち其れである。

第九胸椎……之れも亦第七胸椎を決定して、夫れより第二番目のものである。

第十胸椎……此の棘狀突起は、胸骨の劍狀突起の水平線に相應じてゐて、第十肋骨の結合部の下約四分の處に在つて、肋骨から脊椎に辿れば、決定することが出來る。

第十一胸椎……之れは上記の第十を決定し、其の直下のものである。

第十二胸椎……此の棘狀突起は、第十一胸椎直下のものにて、第十二肋骨を脊柱に辿りて、決定することが出來る。

第一腰椎……此の棘狀突起は、第四腰椎より上方に數へて、容易に決定することが出來る。

第二腰椎……此の椎骨も第四腰椎から、上方に數へて第三番目のものである。

第三腰椎……第四腰椎棘狀突起を決定して、其の直上なるものの之れなり。

第四腰椎……此の椎骨の棘狀突起は、左右腸骨櫛の間に引きたる一線上に位するものの之れなり。

第五腰椎……此の棘狀突起は、第四腰椎棘狀突起直下のものにして、薦骨の上位に位してゐる。

各脊髓神經の發出点と棘狀突起の關係表

次に掲ぐるは、脊髓神經が、椎間孔より發する出口を、外表の棘狀突起によりて、察知する表を記す。

脊髓神經	發出口の水平面
第一頸椎神經	後頭部と第二頸椎棘狀突起の間
第二頸椎神經	第二頸椎棘狀突起の中間
第三頸椎神經	第二頸椎棘狀突起の末端
第四頸椎神經	第三頸椎棘狀突起
第五頸椎神經	第四頸椎棘狀突起
第六頸椎神經	第五頸椎棘狀突起
第七頸椎神經	第六頸椎棘狀突起
第八頸椎神經	第七頸椎棘狀突起
第一胸椎神經	第七頸椎棘狀突起及第一胸椎棘狀突起の間
第二胸椎神經	第一、第二胸椎棘狀突起の間
第三胸椎神經	第二、第三胸椎棘狀突起の間
第四胸椎神經	第三胸椎棘狀突起

第五胸椎神經
第六胸椎神經
第七胸椎神經
第八胸椎神經
第九胸椎神經
第十胸椎神經
第十一胸椎神經
第十二胸椎神經
第一腰椎神經
第二腰椎神經
第三腰椎神經
第四腰椎神經
第五腰椎神經

第四胸椎棘狀突起
第五胸椎棘狀突起
第五第六胸椎棘狀突起の間
第六第七胸椎棘狀突起の間
第七胸椎棘狀突起
第八胸椎棘狀突起
第九第十胸椎棘狀突起の間
第十一胸椎棘狀突起
第十二胸椎棘狀突起
第一第二腰椎棘狀突起の間
第三腰椎棘狀突起の下端
第四腰椎棘狀突起の下端
第五腰椎棘狀突起の下端

第一薦骨神經　　　　腸骨後上棘上端と第一薦骨假棘狀突起の間
第二薦骨神經　　　　腸骨後上棘下端と第二薦骨假棘狀突起中間
第三薦骨神經　　　　第三第四薦骨假棘狀突起間の兩傍七分
第四薦骨神經　　　　薦骨管裂孔の兩傍五分
第五薦骨神經　　　　薦骨管裂孔の部
尾閭骨神經　　　　　薦骨管裂孔の部

附、參考應用……第四頸椎神經の前枝は、橫隔膜神經なるが故に、橫隔膜痙攣たるシャクリを止めんと欲せば、第四頸椎神經の發出口の、水平面たる第三頸椎棘狀突起の兩傍五分の處を中心に、上下五分位、即ち其の三点を拇指壓迫を加ふれば、神經鎮靜なし、シャクリは止むのである。叙上は一例を示したるに過ぎずして、其他は神經と各種器管の關係を識り、適宜應用せらる可し。

疾病ご脊椎異常轉位關係參考表

次に掲げたる表は、身体の何れかに疾病を生じたる場合、脊椎部に異常轉位を生ずる中心を列擧したのである。一例を示せば、次表の如く、肝臓に疾病を有する者は、第四及第八胸椎に多く異常轉位を認むると云ふのである。然りと雖も、內臓疾病の場合、之れを官理する交感神經が存在する爲、衝動の傳搬が、脊髓の上下二部に及ぶ事がある故に掲げたる表記以外の脊椎にも、異常轉位を發見する場合も少なくない。然し大体に於て掲げられたる部分に疾病のある時は、其の中心は列擧されたる脊椎部にあると思つて差支へない。

一、腦頭蓋部病……第一乃至第四頸椎、第六及第十胸椎

一、顏面部病……第一乃至第四頸椎、上部胸椎及第十胸椎

一、頸部病……第一乃至第四頸椎、上部胸椎及第十胸椎

一、腦髓部病……第一乃至第四頸椎及第十胸椎下部

一、眼病……第一乃至第四頸椎第五及第十胸椎第一或は第二腰椎

一、耳病……第一乃至第四頸椎及上部胸椎

一、鼻病……第一乃至第四頸椎第五及第十胸椎

一、咽頭病……上下頸椎及下部胸椎

一、扁桃腺病……上下頸椎及第五胸椎

一、喉頭病……第一乃至第四頸椎及第五胸椎

一、舌病……第一乃至第四頸椎及第五胸椎

一、齒病……第三或は第四頸椎、及第五胸椎

一、口病……第三乃至第四頸椎、及第五胸椎

一、甲狀腺病……第六頸椎、第六胸椎

一、乳房部病……第六乃至第七頸椎第二胸椎乃至第六胸椎

一、心臟病……第一頸椎乃至第四頸椎、及第二胸椎

一、肺　疾　患……第一頸椎乃至第四頸椎、及第三胸椎
一、氣管疾病……第一胸椎乃至第二胸椎
一、腹膜疾患……第十一胸椎乃至第十二胸椎第一腰椎乃至第二腰椎
一、横隔膜疾患……第三頸椎乃至第五頸椎、中部胸椎
一、肝臓疾患……第四胸椎及第八胸椎
一、脾臓疾患……第六胸椎及第九胸椎
一、膵髄疾患……第八胸椎及第九胸椎
一、胃　疾　病……第一乃至第四頸椎、第五胸椎乃至第七胸椎及第十一胸椎
一、大腸疾患……第一腰椎及第二腰椎
一、小腸疾患……第十一胸椎及第十二腰椎
一、盲腸疾患……第二腰椎
一、直腸疾患……第四腰椎乃至第五腰椎

一、腎臟疾患……第十胸椎
一、膀胱疾患……第一腰椎乃至第四腰椎
一、子宮疾患……第四腰椎
一、攝護腺病……第一腰椎及第四腰椎
一、卵巢病……第三腰椎
一、睾丸疾患……第三腰椎
一、膣疾患……第四腰椎
一、陰莖……第二腰椎及第四腰椎

附、參考應用、右の表を以てすれば、胃疾患時には、第一頸椎より、第四頸椎に、又第五胸椎より第十二胸椎に至る迄の部分に、異常轉位を認むれば、本編の脊柱部操作法に依り、之れを調整し、尚亦腹部操作法に依りて、胃部直接の調整をなすが如し。以下之れに准ず可し。

而して後第三療法たる、靈感透熱療法を前述の背部及腹部に施術なす時は其の効果推して識る可きのみ。

顔面部の操作法

（一）患者の姿勢及位置

患者は仰臥式を採らしむるを通常と爲せども、又座式及横臥式にても可し。

（二）術者の姿勢及位置

術者は仰臥式の場合は、患者の頭部に座す、又座式及横臥式の場合は適宜の姿勢位置を採りて差支へなし。

（三）操作手技

術者は兩手指の指紋部を使用し、第三編記載の療点學中、顔面部療点全部の壓迫及揉捏を施す

（四）顔面部の操作法

顔面部の療点には第一療点（鼻翼部）第二療点（前額正中前頭骨部）第三十九療点（前額部にして眉毛と前頭髪際との中間）第五十八療点（顳顬部にして顴骨弓の上際部）第三十七療点（下眼窠縁の下方顴骨突起部）第五十九療点（顴骨弓の直下際下顎骨上部）第六十療点（下顎骨隅角の部）第三十六療点（口角の部）第三十八療点（眼窠部）の各療点あり、故に此の各療点を最初拇指指紋部にて、患者の年齢体質疾病等の如何を想ひ斟りて適宜の壓迫を加ふ。而して後ち中指を中心に左右の三指頭の指紋部を以て、前述の壓迫ヶ所全部に亘りて、前回同様強弱加減を斟酌なし、グルグル、グリグリと圓形を描きて、揉捏を行ふのである。右は顔面部疾病一般に効あり但し面疔及顔部丹毒等には操作を戒むべし。

眼窠縁の操作

(一)患者の姿勢及位置

患者は仰臥式又は座式を採る。

(二)術者の姿勢及位置

患者仰臥の塲合は頭頂部に座し、座式の塲合は背部に立ち、又は患者の前面を座す。

(三)操作手技

術者は兩手の食指及中指の第二節より稍屈し、其の指紋部又は拇指の指紋部を以て操作する。

第十四圖

眼窠緣操作の手技を示す

(四)眼窠緣操作法

患者座位にある場合は、術者は背部に立ち、兩手を患者の頭上より差延べ、其の兩手の示指中指を稍屈して、患者の上眼窠緣に沿ひて、眼窠內に僅かに挿入し上眼窠緣全部に亘りて下部より上部に引上げるがの如く壓迫する此の塲合患者が其の壓迫に堪ね得るを程度となす、此の上眼窠緣全部に亘る壓迫を三度繰り反す、次に術者の拇指指紋部を前述の如く下眼窠緣に沿ひて眼窠內に稍挿入し上方より下方に向つて下眼窠緣全部に拇指壓迫を加ふ斯の如く下眼窠緣全般に亘る壓迫を施す事三回にして終る。

右は眼病一般に偉効ありトラホームの如きは朝夕二回宛一回に付五分乃至十分位の操作を七日乃至十日位繼續操作なす時は大抵は全癒するものなり。

頭部の操作法

（一）患者の姿勢及位置

患者の座位は、仰臥式、伏臥式、或は横臥式何れを採るも差支へなし但し仰臥、横臥は向きを少しく變更せざれば、充分の操作に支障を生ず、故に此場合機宜の處置を採る可し。

(二)術者の姿勢及位置

術者は患者の姿勢及位置に准じて、操作に好都合の姿勢及位置を採れば良し。

(三)操作手技

拇指壓迫及三指頭壓迫、並に三指頭壓迫圓操作、を採る。

(四)頭部操作法

先づ操作法は、第三編記載療點學中の、頭部にある療點全部に亘り、拇指壓迫又は第二指第三指第四指の三指の指紋部を以つて、壓し乍ら各療點部に圓形に揉捏を施すのである。

頭部の各療點とは、第三療點(前頭正中線にして髮際を入る事二寸五分位の部)第四療點(頭頂にして旋毛部)第五療點(頭蓋正中線にして外後頭結節の上方二寸五分位の部）第六療點（外後頭結節部）第四十療點（耳の上際部）第四十一療點（耳後乳嘴突起部）なり．

右は脳貧血、脳充血、神經衰弱、ヒステリー、等其他頭部の疾病に適宜用ひて効又大なり．

項部の操作法

（一）患者の姿勢及位置

患者は坐位を採らしむるを法とすれど、患者の事情に依りては、各種臥式を採用せざる能はざる場合もあり．

（二）術者の姿勢及位置

患者坐位の場合は、術者其の後方に座す、其他は適宜操作の運行に都合宜き位置を採る可し．

（三）操作手技

術者は右手拇指の指紋部を以つて壓迫操作す。

第十五圖

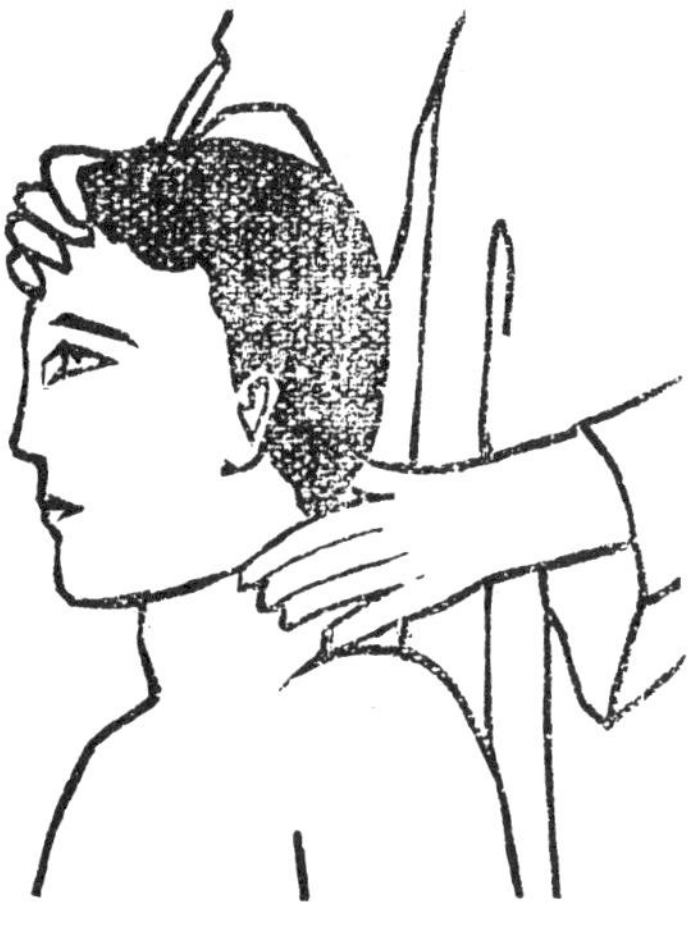

(四)項部操作法

術者の左手を以つて、前額部を支へ持ち、右手拇指の指紋部にて、外後頭結節直下際の中央より兩傍三分位の處に硬きゴリゴリしたる腱を認む、之れ僧帽筋起始部の腱にして、之れに強壓迫を加ふ。次に此の部と乳嘴突起尖端との中間に、稍凹き處を認むべし、此處にも亦同じく強壓迫を加ふのである。斯くの如く左右四点に施行する事、各三回次に全頸椎棘狀突起の兩傍三四分位の處を上より下に順次前方水平に壓迫なす事三回にして終る。

此の項部操作は、全身中最も樞要なる處にして、貴重なる神經の中樞部であり、重大なる使命を有する神經血管の通路に當る、故に如何なる疾病と雖も、先づ此の項部は特に叮嚀、且つ充分に操作すべきなり。

肩部及肩癖操作法

（一）患者の姿勢及位置

患者は坐位を採らしむを常法と爲せど、各種臥式を採る場合もあり。

（二）術者の姿勢及位置

患者坐位を採る場合は、術者其の後方に立つ。臥式の場合にありては適宜臨機の位置を採らる可し。

（三）肩部及肩癖操作法

先づ患者座位にある場合、術者其の後方に立ち、兩手の四指と拇指を大きく開きて、其の拇指の指紋部を以て、第六第七頸椎及第一第二第三胸椎の各棘狀突起の、兩傍五分位の處に、强壓迫を加へ、次に第七頸椎の兩傍より外下方に向つて、順次拇指壓迫を加へ、肩胛骨の棘上窠の上部を通りて、肩峯突起部に至りて止む。次に、肩胛骨の內緣上部より初めて、其の內緣に沿ひて下り、內緣の下端に至りて終る。特に肩の凝る者にありては、上記の肩胛骨內緣の壓迫に意を用ひ、其の部の硬き筋のゴリゴリに充分の壓迫を加ふべし。此の場合、他の四指は肩部に置くものとす。拇指壓迫の强弱加減及回數は、凝りの强弱に依りて機宜の處置を採らる可し。

橫臥式の肩癖操作に當りては、第十六圖の如く左手にて上膊部を握り右手四指の指紋部にて、患者の左右肩胛骨の內緣部にある、硬き筋をゴリゴリと充分に壓迫揉捏せらる可し。

第十六圖

肩癖操作之圖

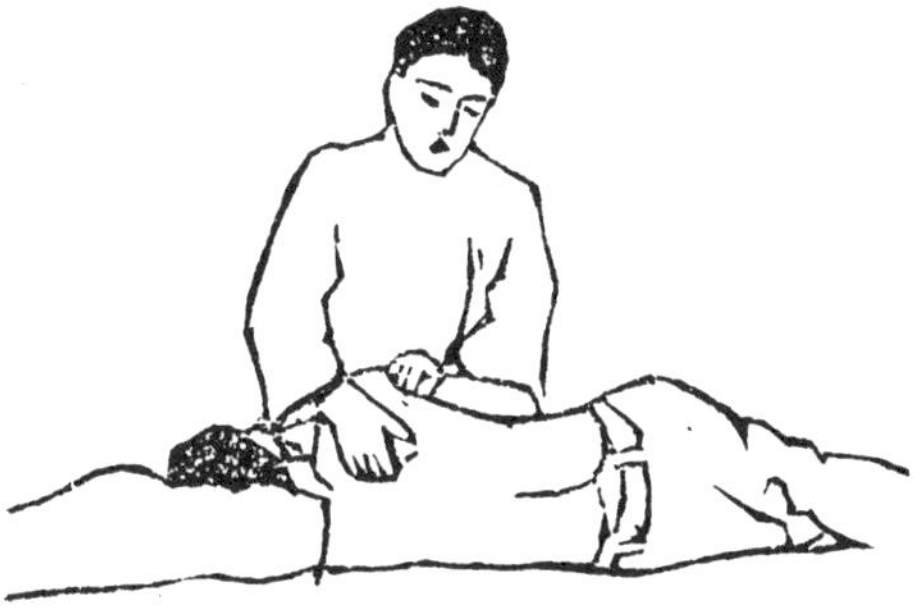

第十七圖

肩癖操作之圖

尙又別法として、第十七圖の如く一方の手を以つて、患者の上膊部を握り、他の手の拇指指紋部を以つて、肩胛骨內緣部の凝れる硬固なる筋全般に亘りて、强壓迫を加ふ可し。

上肢の操作法

(一)患者の姿勢及位置

患者は座位を採るを、最も操作の運行上都合良きも、場合に依り横臥式、仰臥式を採る事もある。

(二)術者の姿勢及位置

患者坐位にあり術者患者の左上肢を操作せんとなせば、患者の左側に右上肢を操作せんと欲せば、右側に座す。其他は機宜の位置を採らる可し。

(三)操作手技

操作手技は、最初拇指壓迫、次に各療点の四指圓形揉捏の手技を採る。

(四)上肢の操作法

先づ上肢にある二十の各療点に、上位のものより初め、下位に順次患者に適度と思はれる拇指壓迫を加へて、最下部手掌の第九十二療点に至る。次に又上位の療点に復りて、此の度は四指圓形揉捏を前回同様各療点に施すのである。

上肢の各療点を列擧すれば左の如し。

第六十三療点（肩胛關節の外部）第八十七療点（肩胛關節前面部）第八十一療点（肩胛關節後面部）第百七療点（腋窩部）第百八療点（上膊内側中央部）第八十八療点（上膊前面正中部）第六十四療点（上膊外側中央部）第八十二療点（上膊後面正中部）第八十三療点（上膊後面下部）第百九療点（肘關節内側部）第六十五療点（肘關節外側部）第八十九療点（肘關節前面肘窩部）第九十療点（前膊前面正中部）第八十四療点（前膊後面中央より稍上部）第百十療点（前膊内側中央部）第九十一療点（前膊前面腕關節の部）第六十六療点（前膊外側中央の稍上部）第八十五療点（腕關節後面部）第八十六療点（手背部）

第九十二療点（手掌部）

下肢の操作

（一）患者の姿勢及位置

患者は操作の運行を容易ならしむ爲め、最初仰臥式を採り、次に横臥式、次に伏臥式を採用す。

（二）術者の姿勢及位置

術者は操作の都合上機宜の姿勢及位置を採らる可し。

（三）操作手技

操作の手技は上肢と等しく、最初下肢全般の各療點に拇指壓迫を加へ次に四指頭圓形揉捏を施す。（療點は總て第三編療點學參照）

（四）下肢の操作法

下肢の操作法を區分して骨盤部、大腿部、下腿部に分ちて操作す。

（A）骨盤部操作

骨盤部の療點には、第四十八療點（臀部にして腸骨後上棘の稍外方）第四十九療點（臀部にして薦骨尾閭骨關節の稍外方）第九十八療點（臀部にして大腿骨大轉子部）第九十九療點（臀部にして坐骨結節と大轉子中間部）第五十療點（大腿後面最上部と臀部下部臀部下溝部）第十七療點（薦骨後面中央部）第二十八療點（會陰接護腺部）の七療點を最初各次拇指壓迫を加へ、次に三指又は四指頭圓形揉捏を施す可し。

（B）大腿部操作

大腿部には第二十九療點（大腿內側最上部）第參拾療點（大腿內側最上部）第、參拾壹療點（大腿內側內上髁の直上部）第參拾貳療點（膝關節內側部）第七十四療點（鼠蹊部にして股動脈搏動する處）第七十五療點（大腿前面直立して手掌の當る部）第七十六療點（大腿前面中央部）第七十七療點（膝蓋骨上緣部）第七十八療點（膝蓋骨直下際）第百療點（大腿外側直立して手掌の當る稍上部）第百壹療點（大腿外側中央稍下部）第百貳療點（膝關節外側部）第五十一療點（大腿後面中央の稍上部）第五十二療點（大腿後面中央の稍下部）第五十三療點（膝膕窩部）の十四療點あり、故に之等各療點に最初拇指壓迫を加へ、次に三指又は四指頭を以て圓形揉捏を施すべし。

（C）下腿部操作

下腿部には、第百參療點（腓骨小頭部と脛骨との中間）第百四療點（下腿外側の中央稍上部）第百五療點（下腿外側中央稍下部）第百六療點（外髁の稍上部）第八十療點（足背部）第三十三療點（下腿内側脛骨後内緣内關節髁部）第三十四療點（内髁の稍上部）第三十五療點（足部内側）第七十九療點（足關節前面部）第五十四療點（下腿後面中央の稍上部）第五十五療點（下腿後面中央部）第五十六療點（跟骨結

節部）第五十七療點（足蹠部）の拾試療点あり．故に此の各療点を、最初拇指頭指紋部にて暫時壓迫を加え、次に三指頭又は四指頭を以つて、以上の各療点に、圓形揉捏を施すのである．以上上肢、下肢の操作は毎回全療点に必ず施行爲さねばならぬと云ふに非ず、疾病の有無目的の如何に依りて、局處の療點のみ分割採用しても可ければ、他は術者宜敷く取捨撰擇して機宜の處置を採らる可し．

頸椎自已調整運動法

先づ第十八圖の如き姿勢を採り（A）頭部を十二分に左傾し、右側頸筋をして痛き程度の伸張を爲す、（B）次に頭部を右傾し、前回同様左側頸筋の伸張を爲す。（C）次に強く前俯後仰をなす。（D）次に充分の右顧左聘を爲す．（E）次に左より右廻りにグル〳〵と頭部の圓運動を行ふ．（F）次に前回の反對、左廻しにグル〳〵と頭部の圓運動を行ふ事．

回數時間は、之れを行ふ者の自己に適合する任意時間。
右の頸部運動法を爲せば、頸椎の異常轉位は調整せられ、常時頭重、頭痛、耳鳴、眩暈、眼火閃發、視野暗黑、等に惱まされる者は、除去せられ、頭腦明晰となり、首より上部の各種疾病に著効あり。

第十八圖

第十九圖

腰椎自己調整運動法

先づ第十九圖の如き姿勢を採り、（A）自己に出來得る限り上半身を左側に傾け、右側腹筋の伸張を爲す（B）次に右側に充分傾き、左側の側腹筋を伸張す、斯の如く丁度玉振時計の振子の様に、左側に行きては右側に傾き、右側に行きては左側に傾くと云ふ具合に、之を十分間に三百振り位行ふべし。

右は腰椎の異常轉位を調整し、各種腹部內臓の機能及び、血液の循環を旺盛になすを以て、腹部內臓疾患を速かに、治癒に導くの効あり。

內臓神經刺戟運動法

先づ正座の姿勢を採る、胸は少しく後ろに張りて、腰部下腹部を前方に突出す心組みに爲す。

次に、腰をドスンと後ろに下す。此の場合心窩部は、横溝の出來、腰椎部は後方へ丸く突出するかの如くなす。之れを一分間に百回位の速度を以て、任意時間行ふ可し。(第二十圖參照)

第二十圖

第二十一圖

右は前章の腰椎自己調整運動法と共に合せ行ふて、腹部各種內臟の疾病に著効を奏し、便秘の如きは、直に快通あり。

腰部反張操作法

先づ患者を伏臥せしめ、其の腰部の上に座蒲團樣の柔き物を敷く。術者は、患者の右側より、自己の右足を屈して、膝關節稍下部の頸骨部を、第二十一圖の如く、患者の腰薦關節部に乘せて、術者が上半身の重量の中心を爰に置き、左足は、患者が右足の傍に、立膝の姿勢を採るのである。故に、患者術者は丁度、背合せの形となる。次に術者は、稍々前屈して、兩手を以つて、患者の右足の膝關節部を把握なし患者の稍々苦痛を訴へる程度に、其の足を後上方にウンと引上げ、其儘横楕圓形に、大きくグルグルと五六回廻轉なし後ち下に置く。次に右足同樣、左足にも施すのである。

次に術者の左手を以て、患者の右膝關節を握り、右手を以て、患者の左膝關節を握りて、左右同時にウンと後上方に引上げ、暫時止めて下に降す、以上を二三回繰反す事。

右は腰薦關節の脫臼、腰痛、子宮後屈症、各種腰筋、腹筋、及四頭股筋等の痙攣様收縮又は凝り等に驚く可き奇効を奏す。

第二十二圖

第二十三圖

股神經自己伸張法

先づ兩膝頭を接して、正しく座す。而して、兩手を以つて後方に支へ漸次軀幹を後方に倒し、後頭部を第二十二圖の如く疊に接着する時は大腿前面の筋肉、即ち四頭股筋は伸張し、張り裂けるが如く感ず、之れを暫時耐え得て、常位に復す。右は股神經を引き延し得て、腰部下腹部大腿部膝關節の疾病に有効なり。

座骨神經自己伸張法

先づ直立の姿勢を採り、膝をウンと後方に引き、必ず膝を屈する事なく、徐々に脊柱を前屈し、兩手を垂直に垂れ、手掌は手背に伸展して其の手掌の疊に接する程度に、益々脊柱を屈する時は、腓腸筋（ツト）は張り裂けるかの如く引延ばされる。尙又其狀態を維持しつゝ、腰部より上半身を、左右に少しく移動せしむれば、益々下肢後筋の伸張を得て斯法の効を顕著にす。次に常位に復して、丁度足部に水の付きたるを、拂り拂ふかの如く、ブルブルブルと最も急速に足先の震動をなすべし。

斯の如く、左右両脚を交互に行ふて、斯法を終る。右は下肢の不自由なる者、坐骨神經の疾病を有する人が行ふて効あり。（第二十三圖參照）

自己健康法としての順序

（一）頸椎自己調整運動法
（二）眼窠縁の操作
（三）腰椎自己調整運動法
（四）內臓神經刺戟運動法
（五）股神經自己伸張法
（六）座骨神經自己伸張法
　附、足部振動法

（終り）

補遺

曩に余が本書『靈威透熱療法』を發行するや、白熱的歡迎に遇ひて讀者諸賢よりは過分の讚辞を辱ふし、本邦治療界に、些少ながら貢献する事を得たるは余の欣幸とする所なり。

然るに多數讀者の中には、尙一層の研究を必要として、余に奬むるに綜合的療法書の著作を以てするもの尠なからず、加ふるに書肆萬年社主第一版の皆無を報じ、且つ此際改版して綜合的療法書となさん事を乞ふや切なり。

余も亦早くよりその志あり、豫て研究せる所を手錄し置きたるもの積んで一書を成すに足るも、なほ他日小閑を得ば、充分推敲を經たる後上梓せん希望なりしも、多數讀者の熱望と書肆の懇囑もだし難く編著する事となれり。

爰に於て、忙中禿筆を架して草稿を爲すに、其の間、余を慕ふて治療を乞ひ、又數百哩を遠しとせずして、直接教授を受けんが爲めに、余の門を敲く篤學者ありて、充分の校正をなすに遑あらず、特に第二編神經調整術編纂當時は、遠來の篤學者多數ありて、寸暇なく、行文流暢を缺ぎ、文辞粗雜、秩序亦整然ならず、讀者をして轉た樞紐の諒解に苦ましむるものあるべきを恐る。

本編は怱忙の裡に執筆せるが故に、遺憾少なからずと雖も、完璧は又之を他日再刊の際に期し、卷末正誤表を附して、纔にその責の一分を塞がんと欲す。讀者幸に之を諒せよ、

第三編　第三療法（靈感透熱療法）

第一章　緒　言

近世醫學醫術の長足の進步に伴はざる、幾多疾病の不治は聽て行詰れる藥物療法不信の傾向を生じ、病者の不安恐怖を惹起し、醫術即ち藥物療法以外の何等かの斯機軸ある合理療法を渴望せられて止まず、其れが爲、內外共に理學療法の雄躍を來し、我國に於ても各醫科大學及び民家醫間にも、之が實驗研究を重ねられつゝある有樣である。之れに應じて諸種の民間療法踵を接して起る、曰く電氣療法、曰く温熱療法、曰く光線療法、曰く何々式心靈療法、曰く哲理療法、曰く精神療法、曰く紅療法、曰く血液循環法、曰く何々式心身修養法、曰く何と數へ擧くれば實に夥しき數に上る。

而して其等の諸療法が、一々病者に對して滿足なる治効を奏して居るや否や、其の説く處、多くは好んで神秘不可思議を以てし、徒らに幽玄高遠に馳せ、論理文章等に拘泥して、殆ど實行實踐に病者の滿足す可きもののなき有様で、實に病者は申すに及ばず、社會國家の爲にも遺憾の極と云ふべし。茲に於て余は今日迄、固く門戸を鎖して、絶對に他傳を許さざりし、世にも得難き秘法萬病奏効顯著なる、靈感透熱療法相傳秘書なる一書を著述して、普く研究者諸君に授け、醫藥の効なき不幸の病者を、一人でも多く、暗夜の苦惱より光明の世界に救ひ出し、病患者の再生の歡の聲を聞き、余の欣に還へ、以て趣意となす。

是れ軈て國利民福の増進に副ふ所以にして、余の意亦濟世經國の事に存するを諒せられん事を望む。

第二章　灼熱療法の歴史と斯術の發端

絶對に健康が人生に無い如く、人生あれば必ずそこに病氣がある、病氣が人生にあるのは苦痛で、此の苦痛から脱れやうとするのは、人間としての必然的の要求である。此の苦痛、此の病氣に對して、往古より最も廣く其の治病に應用せられたのは、温熱療法である。此の温熱療法は温熱的刺戟を疾病治療に應用したものにして、凡そ神經は連綿刺戟して、其の恢復に必要なる休息を與へない時は、始め神經疲勞して、終に衰脱して其の興奮性を減少する、又長く使用せずして、休息せしむる時は、先づ興奮性を減少し、終に全く興奮性を消滅するものである。

斯くの如く、神經は刺戟に逢ふて、動作するの狀態に移るの機能を有するものにて、之等興奮を誘發せしむる刺戟を、區別されて、器械的刺戟、化學的刺戟、温熱的刺戟、電氣的刺戟、及び生理的刺戟の五種とせられるが、此の温熱刺戟は、温度の昇降により、神經の興奮性を亢進し、又は消滅せしむるものにして、氷点下四度以上より四十五度に至るまでの温熱は、其の温度の昇るに從ふて、其の興奮性亢ぶるも、氷点下四度以下又は四十五度以上の温熱にては、興奮性を減弱又は消失せしむる事になつてゐる。

此の温度の疾病に於ける其の變化は、既にヒポクラテスの時代より研究注目せられたものであつて、漸時經驗上より、温熱とか寒冷とかを、治療上に應用するに至つたので、就中温熱療法が、我が國では主として、艾に火を點ずる方法で發達し、西洋では烙鉄法の形式で、一時流行したのである。身体を燒くと云ふ事は、双方同一なるも、灸治の方が緩和且つ簡便で、艾を使用すると云ふ事が特に面白い點である

灸治は、支那に於て伏羲の昔より始まり、我國に於ける灸の起源は遠く欽明天皇の御字に始まり、當時佛敎と共に支那より輸入せられた

らしく、其頃典藥寮の設けありて、之れに鍼灸の術も專門的に設けられたと云ふ。傳說に由ると最初欽明天皇御自身で、澤山の臣下に据えて、お遣りになつたけれども、其頃未だ艾と云ふものがなかつたので凡て袂屑を用ひたもので、天皇が御据にならうとすると、寮衣に御袂屑がなかつたので、大勢臣下の袂屑を集めさせて、お据えになつたと云ふ事である。其後灸治は幾多の變遷を經、最も大家として永錄年間に吉田意休、元和の頃杉山和一出で、元綠年間には岡本一抱、續いて後藤良山、香川修庵の諸名家出でゝ、灸術を鼓吹するに至つたのである。灸治は斯の如く數千年の歷史を有し、幾億の實驗者を經て、上下階級の間に偉大なる信用と勢力を保全し、輓近醫學醫術の進步發達したる現今に於ても、缺點を忍んで假令因襲的にもせよ、猶土地の都鄙を問はず、階級の上下を論ぜず、依然として相當の信用と勢力を有せるは、爭ふべからざる事實である。未開時代の遺物的療法の、今日猶ほ持續せるは、一見不可解なるが如きも、之れは要するに、温熱的刺戟たる灸治療が、進歩せる今日の醫術に對向し行く丈の、價値充分なるを實驗確認せられたる證據で、又是れ永世不變の眞理が含まれてあらねばならぬ。

又西洋にありては、此の熱療法の一として、烙鉄を使用したもので之の烙鉄法は主として骨及び關節の慢性炎症、種々の神經痛、僂麻質斯性疾患、痛風、癲癇、麻痺セボコンデリー等が主なるものであつて此の烙鉄法に對し、西洋人は如何なる見解を持つてゐたかと云ふと、皮膚を燒灼するのは、一つの誘導法であつて、抑壓された皮膚の働を快復し、神經系統を興奮し、神經痛の反對刺戟となり、又灼熱により生活作用を高め、神經の傳導性亢進し、筋肉の收縮力を強め、病的滲出物を深部より表面に引き出し、且つ除去し得ると考へたのである。殊に斯樣にして、人工的は炎症有害物を排泄して、深遠作用を營むものであつて、云ひ換ふれば人工的に出來た轉移は、對抗的の作用があつて、固有の病竈の、生活機能を誘導すべきであると考へて居つたのである。斯様な見解の下に烙鉄法を種々の病氣に應用したのであつた斯の如く、温熱を病氣に應用する事、數千年の昔より、醫學醫術の進歩發達した現今に於て、尤も根強く又實驗上偉大の効果があつたと云ふ事は、如何なる理由に因るものであるかと云ふ事を、種々研究を重ねられた結果、多年病者の渇仰して止まざる、最新理學に立脚したる、最も理想的療法が創見せられたのである。之れ即ち靈感透熱療法である、透熱療法に就て今日迄種々研究をしてみると、灸療法が今日迄のものにては最も著効ある、理學的療法の一つであつて、之れは今日迄長い歴史と經驗とを持つてゐるのでも解る、而し此の灸療法が、種々の缺点を有してゐることで、灸療をするが爲に、非常の劇痛を感ずる事と、身体に醜き瘢痕を殘し、永生之を取去る事が出來ない事と施灸後其部の壞死に陷り、黴菌の侵入によりて化膿し、永日癒えざる事であつて、所謂現代人の理想とする、美と云ふ事を享樂する主義とは、相容れないといふ缺点を有してゐるが、爲に、大いに施療を制限せられたかの感がある。

斯術は之等の總ての欠点を取去つて、其の中の最も特長とする透熱作用の理想的部分のみを取入れて、之れに吾々生命の主人公たる、心靈の力を充分に應用した處の、最新理想的の療法である。而して、斯術は術者の手掌の熱に依るを以て、熱度の強弱は自由に調節され、强劇なる熱を要する塲合は、任意に强度の熱を出し、弱熱を要する時は又爽快に温暖を感ずる程度に施療する事が出來る。昔から何事を爲すにも、手加減の言葉があるが、丁度斯術の事をいつたかの感がある、病患者に接し、施療する場合、皆此の手加減と靈力との二つの力に依つて、疾病治療に從事するが、此の疾病治療の能力は、修養に因る努力熟練とに依つて得られる處の、眞に尊い技術の極致で、一度斯術を受けた患者、良く生理解剖病理の解つた學者は勿論、氣六つかしい病人や子供衆にも喜こばれ、何時も病患者の讃賞を受けてゐるといふのは尤も斯術が危險でなく、藥の如く副作用を伴なわず、平易に安心して斯術を受けられるといふ許りでなく、如何なる病氣にも、爽快の氣持の中に、何時も著効を奏するが故にして、此の点は絶對に他の治療法の随從を許さない、眞に理想的根本的治療法である。

斯術が精神療法の如く、被術者の精神作用を利用するものと異り、全々理學的であり、危險なる害作用のない限り、斯樣な療法の人生に貴重なるものである事は素より、之れが研究は科學上にも亦裨益する所大なるものある事を信ずる。

第三章　總　論

靈感透熱療法とは、余が初めて名命發表するものにして、前人未發の著述たり、故に世上多くは之れが何たるやを知らざるは當然なり、即ち斯術は、術者の修養に因りて体得せる、手掌の熱を病者の患部に接觸し、神經の末梢を刺戟し、之れを神經中樞に傳導せしめ、神經細胞の官能を調節なすものにして、例令ば異常興奮せるものは之を鎭靜し、萎微せるものは之れを興奮せしめ、其の官能を健全ならしめ、百般適應疾病を治すものにして、換言すれば靈感透熱療法とは、解剖學生理學を基礎として、最新理學から生れた處の、神經整調術であるともいへる。

故に斯術を研究せんと欲せば、須く解剖學生理學の一般知識に通せざるべからずと雖も、本書は其の繁雜を避け、是れを專門の他書に讓り、斯術に關して、最も必要なる要義をのみ記し、初心者をして、短刀直入、一讀直に實行實踐ならしめ、斯術の修養体得の方法を擧げ、口傳秘法を授け、其奥義の何たるやを詳解す、故に本書記する處は、斯術の金科玉條の網羅にして、要は簡短なれば、宜敷全文を熟讀含味して後ち實行せられよ。「讀書百遍自ら義通ず」

第四章　靈感透熱療法施術の概況

先づ靈感透熱療法とは、如何なる形式により、如何なる施術を爲し居るやの概況を記し、未だ斯術を一度も見ざる人々に、其の概念を與へる爲め、施術者患者の應對の狀況を記述して見る。

患者『先生、私は又非常に胃が痛んで苦しくてなりません、どうぞ直ぐ治して下さい』

術者『宜敷しい私の前にお坐りなさい、私の療法は痛んでゐる病氣には速座に効があります、此療法は私の手を貴殿の胃部に當てゝ治しますから、着物を少し寛いで下さい』と患者の胃部を裸出させました。

患者『之れで宜敷う御座いますか』

術者『其で宜敷しい、今私が貴殿の胃部に手を當てますから、少し位熱いのは我慢して居て下さい、今直ぐに胃痛が治り爽快の氣持になります』と術者は傍にある火鉢に一寸手をかざして患者の胃部に二三度接觸した。

患者『熱い〳〵灸より熱いもう少し熱くない樣に御願します』

術者『我慢が出來なかつたら氣持よく温かく致しませう』

患者『あゝ非常に良い氣持です』

術者『宜敷しいもう治りました』

患者『アラッ……すつかり治りました、どうして此の樣に早く治るのでせう、不思議ですね』と患者は、只病氣が何處に行つたやらすつかり治つたのよりも、術者の手を當てられるのが何故熱いのだらうと、不思議の感にうたれて居る。

術者『斯術は、他の治療法に比して絶對に危險がなく、安全で且つ有効無害である。而して諸種の疾病に對するや、治効が早く、器械、藥物、電氣、等をも用ひず、それかといつて精神療法の如く、暗示、豫期作用、及び患者の信仰を必要とせず、奏効確實顯著なるが故に、一般世人からも、學者有識者からも、最も斯術を信用するのです。今貴殿が不思議と云はれたが、決して不思議ではありません。斯術は解剖學、生理學、靈醫學を基礎として、現今の學術の上に立脚して生れた處の合理的療法です。それで病氣が直ぐ治つたからとて、不思議にはなりません。病氣はチャント治る樣になつて居ります。寧ろ治らないと云ふ事が不思議です、今其の學理のお話し致しませう』

患者『病氣が治ると云ふ事は不思議でないかも知れませんが、先生の手はどうして彼様に熱いのですか、先生の手を當てられた局部は、今でもぽか〳〵と暖くなつて非常に良い氣持です』

術者『手の熱いと云ふ事は、斯術の特長で、斯術の秘傳又は極意奥義とも云ふ可きもので、つまり斯術の生命ともなるのですが、あまり話が長くなりますから、此の治療室を出てゆつくり、次の傳授室でお話いたしませう』

第五章　生命の神秘

生命とは何者であるか、生命とは生るの力である。吾人の身体には生命がある。即ち生るの力がある。然しながら、此の生るの力は何處に存在して、何時發生し何時滅却するもので有るか、大凡機生体に於て、生活顯象を提起すべき原基を名付けて細胞といふ・此の細胞なるものは、又一個の機生体であつて、發育、蕃殖及び養分の攝收類化等の、諸生活機能を有するものである・初め吾人の身体の發生初期の細胞は、女性の胎宮に於て、雄精細胞及び雌精細胞なる兩性の生殖細胞が、交情結合することに依つて、始めて發生したる只だ一個の卵細胞と云ふ人間の第一細胞から始まるのである。此の第一細胞は、實に不可思議なる順序と方法とによりて、先づ二個に分裂し、各自完全なる細胞（第一細胞は直徑僅かに二毛余一分の百分の三の微細なる袋樣である）となり、更に又分裂して四個の完全なる細胞となり、斯の如く八個十六個と次第に分裂增殖して、一個の細胞集團が出來るのである斯く細胞集團が出來れば、細胞中に分業が起り、細胞の變質が始まり或るものは神經機官の細胞となり、或るものは呼吸機官の細胞となり又或るものは營養機官の細胞となる等、千狀万態の分業的變化を開始し、更に益々分裂して、初期の胎兒の複雜なる身体を作るのである。

斯の如くにして出來上りたる胎兒の身体は、過去數十萬年に遡る先天的遺傳の計畫に基き、一糸紊れず、厘毛の差違なく、成り立つものにして、其の組織中には、吾々の祖先の生物が經過し來りたる、各時代の生活狀態の史蹟を歷々として保存して居るのである。斯の如く偉大なる生物變態の原因を包藏して居る處の、人間其他高等動物の第一細胞の靈覺に關して、吾々は何と想像して然る可きであるか、之れを思へば、只茫然として自失するより外は無いのである。然らば吾々の生命なるものは、第一細胞の發生と同時に、其の源を有したるものにして、吾人の生命の所在は、亦此の細胞の內部であらねばならぬ。

第六章　細胞の形態及構造

凡そ細胞はシライデン、シュワン氏等に於て確定せられしものにして、一理生体にのみ固有し、無生体には決して見る事なき一つの有形生物にして、大小不同にして、種々の形狀をなすものがある、けれども、普通の形狀は球形にして、質頗る柔軟で、其大なるものにして直徑一寸の百分の一位にして、肉眼では外形だけでも見わかぬる程度のもので有つて、高度の顯微鏡にて、始めて內部の構造大体が僅かに見わる位の大きさを有し、小なるものは、直徑一寸の數千分の一にもならぬものがある。其の構造は、原形質核皮膜の三部よりなる、原形質即ちプロトプラスマは、粘稠蛋白様の物質にして、至細に之を顯すれば、微細の纖維素網狀をなし、所々に粿粒を含有するものにして、核膜核層硬質よりなり、此のものは二部に分れて、一部は色素により染まるにより、之を染色質と言ひ、他の一部は染まらざるを以て、之を非染色質と言ふ。近年の學說によれば、母体內に於て男女の性別は、此の染色体の多少に因りて成されるものと言ふ說が、最も有力となりたり、又皮膜は、細胞の外圍を被覆するものにして、間々外皮を有せざる裸体の細胞も有るけれども、通常は皆自家防備の爲めに、半透明の表皮を有するものである。

第七章　細胞の分裂

母の胎內に於て發生したる人間の第一細胞は、次第に分裂して、遂には無數の種々なる細胞となるのであるが、其の分裂の狀況及順序は大略左の如くなる。

(一)細胞が分裂せんとする時には、原形質中に二箇の中心体が出現する、之れは人間の生命の主体たる、細胞の神靈的生活力の中心である此の二箇の中心体は、次第に相離れて、細胞の兩端に近き處に其の位置を定む、非染色体は兩中心体の間に紡錐狀態に集合して、兩中心体聯結の狀を爲し、纏綿して集團狀を爲し居たる染色體は、散解して原形質中の二箇の中心体の間に整列するかの如き狀態をなす。斯の如く整列狀を爲したる染色体は、貳箇の中心体の爲に引裂かれるかの狀況を表して、各片とも縱に切斷せられて、倍數の染色体と成るのである、染色体の分裂に續いて、細胞の中央の外皮に凹形の溝が出來る、瓢形に結び切りが現はれて、次第に隔壁が出來ると共に、細胞は貳箇に分裂して、各完全なる細胞となるのである。

人間細胞の構造と、其の分裂の狀況とは、大略前述の如くである、斯の如き細胞が暫時の間に、幾百億又は幾千億と云ふ驚く可き數に分裂を爲すのである、斯く分裂なしたる細胞は、神變不可思議不可解なる一定の法則の基に、甲は神經となり、乙は骨となり、丙は筋肉となり、丁に血液となり毛髮となりて、吾人の身体を造り上げるのである。實に造化の妙又奇なりと謂ふ可きなり。此の摩訶不可思議なる細胞の機能として、現在吾々に了解せられて居る所の、各種內分泌の機能の如きは、意外の處に意外の機能を出現して、頻りに學者を驚殺して居るのである。例へば副甲狀腺の如く、粟粒大の腺細胞が、人間の生命に關係し、之れが破滅は、生長障害、骨形成障碍等又は筋痙攣を來たし、又甲狀腺を剔出すれば神經殊に交感神經の障碍、粘液水腫、新陳代謝減弱、溫調節障碍生長底止、肝腎變性等を來して死する等、或は胸腺副腎の腺細胞が、人間の死命を左右する內分泌が存在する等、細胞の神靈的の狀況は、殆ど吾人の知能精神を以ては、計り識る可からざるものがある。

第八章　血　球

吾々が身体中の血液の全量は、凡そ全体量の十三分の一に當り、即ち十三貫の体重ある人は、其の血液の量は一貫目ある事になる、而して其の四分の一は、常に心臟及び血管を充して、其の殘り四分の參は肝臟と筋肉諸器官に等分されて居る。今此の血液を顯微鏡で檢るときは、中に二種の血球を見る事が出來る、之れ即ち白血球、赤血球にして吾々身体の生命保續に、偉大なる役務を行ひ、不可思議極まる働きを爲すのである。

白血球は赤血球より大にして、アメーバ樣の自働運動を有し、血液及び淋巴液中に游動しつゝ生活する所の無色の細胞にして、實は血球ではない、白血球は外圍に包皮を有せず、裸體の細胞と云ふ可き物である。實體は一種の原形質にして、中央に核を有す、其の職務は有害黴菌や、腐敗物若しくは老朽したる組織を食物として、之れを呑食して生活增殖する處の、單細胞生物で、正當なる名前は、喰毒細胞と云ふ可きもので有る。此の細胞は、非常に活潑なる運動を爲すものにして、其の形體は、時々刻々に變化するものであつて、常に吾人の疾病を惹起するる諸種の細菌即ちコレラ菌、チブス菌、結核菌其他の、有害物を探索しつゝ、身體內を巡回する役目を持つて居る。白血球は、害物を破壞して、之を食物として生殖する生物であるが故に、害物が多量なる丈け隨つて其の增殖が神速である譯にして、大抵一分時間にして二倍の數に分裂增殖する力を持つて居る。故に一晝夜の中に、一箇の白血球は、幾千萬と云ふ數に增殖する。腫物の膿汁中には、白血球が害物破壞の爲に增殖群集して居るので、吾々の腫物の皮膚の腫物の口よりは、有害細菌の侵入增殖し得難き譯である。白血球の大さは、直徑一寸の二百分の一位のもので有る。

白血球は其の職務を行ふ爲に、小さき孔口を自由自在に出入する奇妙なる力を持つて居る。假りに、白血球の大さを人間程あるものとすれば、人の口腔位の小孔を巧に出入する事が出來る、其は如何なる場合に斯の如き事が起るかと云へば、白血球が血液と共に脈管の毛細管を巡回して居る間にも、毛細管の壁の外側に、有害細菌若しくは脚敗物等の存生する事を覺知する時は、直に其の毛細管の壁の小孔をくぐり出でて毛細管外の組織中に入り込みて、有害物を呑喰し、再び元の小孔をくぐりて、毛細管中に戻るのである。吾々の身體中に存在する白血球は其の數幾千億なるやも知られない、常に脈管淋巴管中を警戒しつゝ巡回して、有害菌や毒物を破壞しつゝ、吾々の身體の健康を保全する能力は、如何に偉大なるものであるか、斯の如き大自在力を有する所の白血球は、脾臟、淋巴腺、骨髓等の內部に於て製造せられるのである

赤血球は、頗る細胞に類するも、白血球の如く自動運動を有せず、柔軟にして彈力性の平圓狀にして、中央凹陷をなし、單層は帶綠黃色にして、厚き層をなす時は赤色を現す。之れは中央の凹陷する爲、其面に受ける光を集合して、反射するに基くものにして、血液の不透明なるも、亦之の反射に依るとされて居る。赤血球は、白血球と同じく外包を有せざる物であるが、白血球と異なりて、赤血球は核を有さず故に白血球の如く、自身に分裂して增殖する性質をもつて居ないので

ある。而して、赤血球の製造せられ、又死亡滅失する處は、脾《ひ》臓《ざう》、肝《かん》臓《ざう》及び各部の骨髄中に限られ、血液一立方の中に包む處の血球の數は一億五千萬に達し、之等の血球は、三四週間の生命を有して居ると云ふ事である。此の赤血球の職務は、組織の營養物質代謝の主動作を爲し、營養物を含める赤血球は、肺の毛細管より身體各部の組織の毛細管へ、酸化ヘモグロビンと云ふ有機化合物の形式を以て酸素を運送し各部の組織より、肺《はい》へ戻る歸り路に於ては、炭《たん》酸《さん》ヘモグロビンと云ふ有《ゆう》機《き》化《くわ》合《ごう》物《ぶつ》の形式を以て、炭酸を持ち歸る。ヘモグロビンは、又一種の蛋白質にして、其の成分中千分の四の鉄を含んで居る、此の鉄は其の分量極《きわ》めて僅少で有るけれども、其の効能は極めて偉《い》大《だい》なるものであつて、動物の身体が酸《さん》素《そ》の供給を得て生活機能を活動し得る所のものは、此の鉄の爲めに出來るので、若し此の鉄が缺亡するか、或は此の鉄《てつ》が酸素と結合する事が防《ぼう》害《がい》せらるゝに於ては、人間の如き高等動物は、僅々一二分間にして死亡する。之即ち動物の窒息死《ちつそくし》と云ふものである。

斯の如く、赤血球《せつけつきう》が吾人身體の生活を維持《いじ》する爲めに、酸素を供給して炭酸を排除《はいじよ》する能力は偉大なるものにして、決して他の細胞の能力に劣るもので無い、以つて赤血球が如何なる吾人生命の上に職務を行ふ所のもので有るかが分るのである。

第九章 神經

吾々の身體は、外界の刺戟に應じて非常に鋭敏《へいびん》なる感覺性《かんかくせい》を有する物にして、種々の反應や、動作を爲すものである事は、皆人の知る處である。之れ實に神經の存するが爲めにして、神經は、體內《たいない》總ての組織中に入り、其の作用を爲すものにして此の神經の系統には、動物性神經及び植物性神經の二大系統《けいとう》ありて、之れ等は如何なる事を司《つかさ》どるかと云ふに、動物性神經は、心的作用を司どり、植物性神經は生理的作用を司るものにして、吾々身體の筋肉は之を組織上より分つ時は、横紋筋《おうもいきん》と平滑筋《へいこつきん》との二つに分れ、橫紋筋は意の儘に活動するが故に、之を隨意筋と稱し、平滑筋は意の如くならざるが故に、之れを一に不隨意筋と稱す、上は動物性神經之を支配し、下は植物性神經之を支配するのである、而して平滑筋とは、吾人の各內臟を組織する筋肉、血管、淋巴管腺《りんぱくわんせん》にして、之れ等は消化、吸收《きうしゆう》、排泄《はいせつ》、血行《けつこう》、器官を構成する、又隨意筋より成る處の各組織は、運動感覺等の如き心理作用を司どる筋にして、手足等の如く意の儘に動かす事の出來る筋肉なり。

而して之等隨意不隨意《ずいいふずいい》に働かす神經には中樞器（神經灰白質）傳導器（神經纖維）末梢器（各神經特異の末端裝置）に大別されて、其の中に感流《かんりう》と各付く可き、一種の流動性の感働力を發生する性質を持つてゐる（之れを吾人は生物電氣と云ふ、之の電氣の放射に依りて寫眞乾板に感《かん》光《こう》現《げん》象《ぞう》を呈せしむる事が出來、又之れが應用に依りて、不可思議なる心靈現象を提起する事が出來る）之れに由つて、或る末梢器《まつしようき》が刺戟を受けると、傳導器に由つて中樞器に傳達される。之れを生理學上にては、求心性傳導と云ひ、動物性神經系統にありては、其の神經を知覺神經と名付けらる、此の中樞器に受けたる感流に由り、中樞にありては不可思議なる機能を起し、適宜其れに對する反應を、中樞より末梢に向つて傳導される、之れを遠《さう》心《しん》性《せい》傳《でん》導《さう》と云ひ、又之れを司どる神經を命令神經、或は運動神經と名付られ、筋肉《きんにく》に來りその收縮《しゆうしく》を起さしめ、腺に來り其の分泌を起さしむる事になつて居る。神經系統の組織の研究は、解剖學上に於て、最も複雜困難なる部類に屬するものにして、或る一部分の説明を試むるに於てすらも、大部分の著述を要するものであるから、玆には只本論に必要なる部分に關して極めて概略《がいりやく》の説明を爲すに止むる、故に詳細の事は專門の書籍に就て研究せられねばならぬ・神經系統は灰白質と白質との二種のものより成り立つて居る、神經灰白質は神經細胞の集合したるものにして、灰白色を呈し、主として腦《のう》髓《ずい》の外面脊《せき》髓《ずい》の中軸交感神經節、其他處々の神經節中に存在し、神經の主体を爲すものである。神經細胞は、多くは包《ほう》形《けい》を爲したる小嚢にして、强度の顯微鏡にて、僅かに見ゆる程度の極めて微細なる物で、內部には半液狀態と、核狀態とを有し、之等は血液より自家生活に必要なる養分を攝收《せつしゆう》して生活してゐる・神經細胞は通常の場合には、長《ちよ》短《たん》數條《すうじよう》の神經纖維が四方に發射《はつしや》して居る・此等の神經纖維の中で長き方のものを、軸索突起、又は軸索と稱し、腦及脊髓中を走り、或は此等の中樞部の外に出で、筋皮膚諸種內臟五官器等に來り、丁度筆《ふで》の如く、末端は細《さい》毛狀《もうじよう》を爲してゐる、之れを神經末梢と云ひ、かゝるものは通常多數集りて、其數幾千萬條に達し、小なる筆《ふで》の軸《じく》ほどの大さを爲してゐる所もある。之れを神經束と云ふ、又短

き方のものを、原形質突起と云ひ、神經細胞の附近周圍に停止して居る

神經白質は、神經纖維の集合したるものにして、神經纖維は中軸《ちうじく》と外皮とより成り、極めて、微細なる白色柔軟の腺狀体である。中軸と外皮との間に髓鞘《ずいしよう》を被むるを有髓神經と有ひ、之れ無きを無髓神經纖維と云ふ。外皮は脂肪質より成り、之をシュワン氏鞘と云ふ。此神經纖維が、其の末端に至れば、少許の間は、鞘を脫出して、神經實質が露出してゐる、之れを强力なる顯微鏡を以て見る時は、數十條數百千條の細毛に分かれ、其の尖端には、一々圓盤が附着して、各々組織に分佈《ぶんふ》されて居る。神經纖維には、求心性《きうしんせい》神經即ち知覺神經と、遠心性《えんしんせい》神經即ち命令神經との二種が有るけれども、其の構造は、大体に於て異る所は無いらしい。只末梢細毛の尖端に附着する圓盤が、命令神經の方に於て少しく、大形にして不正形を爲して居るが如く見ゆるのである。

第十章　變態心理作用

斯の如く分佈されたる吾々の動物性神經は、百般精神機能の主府たる、腦中樞が其の主催を掌握し、神經中樞の總大將である。而して此の腦には、數多の中樞がありて、部分に依り其の働を異にし、各々其職務を分《ぶん》擔《たん》してゐる。例へば知覺領、運動領、聯想領、視領、聽領、嗅領、味領、言語領、溫領等ありて、思考、意志、觀念、想像、推理、理解、判斷、記憶その他高尙なる精神作用が、之れ等の中樞にて、專ら營まれる。今吾々が歩行せんと思意すれば歩行し、跳《てう》躍《やく》せんと思意すれば跳躍を爲す、發聲せんと欲すれば發聲し、食物を喰わんと欲すれば之れ皆、吾々の腦に於ける命令を末梢に傳へ、運動を起させる一例である。又吾々は怪《け》我《が》をすれば其の大小に依り、其れに相應じたる疼《とう》痛《つう》を感じ、炭火に觸るれば堪へ難き灼熱を感ず、或は打撲、抓り等に由り、其れ相應の感覺がある。之れは前述の知覺神經の末梢が、之れ等の刺戟を、腦の知覺領に傳達され、傳達されたる腦中樞《のうちうすう》に於ては、痛《いた》ひ、痒《かゆ》ひ、熱《あつ》ひ、等の感覺を起すと云ふ事は、吾々が日常經驗して居る處であるが、是處に、吾々が火を握《にぎ》り、熱湯に手を入れても、熱痛を感せない事が出來ると云へば如何ん、其那《そんな》事《こと》は、有り得可き事なし出來無い、噓《うそ》だ、若し出來たらそれこそ不思議だと、多くの人は云ふであらう。其の噓、不思議が何等の詐術、及び手品に由らず、之れ等が當然出來る事を證明されて居る。此の學科を近年、心理の變態と云ふ處から、之れを變態心理と名付けられるので有る。

余は嘗つて中學生に催眠術をかけて、炭火の塊《かたまり》を手掌の上に載《の》せて之れは氷である、冷たいだらうと暗示すれば、被術者は、其の火の熱さを感せなかつた事を實驗した、又或る時豫じめ催眠《さいみん》せしめたる者に冷却せる火箸《ひばし》を握らせ、火傷したとの暗示を與へしに、被術者の方では實際に眞赤に燒けたる火箸《ひはし》に觸れたと想ひ、其の手は恰も眞に火傷したと同樣に、眞赤になつて熱いと云つて泣き出した事がある。又催眠被術者に、針を刺して尠しも痛まない事を豫め暗示せしに、被術者は針の痛を少しも感せなかつた、又其れと反對に此度は針《はり》を貫くから非常は痛ひと云ひしに、今だ針の皮膚に接觸せざる以前に於て、痛ひ〳〵と云ひ出した、其他被術者にお茶を飮ませ、砂糖湯だから甘いと暗示せしに、被術者は非常に甘いと云ひ、苦い胃藥《いやく》を前述の如く、甘いと暗示せしに、其の味はやはり甘く感せしむる事が出來た。斯の如く、吾々は通常火は熱ひ、水は冷い、砂糖は甘ひ、塩はからひと極まつて居るが、一端催眠狀態に爲る時は、其の火が冷く感じ、苦い胃藥が甘く感じ、冷い火箸で火傷する事は、如何なる理由に基《もとづ》くか、少しく其の催眠狀態を解述して見やう。

第十一章　観念の力

吾々精神作用は、吾々の肉体を左右する變態的な能力を有すると云ふ事は、彼の催眠術を以て説明する事が、最も早く、尤も便利に理解する事が出來る、本書は催眠術書には非ざるも、説明の、便利なるを以て、少しく催眠術は如何なる精神狀態であるかを記述して見る。

純粹《じゅんすい》の催眠狀態とは、被催眠者の有ゆる思念の一時休止したる。無念無想の狀態である。從つて此の狀態にある間は、被催眠者は、時間空間の觀念を超越してゐる、然し意識は決して消滅《しょうめつ》してゐない、意識ある無念無想の狀態であると云ふ事が出來る、と云ふのは催眠感受性の良好なる被術者を靜座させて、適當なる深さの催眠狀態に導き、或は其の手を上げ、或は其の体を曲げて、二三特種の姿勢を與へたる後ち、十分間乃至二三十分間、何等の暗示も與へずに靜座させ置き、扱《さ》て後ち此れて覺醒せしめ先づ『君は今何を考へてゐたか』といふと必ず『何も考へて居なかつた』と答へる次に『今君の手が上つて居た時掌は上を向いて居たか又は下を向いて居たか』と問ふと必ず『知らない』と答へる『それでは君《きみ》は眠《ねむ》つてゐたか』と問ふと必ず又『決して眠つてゐなかつた』と答へる『それでは先刻《せんこく》僕が、君を其處へ坐らせてから、今呼び醒す迄大凡何時間程經つたかと思ふか』と問ふて見ると正直な者ならば暫《しばら》く考へた後ち『全く見當が付かぬ』と答へるのである、例へ其際何分間とか、何時間とか答える者があつても、其れは醒めてから好い加減に想像して答へるのであつて、全く見當が付ないのが當り前である。これが催眠狀態の第一特色になつてゐる、然し斯ふ云ふ狀態は吾々の覺醒狀態中にも、往々《おうおう》自然に起る事がある、例へば吾人が或る一事に熱中して、熱心に物事を考へた揚句とか、一生懸命に身体を働かした揚句とかに、ボートして、まるで頭の中が空虚《くうきよ》になつた樣な場合に遭遇《さうぐう》する事がある、此の覺醒中の虛心狀態《きよしんじよたい》が、頗る催眠狀態に類似してゐるのであつて、一面から言ふと、催眠は虛心狀態の固定《こてい》したものといふ事が出來るのである。

又次に、純粹の催眠狀態は、有らゆる暗示感受性の最も亢進したる狀態であつて、何なる暗示にも、殆ど無批判で、無抵抗で、服從し得る狀態である。從つて又、此の狀態は吾々の意志作用の殆ど消滅したる狀態であると云ふ事も出來る、故に術者の暗示《あんし》は、被術者直接に自動精神となり、如何なる荒唐無稽《わうさうむこつ》なる暗示をも、何等の批評判斷《ひじようはんだん》をも下し得ぬ事になると云ふのは、適當なる深さの催眠狀態にある被術者に、一度暗示を與へる時は、被術者は其の暗示に從つて、どん／＼と活動して來る、手が上ると云へば手が上り、足が動くと云へば足が動く、物が言へると云へば語を云ふ、驅足《かけあし》が出來ると云へば驅足が出來る、今度は上つた手が下りないと云へば、手が上つた儘《まゝ》下りない、立つた足が疊に付いて動かないと云へば、どう、もがいても足が動かない、之れは菓子だといつて、與ふれば、蠟燭《ろうそく》でも旨さうに食ひ、之れは苦いものと暗示すれば、一端口に入れた砂糖でも吐《は》き出して了う更に枕を與へて小犬だと云へば、恰も小犬を抱いてゐる樣に、これを愛撫し、更に襷を擧げて蛇だと云へば、眞實の蛇に對するが如く、恐れ戰いて逃げまどう、そればかりでは無く、あの机が物を云つて居る聞いて來いと云へば、忽ち其の机の側に寄つて、應對するが如く、應對し、又此の部屋中の椅子が、蹈《おど》りだしたと暗示すれば、暫く驚異《きょうい》の眼を見張つて、眺めて居た、後ち、遂には自分も其の椅子《いす》と一緒に踊《おど》り出すと云ふ樣な滑稽を演ずる。其他如何なる不合理な命令、如何なる妄謎な暗示にも、殆ど無批判で服從すること、響《ひび》きの物に應ずるが如くである・此の現象は、又吾々の自己催眠と云つて、自から斯る心狀態になる事も出來る、要するに、催眠術現象は、他から與へられたる暗示か、自己の精神として働くのであるから、何の疑《うたがひ》もなく自己の心の儘に働作するに、何の不可思議もない、例へば、世人は自己が心に由つて歩行して居る場合、又は馳足《かけあし》しやうと思ひて、馳足するに何の不可思議も感ぜ無いのと同じ理になる。若し自己の心に依つて歩行するに、他人又は他物が、吾を動かし歩行させるかの如く思意する人があらうか、斯の如く催眠狀態なるものは、施術者の暗示は、被術者の精神となり、何の支障《ししやう》も疑《うたがい》もなく、自己の觀念として、其れに相當する運動が、ドンドン現れて來る、若し吾々が、自からかゝる心狀態となり、或る一つの觀念を作り、強く思念《しねん》し、其れが他の意志を占領《せんれう》する時は、必ず其れに相當する運動が現れて來なければならぬ。

　前述の如く、大腦《だいのう》灰《たん》白質《はくしつ》中に營まれる百般精神作用は、自己の固定觀念に由りて、心理作用の變態《へんたい》を生ずる故に、今若し自己に、火は熱くない、氷は熱い、熱湯は冷たいと強く思意し、之が固定觀念を得れば、火と雖も熱さを感ぜず、熱湯と雖も冷水の如く感ずると云ふ事は必ず出來得可き事にして、何も不可思議は無い事になる、即ち吾々の心理作用は、吾々の觀念に由つて左右し得可きもので有ると云ふ事が斯術即ち靈感透熱療法体得の第一步で、最も重要なる秘訣《ひけつ》である事を良く〳〵理解記憶して置いて戴きたい。

第十二章　斯術體得根本要義（斯術とは靈感透熱療法の意）

斯術体得法の第一要義は、觀念修養《くわんねんしゆよう》にある。例へば、他人の耐《た》へ得ざる熱に平氣で耐へ得る手を他人の皮膚に接觸《せつしよく》すれば、そこに術者と被術者との熱感覺に差を生ずる、其の生じたる差だけは、被術者の方へ多く熱刺戟を感ぜしめる理となる、處が實際實驗して見ると、そう旨《うま》く行かないと云ふのは、何故旨く行かないか、吾々が火は熱いものに非ずと觀念すれば、決して熱痛を感ずる事は前述の幾多の例によりて理論上無い筈であるけれとも、實際の經驗に於ては、吾人が一定の觀念を思ひ浮べても、それに相應する身体的變動の現れて來ない事がある、之れは何故であるか、例へば、吾人が『俺《われ》の手は熱く無い』と觀念して見る、さうすれば理論上吾人の手は熱く無い筈である、處が吾人が斯く觀念するにも拘はらず、吾人の手は熱く感ずる、其れは何故であるか、吾人が筆《ふで》の軸《じく》を手掌に當てゝ『それは燒火箸《やきひばし》である』と觀念して見る、さうすれば、理論上吾人の手掌に火傷を生ず可き筈である、所が吾人が斯く觀念するにも拘はらず、火傷《やけど》の生ぜざるは何故であるか、それには次の如き理由がある。

第一は反對觀念がありて、防害《ほうがい》する事である、吾人が『俺の手は熱くない』と觀念しても、其れと同時に他方にありては『實は俺の手は熱いのだ』と云ふ、反對觀念が現れて、前の觀念の活動を防害する、其れで『吾人の手は熱くない』と云ふ觀念を裏切つて、熱いのである吾人が筆《ふで》の軸《じく》を手掌に當てゝ『それは燒火箸である』と觀念しても、其れと同時に他方に於ては『實は燒火箸でない』と云ふ反對觀念が現れて、前の觀念の活動を妨害する、それで『それは燒火箸である』と云ふ觀念を裏切つて、吾人の手掌に火傷を生じないのである、けれども吾人が『俺の手は熱くない』と觀念したる時、之れに反對すべき何等の觀念もなく、唯此の一觀念のみが、吾人の知覺領を觸占したならば其時には此の觀念が力一杯に活動して、吾人の手は熱痛を感ぜ無いのである、若し之れに反對する觀念が全くないならば、其れが十分に活動して、手掌《てのひら》に火傷を生ずるのである、被催眠者に暗示を與へると、彼の身体には暗示した通りに、種々の變動か現れて來る、是は彼の精神中に、暗示に反對する觀念が全然無いからである、吾々に一定の觀念が現れても、それが身体の上に何等の變動をも惹起し得ないのは、反對觀念が防害するからである、若し反對觀念が全然なくなりて、一定觀念の働的反應を妨げざる時には、必ずや無抵抗に、其の觀念に相當する感覺なりを惹起《じやき》する事になる。

若し之れが疾病に關するものであれば、其れに相應したる種々の病的症狀を實現するのである、例へば、胃病の觀念があれば、胃病の症狀を現し、肺病《はいびやう》の觀念があれば肺病の自覺症狀が起つて來る、例へ胃《い》肺《はい》に解剖的變化を有せざるに拘らず、矢張《やはり》實際の胃病患者の樣に胃部に於ける食物停滯《ていたい》の感覺や、消化不良の症狀を呈する樣になる、又肺結核《はいけつかく》の觀念あれば、毫も其の病が無いのに、咳嗽が出たり、啖が出たり、熱が出たりして、丁度肺結核の樣な症狀を呈するが如き是れである。又甚だ妊娠《にんしん》を恐るゝ婦人に於ては、妊娠しなのに、月經《げつけい》が止まり、酸味《さんみ》のものを好み、腹部が膨張し、全く妊娠した樣な徵候《ちようこう》を呈することもある。啻に胃病や肺病ばかりで無く、心臟病、子宮病、脚氣等に關しても、同樣に其の觀念に應じたる種々の感覺を現出して、自覺症狀のみは、確に實際の疾病に於けると同樣に訴ふるものである。

第二は吾々が、或る一定觀念を起すと雖も、其の力微弱《びじやく》なるか、又薄弱《はくじやく》なる時にありては、例へ反對觀念が無くとも、吾人の身体に現はれ無い事がある、又反對觀念が有つて、其の微弱なる一定觀念に抵抗防碍《ぼうがい》する時は、尙更ら活動する事は不可能である、本論に基いて、今吾々が手を火焰の中に突込んでも、熱さを感ぜずと云ふ一定觀念を起したと假定し、之れを實際に實驗して見る時は、其の薄弱《はくじやく》なる觀念にては、吾々の知覺は、如何とも爲す事能はず、忽ち吾人の手は、火傷して二度と火焰に接する事は出來ない迄に、熱痛を感ずるものであると云ふ事は、吾々の觀念の力が微弱であつて、吾々の知覺を左右するに、餘りに力が足り無い、餘りに力が弱過《よはす》ぎる爲である。

世上多く、酒煙草の害を知悉して、是非之れ等を止めばならぬと口癖の樣にいふ人を良く耳にするが、其の當人も自己としては、非常に其の酒煙草の有害なる事を經驗し、之れを排《はい》せねばならぬといふ觀念は絶えず有るが、どうしても之をやめ切らない、いや止まない、又肺結核患者に向つて、肺病は心配が一番毒だから、決して心配してはならないといつても、又當人も其通りである、心配は一番害になる、決して心配はしまいと思ふても、其の考への直ぐ後から、家の事を思ひ子供の事が氣になりて、前途を悲觀し、それが爲に病氣もだん／＼惡くなるといふ始末は、之れ等の反對觀念に打ち克《か》つ事が出來ないからである。學校でも盛んに德育に努め、社會の識者も口を酸くして、人格修養の必要を說いてゐるにも拘はらず、知識階級に屬する者にありても、隨分《ずいぶん》惡い事や耻ず可き事をする者が多いやうである、知らずしてするのなら兎も角、充分之等を惡いと知りつゝ、之を爲し、又德義《とくぎ》を口に說き乍ら、破廉耻な事を爲す、之れ等の幾多の事實より、吾々人間の精神を能く研究して見ると、普通の心の奧に、も一つの他の心があつて、其の奥の方の心に向つて、徹底しない限り、如何程道理や修養を說いても『馬の耳に念佛』と等しく、百の修養、觀念も水泡である、心理學に於ては、吾々の普通の心を、顯在意識と云ひ、其の奥の心を潛在意識と云ふのであるが、世上多く修養の名のもとに、色々の方法が行はれるが、其の修養なるものは此の顯《けん》潛《せん》の二意識が、共同合一の發顯發動にあらざれば、修養の上乘とは申し難いものである。

第三は、觀念の實現可能性である、吾人が如何程強く觀念したからとて、本來不可能の事ならば、それに相應する身体的變動を實現しない筈である、例へば吾人の手は火である、鐵である、石である、木であると如何強く觀念したからとて、吾人の手は、火、鐵、石、木には成り得ない筈である、吾人が如何程昇天を強く觀念したからとて、吾人の身体は天には昇り得ない筈である、吾人が不死を強く觀念したからとて、吾人は到底《とうてい》死《し》を免《まぬ》かれないのである、故に吾々の觀念は、吾々の精神官能を左右し、其れに依りて官理され居る、心理作用に基く身体の或る程度の變化は爲し得るも、吾々の身体は天には昇り得ない死を免れる事は出來ない、稲荷《いなり》下りが如何程自分は何々の狐《きつね》であると観念しても、其の狐の心狀態は模倣しても、狐には成り得ない筈である、故に吾々は如何程強く観念したからとて、不可能の事はやはり不可能である、と云ふ事を知らねばならぬ、若し精神的方法によりて、病氣を治療する場合にありてもさうである、諸病の自覺症狀は直に輕減し得るも、癩病、梅毒、胃癌、虎列剌、赤痢等の如き、器質的疾患にありては、観念による許りでは根治《こんじ》する事が容易ならざるもので、兎も角、官能的疾患よりも、大變に治癒する事困難なものとされて居るのである。

第十三章　心と靈

現今科學の教示する所に依りて、其の終極《しうきよく》を探究すれば、宇宙《うちう》の諸現象は、極めて複雑にして、幽玄であり、靈妙にして不可思議である到底吾々の知能精神を以ては、氷釋《へうしやく》瓦解し得可きものでは無いのである今吾々は、何者が之れを造りつゝ有るか、又何者が之れを官理しつゝ有るか、又何者が之れを維持しつゝ有るか、且つ又、全体に、何の目的の爲めに此の人体を造りつゝ有らうか、更に又、吾々人間の身心の關係を顧み、不可思議なる營爲法則を靜かに熟《じう》考《こう》冥《べい》想《そう》し、吾々以外に、何者かが存在するので有だらうか、吾々以外に何者かが有つて、吾々の運命を支配し、吾々を働かし居るのであらうかと、各種の科學に依つて、提供せられたる、幾多の學理、理論を探究の指針要具となし、之れ等の問題を研究するの時、科學に依つて、説明し能はざる幾多の心靈現象の事實を發見すれば、吾々は幽玄の深雲《しんうん》に迷ひ、造化の妙、谷神の玄と窅冥想するのみである。

先づ靈妙不可思議なる身体の組織構造が、吾々の知能精神、即ち心意の致す所と一般に認められるのは、如何にも單純輕卒《たんじゆんけいそつ》の極である。身体の靈妙《れいみよ》とは、殆ど親子主從の關係にありて、本來顚倒《てんたう》の感がある試みに吾々の心理作用は、身体生育の、如何なる狀況の時期に發生し得可きものであらうか、人間の身体の第一細胞が、母の胎內《たいない》に於て始めて其の一箇の形体を現出した時には、既に其の細胞には、偉大なる靈能靈覺が存在して、茲に人間生命の端緒《たんしよ》が發生するのであるが、其の一箇の第一細胞と同時に、人間の心、即ち精神作用の存在する事は出來ないのである、然らば、吾人の精神作用なるものは、第一細胞の如何なる程度迄に、分裂增殖《ぶんれつぞうしよく》したる時に、始めて、發生するもので有らうか、其れは云ふ迄もなく、胎兒の身体に、精神作用の機官《きくわん》が完成したる時、即ち神經系統と、各種の感覺機管の完成したる時でなければならぬ、然らば、胎齡《たいれい》四五ヶ月以後、胎後の身体が外界の壓迫《あつはく》、又は寒熱の刺戟を感受して、自己の存在を感覺認識するに至りたる時に於て、始めて精神作用の發動を見るのである。其れ以前に、神經系統及び感覺《かんかく》機管《きくわん》の、未だ完成せざる時に於て、精神作用の發働する事は出來ないのである。して見れば、吾人の精神作用なるものは、人間身體發育の或る程度に達したる以後に於て、始めて發生する處の專屬《せんぞく》の或る機官に附隨《ふずい》する、一種の機能に外ならぬのである。故に吾人の心なるものは、吾々の身體が、如何に造られつゝあるか、又吾々の生理機能は、如何にして働き居るやをも知らざる所以である。本來精神機官なるものは、他の機官と同様に、身體の生活上に必要なる或特別の使命のもとに作られたるものにして、其の爲に發生したるものなるが故に、其の自己の特別の使命に對しては、相當《そうとう》機敏《きびん》にして、且つ有効なる機能を有するもので有るけれども、其の使命以外の事に關しては、案外無能なる物である、此れが即ち、人間知能精神なるものが、意外に痴鈍《ちどん》なる所以にして、人類の發生以來、何十萬年の進化生育を累積《るいせき》すると雖も、猶且つ自己の生理機能に關してすら、何等自覺する事も出來ないのである。之れに反して、吾々の精神機能を發生せしめたる生命の主人公、即ち吾々の本体は何者であるか。

吾々人間の初期の身体が、猶《な》ほ母の胎内に在つて、未だ人間の形体を爲さず、又未だ吾々の精神作用の端緒《たんしよ》だに、發生せざる以前よりして、既に己に非常なる神靈的偉大なる靈能を發揮して、吾人の身体を建造し、維持して、以つて精神作用を必要の時期に發生せしめて居るのである。左すれば、吾人身体生命の本元にして、又其の眞正《しんせい》の主人公なるものは、此の偉大なる神靈であらねばならぬ事は多言を要しないのである。この靈理作用なるものは、身体の保健上常に神靈的機能を發揮して、如何なる場合に於ても、聊かの違算錯誤を生ずる事なく吾々自己の身体に、如何なる病毒が侵入し、如何なる障害が起りて居るかを、少しも知らない時でも、靈能は、之を疾く、既に、之れを發見して居つて、或は發熱して、病毒を滅却し、或に消化吸收を停止して、毒物を排除する行動を執つて居る、而して、吾々は、身体に何故に斯の如き異變が發生するのであるか、又發生せざるを得ないのであるかに就き、少しも之れを知らないのである、而して、吾人の、疾病が一見恰《ごう》も自然的に消散平癒するの狀況に在るものを見ては、吾人は茲に何等の不思議も無く、當然であるかの如く考へて居るのであるけれども、之れは吾々の本体たる、心意以外に、吾々の靈能が、不可思議なる偉《い》力《りよく》を以て、活動しつゝあるのであつて、決して吾々の痴《ち》鈍《どん》なる心が、思惟するが如く、單《たん》鈍《どん》にして、無意味のものでは無い、故に今日吾々は左の如く斷定する事が出來る。

吾々身体生命の本体は、神靈的知能を有する靈体にして、實に自然界各種勢力の集結したる、天地の精《せい》華《くわ》にして、吾々人間の身体は、此の靈の靈能靈覺に依りて、主宰せられるものである。吾々の心たるものは、其の一端にして、啻吾々に知覺認識する一つの機能に外ならぬ吾々は此の偉大なる靈能を發《はん》顯《けん》せしむる事を研究し、個人的進歩の上にも、社會的國家的發展の上にも、大いに得る處あらねばならぬ、然るに世人、多くは心を働かす事を知りて、靈を働かす事を知らず、心の職務權限を知らずして、無《む》闇《やみ》矢《や》鱈《たら》に心を亢《こう》奮《ふん》逆《ぎやく》上《じよ》し、若返り長壽の法を講ずる現今に於て、短命自殺の修養を體得體驗し、以つて華嚴の水泡、阿蘇山の煙松ケ枝にブランコ猫《ねこ》いらずで人間いらずと消え去つて、將、又、鐵道線路が無上の極樂とは、何たる心性の本分を知らざる徒輩の痴態ぞや、吾々の本体たる、靈あるを知らざるの徒《と》輩《はい》は、國に君主あるを知らず、氣《き》隨《ずい》、我《わが》儘《まま》、自分勝手の事ばかり考へて、窮極魯鈍の心に、懊惱、倦怠、疲勞、挫折、頽敗しても、飽迄我心に執着し、自分の心は良いけれど、自分の思ふ事が叶《かな》はないからいけないとか、何とか彼とか云つて、不平を起し神經衰弱等で苦しんで居る。余はさう人の爲に、先づ自我を靜められよ！、然して靈の眞價を冥想内觀し、靈は如何なる事を叫びつゝあるかを聞けと………

第十四章　是は何の力？

吾々の生命の本元は、靈の主宰せるものにして、心は其の靈に依りて造られたる一能力《のうりよく》の分掌であるものにして、我々を作つた根元《こんげん》ではないと云ふ事を、少しく說いた。而して、吾々は、心に由つて認識せられないが爲に否定し、科學に依つて說明し能はざるが爲に、事實を曲《ま》げる事は出來ない、事實は飽迄事實で事實は理論《りろん》では無い、吾々を建造する、吾々の第一細胞を見よ、彼れに何處に口がある。彼れに何處に眼がある、手がある、足がある、吾々が顯微鏡《けんびきよう》に依りて見得るものは、膠質《にかわひつ》の如き原形質に、一二点の班点《はんてん》のみである、然るに或る機轉に接する時は、口を作り、眼を現し、手を出し、足を出す、不可思議なる潜勢力を有して居る、電氣とは何？エーテルとは何？之等實體不明の怪物が、或る機轉に接する時は、奇々《きき》怪々《くわい〳〵》摩訶《まか》不思議の現象を呈せしむるの力を有す。宇宙の諸現象は、無き力の生ずる事なく、有る現象は有る力の働きに由る、吾々には、吾々を創造したる、不可解の力が有る。其の不可解の力に不可思議の現象を發顯する能力を有して居る、即ち之れ何の力？…………余が、心靈現象の諸問題に附、非常に興味を以て研究しつゝ有る或る日、余の友人某遊《あそ》びに來たり、偶々、心靈の不可思議なる力に話が移り、話の序に余「吾々人間には、不可思議の潜勢力《せんせいりよく》を有し、之れが顯勢力《けんせいりよく》となり、活動發顯爲す時は、居ながらにして千里の先を識り、觸ずして人を動かし得べし」と云ひしに、友人之に極力反對し、然る事なし余「出來る」友人「出來ず」の押問答の末友人「然らば、吾に施し見よ」と云ひ出せり、余も今更ら、右主張《しうちよう》を引込みたく、無く、余『宜敷《よろし》い今夜の十時を期してやりかゝる』と約束《やくそく》爲して別れたり、頃は八月十七日、余想ふに此の結果不成功に終らば、余の主張忽ち地に落ち、心靈の威光に關する一大事なり、余に自信は有れど、扨て如何んと時の來たるを待つ……時刻は良しと、靜かなる一室に閉籠り、或る法式のもとに念力の波及《はきう》を行ふ事暫し、確に手應へ（靈感）ありと室を出でゝ寢床に附く、翌日友人は何氣無き風にて『君やつた事はやつたか、何ともなかつたよ』と云ふ余大いに落膽して『何も君には異變は無かつたか、僕にはもうあれ以上の力は無い、若し感應が無かつたら、今迄の主張取消し、以後かゝる言行を謹《つつし》むから許してくれ』と陳謝頓首せり、而るに友人『ウーン昨夜は悲慘《ひさん》にやられた、實は僕が敗爭で今日は謝りに來た、眞《まこと》に心

靈感應の事實を体驗して、其の偉大なる又不可思議なるに驚いた』と
話は係うである、友人は非常に負嫌ひの剛毅《ごうき》な性質で、腕力《わんりよく》といはず
体格といはず、一人前以上の人で、余が如きは片手で相手にする樣な
り、某は其日、餘りの暑さに、家中にも居堪れず、某町に某及び其の
友人二人と散步に行き、暑さ凌《しの》ぎに或るバーで氷水を注文し、今正に
口に入れんとする一刹那《いちせつな》、ジーンと頭に響《ひび》いたかと思ふとフラ〳〵と
して居堪らず、横臥したり、其の後は無神に不覺、連れの友人の聲に
氣が附き、見れば非常に、氣心配して、看變してくれ居る所なり、胸
惡く惡感、戰慄《せんりつ》して止まず之れは大變……ヤラレタと蒼惶として、バ
ーを出で歸路を急ぐ、道、又二度の襲擊感《しうげきかん》に、大地に腹這ひ、丹田に
力を入れて、漸くにして苦難を免かれ、歸宅早々直に寢床《しんしよう》に入り、夢
幻の惡鬼《あつき》に襲れて、今も猶氣分惡く、もうこり〳〵だ、許してくれと
の嘆願《たんくわん》なり、余の謝りに對して、始めて、右の事實を述べて曰く、友

人『何卒もうやらないでくれ、又今日もやられたら堪らん』との事なれば、余『もう決してやらんから安心し給へ』と云つて別れたり、又翌日友人は非常に憤り來り。友人『昨夜もやつたね、何故やらぬ事を約束して又行つたか』と話に由つては摑《つか》み掛《かか》らん勢に、余は大いに驚きやらざる事實を種々說くや、漸く友人の氣治まりたり……茲に於て余想ふに、何故に翌日迄も斯くありしやに附考へ、餘力の働くものなるや、友人自己の豫期暗示に因る異變なるや……？……　其他吾々が自然に禀有する潜勢力を顯勢力と爲し、百般應用なす時は、實に奇々怪々摩訶不思議の現象を呈し、藥物も與へず、手も觸《ふ》れず病氣を治癒し、惡癖《あくへき》を矯正《たんせい》するに、其の結果實に顯著なるあり、十數年前福來文學博士の千里眼能力者熊本出身御船千鶴子孃に附、透視能力の疑ふ可からざる實績を認め、又長尾高橋の二夫人、渡邊偉哉の諸子に付念寫とて或る一念を幾多の包紙に依つて覆はれたる寫眞乾板に、文字或は任意の形狀等を、感光現象を呈せしむる事の可能を、世に發見せられしより、心靈の現象大いに認めらるるに至る、余が知れる一婦人に、千里眼能力者あり、其の人は芝居《しはい》を見たいと思へば、瞑想して居乍らにして之を觀、其の趣興《しゆこう》面白き事言語に絶すと、又朝鮮の或る鑛山の透覺に因る發見、期米相場の高低豫言等、實に不可思議なる能力を有し、其の豫言實に的中せり、之等に附、頑冥なる多くの科學者は果たして、何と考ふ可きや、心靈現象の一端を述《の》べて一考を煩《わやら》わす

第十五章　靈感透熱療法準備的修養法

前章に於て、靈は吾人人類の生産者にして、天地宇宙の造物主である、小宇宙たる吾々の主將である、心は其の輩下にして、吾々の主宰者ではない、と云ふ事を種々說いた。然るに、世人多くの中には、心氣顚倒して、心主靈從の士ありて、輕擧妄動、何等靈的素養のない、

所謂人間は感情の動物だからとか、何とか申して、瑣細の事に悲憤、慷慨、逆上せしむる事のみ、自己の本分と曲解する、之れでは如何なる事業修養も出來ない、まして斯術体得に於てをやである。故に其の準備的修養法として、左に心氣沈靜の法を、記述して來る可き靈能發顯の下準備となす。

第十六章　心機沈靜法

（A）第一修

先づ、少し厚き紙を以て、直徑二寸位の丸形を作り（之を觀念紙と云ふ）之れの表面に『靈』と記し、之を豫め、下腹部丹田に張り付けるべし、而して後ち靜かなる一室を撰び、中央に座蒲團を敷き、足の拇指を重ねて、其の上に尻を載せて坐し兩膝を左右に開き（和服を着し懷手をなし着物の下、即ち直接其部の皮膚、又はシャツの上にてなす事）下腹部の觀念紙を、上より右手の手掌にて覆《かぶ》せ、次に左の手を以て、右の腕關節（手首）の背部より握り、右の拇指を以て、左の撓骨動脈の搏動部に當て、左の拇指にて、右の撓骨動脈搏動部に當てゝ、（右の方法困難の者は、略方法として、右手掌にて觀念紙《くわんねんし》を覆へば、次に左手にて、右手の腕關節（手首）の背部を握り、左手拇指にて、右手撓骨動脈搏動部に當てゝ、右手拇指の左手撓骨動脈搏動部に當てるに簡略《かんりやく》しても可）最も自由に自然に爲す事、臀部《でんぶ》を後に、下腹部を前に突出し、之に由つて、姿勢の基礎《きそ》を固め脊柱は自然に其の上に眞直にし肩は自然の儘を少しく後方に開く、心持ちに爲し、頭は前後左右に傾く事なく、最も安樂に脊柱の上に安置し、口及眼を輕く閉ずる事。

附言姿勢はあらゆる、心身の養成に至大の關係を有して居るものにして、項垂れ脊曲り、下腹《したはら》凹《くぼ》む人は多く心身に、異狀ある人にして煩悶懊惱せる白痴低腦兒か思索力の缺亡せる人、優柔不斷にして勇氣に乏しき人か、胃腸病、肺病、の人に多く其他總ての、病氣と密接《みつせつ》の關係を有し、惡しき姿勢は不健康にして、百病を生じ、良き姿勢は、精神充實して、心理及生理的作用常に旺盛《おうせい》にして、偉大なる、エネルギーは、良き姿勢に依りて保たる、余の知人に不健者を裸体に爲し、姿勢を前後左右より、之を眺め、此處が惡い、其處を斯うせあゝせと、云つて、姿勢を矯正し、疾病を治癒なす事顯著なるあり、以て姿勢の如何に心身の修養に、重大關係あるかを知べし。

（B）第二修……第一修の基礎の姿勢が、整へたら、先づ五回自己に出來るだけ深く、且つ、長く鼻孔より吸息《きうそく》呼息《こそく》なす、次に臍下丹田に、ウンと力を入れる、此の塲合の呼吸は呼吸の法則等無く、自己の最も容易に呼吸し得る、自然の呼吸に放任する故に呼出吸入に、心を囚れざる樣靜かなる呼吸を鼻《はな》より爲す事。

附言……丹田力に入れる場合は、絶對に頭頸肩胃部を、固く其の部に力を入れる事なく、寧ろ反つて胃部《いぶ》は凹むかの樣に注意する

（C）第三修

第二修の呼吸《こきう》稍《やや》整《ととの》へば、左右の撓骨動脈の搏動を一意右手掌を透して觀念紙及下腹部内に、ドク、ドク、ドク、と搏《う》ち居るが如く一心に念想すべし。若し手の撓骨動脈搏動が、丁度觀念紙及下腹部内に搏ち居るが、如く感ずれば成功なり、次に其の搏動を、一より數へ拾に至り又一に戻りて拾に至る、斯の如く、反覆なす事五十回位にして止む、搏動を數へる際は、全精神を下腹部に集中爲し、自己の樞心を下腹に沈降せしめ、必ず、頭腦《どうのう》を以て、其の搏動を數へるが如く、認識《にんしき》せざる樣努め、其の沈降せしめたる樞心によりて爲す事、斯く爲す時は丹田即ち自己、自己即ち丹田と云ふ境地に到達すべし、此の境地は恰も

首無しの人間の如く、自己の手にて首を檢せざれば、其の存否が判然せざるが如く感ずるものなり。

附言……此の心機沈靜法を行ふ時刻は、毎朝毎食前と、毎夜就寢前とを良とし、一回の時間は、約三四十分乃至一時間を適當とす

第十七章　靈感透熱術體得修養法

本章に於ては、今迄種々說き來りたる斯術の要義を、綜合《そうごう》一丸し、初心者をして一讀直に獨習修養の方法を講ずる事と爲す，此の法は、斯術研究者の本願にして、本法の成否は、直に斯術体得の成否に、一大關係を有するが故に、左の數十行の文字を、良く解し後ち修すべし

(一)空氣の流通良き一室を先づ撰定《せんてい》すべし。

(二)火の入りたる火鉢を整備すべし。

(三)實習者は先づ、火鉢の前に端座冥目して、前術の心機沈靜を暫時

行ひて後、固定觀念を造らねばならぬ、其れは『火は物を燒く事能はず、熱くない冷たい〳〵』と（斯術體得根本要義の項に於て、詳《くわ》しく說いた事を、充分參照諒解せられ、心頭滅却すれば火も又涼し、の觀念を以て）一意專心專念し、開目して前なる火鉢に、右手を差し延べ、炭火の火焰に接する程度に、右手掌の中央を灸る。暫時にして手掌熱に耐へ難くなるのに至り、火焰より手を避け、左右手掌を合掌なす事。熱感去れば、又前なる火鉢に手掌を炙る、斯の如く反復なすこと一時間を以て一回とし、一日三回以上は必ず行ふ事、此の法を、十日間專心修行すれば次に移る。（修養後は、必ず第二編二百二十一頁の頸椎《けいし》自己調整運動法を行ふ事）

第十八章　考古資料

往昔我が國に於て、罪の有無を判定すべき一法として、沸騰せる湯又は油の中に、器物を沈め置き、被疑者に此の沸騰せる熱湯中に手を漬《つ》け探りて、之を取出ださしめ、其の掌の爛《ただ》れざるときは、之れを無罪となし、其の手掌の爛るゝ時は、之れを有罪となしたる記述を見る之れ即ち湯起請、又は盟神探湯の義となす、尙又罪の實否決し難く、之れを糺《ただ》すに鐵片或は鐵棒を燒きて、其の赤熱せるものを把握せしめ之れに依つて火傷するや、否やに由つて、罪の有無を判斷する方法を構せられたる事あり、即ち罪ある者は、手掌燒け爛れ、罪なき者は燒け爛れずと、之れ鐵火又は火起請の義とせられ、探湯と同樣に用ひられ、或は之れと混用せられるが如し。

右は古代歐洲に於て、罪の有無を判定すべき一法として行われしものが、東洋に傳はりしものゝ如し、支那に於ても之れに類する種々なる方法行はれたるが如く、本邦に於ては、應神天皇の朝に始まる、而して、此時恰も百濟より博士王仁來朝して、皇子稚郎子（ワカイラッコ）に漢字を傳へたる時に一致せるを見れば、或は文字と共に大陸より傳はりたるものならんか。醫學博士高田義一郎氏著くかたち考に記述あり今此の探湯及鐵火に就きて同氏の書說を抄錄《しようろく》すれば次の如し

余は茲に本邦に於ける探湯の稱呼、事實等を列記せんことを欲するも、之に先ちて何が故に熱湯中に手を入れて甚だしく損傷《そんしよう》を蒙らざるが如き結果を招致するや、及び何が故に之を以て、有罪無罪を識別すべき判斷の基礎となせるか、而して之を判斷の資料とするは一種の迷信に過ぎざるか、はた又相當なる理由を存するものなりやに就きて一言せんことを欲す。

見よ、往々『何々仙人《せんじん》』なりと自稱せる輩が白晝公然大劇場に於て衆人環視の中に立ちて良く熱湯中に手を入れつゝ毫《こう》も損傷を蒙らざるを實驗的に立證せるにあらずや。之を以て奇術なりとするは當らず、又之を以て彼等が多年の練習の結果、表皮の肥厚して之に耐《た》ね得る程

度に角質化せるが爲のみと速斷《そくだん》すべきにあらず。勿論多年の練習に因る表皮の變性は多少の影響を有すべしと雖も、それ以上に考慮《こうりよ》すべきは、彼らが多年の練習によりて、所謂『氣合ひ』と稱して寒中尙ほ全身に汗を流して凄《さい》氣《き》場《しよう》に滿つるが如き慨《がい》あらしむること之なり。人或は之を以て一場の修飾となさんも、余は之を以て『我は此の高熱に逢ふも火傷を蒙らざるものなり』との自己暗示を行へる壯嚴なる光景なりと解するものなり、多年の練習の功は實に此の自己暗示の妙にありて皮膚の肥厚の如きは輕微なるものに過ぎざること、之を親しく彼等の手を檢査せる人々の知悉する所なりとす。而して此の自己暗示の有無によりて或は火傷し或は火傷せざる事實こそ、茲に記さんとする探湯《たんとう》が有意議なるものとして古代の全世界に認識せられたる最も有力なる原因ならずんばあらず。若し全然無意義なる事實なりとせば、一地方乃至一部落に於てこそ流行すれ、如何に古代蒙昧なる時代なりとはいへ、期せずして歐亞兩大陸の大半に亘りて廣く世界的に之を神嚴なるべき裁判の基礎《きそ》となすべけん。

自己暗示は決して無限に續くべきにあらず、唯々之を行ふ場合の如く、殆ど一瞬間に過ぎざる場合に於てのみ有效なり熱湯中の物品を拾上ぐる事、赤熱せる鐵器を把握すること等皆然り、而して本暗示の有無は罪を決せんとして茲に立つ者の心的傾向の如何によりて或は之に勇往せしめ、或は躊躇《ちうちよ》せしむるが爲に、更に之に時間的の差違を生ぜしめて一層結果を異にせしめたるならん。自己暗示の結果は暫時痛覺乃至熱覺を痲痺《まひ》せしむるは實驗心理學者の立證する所なるのみならず又之と反對に全然損傷を蒙らしめずして『汝《おまへ》を火傷せしむべし』との暗示を與へつゝ數時間無害なる物品を置ける局部の皮膚に水泡《すいほう》を生じたるが如き例の、二十歳の一女子によりてシュレンク、ノッチングが實驗せるが如し。

而して迷信なると有意義なるとを問はず、宗教的精神に富み、敬神的傾向豊かなりし古代の人類としては一層此の暗示力の强大なりしを知るべく、特に之によりて罪の有無の決定すべき神壇《しんだんてき》的なる法廷に立てる瞬間に於ては愈々益々其の著明《ちよめい》なりしを認むるに難からざるなり即ち是に於ては、現代に於ける練習によりて習得せる職業的氣合術者以上の自已暗示の威力を發揮し得たるべしと信ぜらる。

第十九章　靈感透熱術體得發顯法

先づ被術者を一人定め、其の被術者の腹部の一部を裸出《らしつ》させ、術者の左前、即ち火鉢に面して坐せしむ、次に術者は右手掌を火に炙り、手掌熱すれば急速に火焰《くわえん》より移じて、猶豫なく、被術者の腹部に接觸し、手掌の熱を放射するかの如く、一意手掌を透して、被術者の腹部に集中なす（此の所後章修熱法の秘法、及術者施術中の姿勢態度心念の項參照）暫時にして透熱し終れば、又手掌を火に炙り、前回接觸したる同一定部に接觸透熱す。斯の如く、反復繰り返し〳〵爲す事、約二十分間にして終る。之れを一回と爲し、一日に同一被術者の同一腹部に施行する事、參回以上、斯の如く毎日修行する時は、術者の放射熱は漸次高まり來り、被術者は其の放射熱に堪へ得ざる熱刺戟を應ずるに至る。茲に於て初めて斯術を体得したものにして、大願成就《たいぐわんじよせい》、愈々斯術家としての資格丈は克《か》ち得たものである、尚修養を積めば、特別に心機沈靜法固定觀念法等なく、火さへあれば如何なる時、如何なる場所と雖も速座に行ふ事も出來、手掌を二三度も接觸すれば、炙《きう》以上の熱をも出し得可く、反抗者《はんこうしや》、疑心者《ぎしんしや》に對し、火傷火腫れを生せしむる事等易々たるものである。病患者に對し、此の施術能力を發顯体得する迄の日數の長短《ちようたん》は、人によりて差あり、早きは二三週間にして、既に体得し得る人あり、甚だしき人にありては、數月にして尚不能の

人ありて、是れ日數のみによりて斷定するを得ず、日々行ふ時間の長短、熱心の度、努力の如何によりて体得日數の長短あり・

（簡易体得速成希望者は直接本部の傳授を受けられ度し）本部直接教授にありては、一週日を出でずして强熱出ずるを普通とす

第二十章　施術修熱法の秘訣

本章は前述の修養法に於て、いまだ說かざる、最も重要なる修熱法を記述なすを以て修養法と共に其の極意を究められん事を希ふ・

（A）炭火の事

（一）火は木炭の場合はゴトク其他一切、手の妨害となる物は總て取除く事・

（二）炭は新に起して、其の焰を多く出す事・

（三）焔は出來得るだけ、中央に一處に立ち上る樣に爲す事。

（四）手掌は、立ち上る焔の上に、翳《ねい》して、焔の手掌にパット當る瞬間《しゅんかん》に於て、二三回火焔の上を廻旋し、其の間に於て、充分手掌に熱を保留するかの如き（之の樣は所謂コツとも云へる所にして、筆も言葉も盡し難し、宜敷實地經驗せらるべし）心組にて行ふ事。

（五）手掌を二三回廻旋せし後、直に火焔上より轉じ、急速に他人、又は自已の身体に當てる事。

（六）皮膚《ひふ》に接觸したる手掌は、保留せしめたる熱を發射するかの如く全身の精力を手掌に充實なし、接觸せる皮膚、筋肉《きんにく》、内臟《ないぞう》等に、其のエネルギーを透徹せしむる樣、強く、念想波及をなす事、之時故意に腕に力を入れるのではない。

(B)呼吸の事

(一)手掌を火焔に翳したる時は、鼻より呼吸をなす事(此の場合、臍下丹田に力を入れる事)

(二)火焔の上より轉じたる手掌は、急速に皮膚に接觸する、此時口より呼息をなす(呼息は少し口を結んで、上下齒間より響ある樣なすも良し、此の場合臍下丹田の力を拔かず、持續なす事。

第二十一章　施術者の心得

(一)斯術家たらんと欲《ほっ》するの士は、豫め疾病を診斷し得ざる可からず斯術は悉く諸病を治するものにあらず、或る病には適當なるも、或る病には奏《そう》効《こう》顯《けん》著《ちょ》ならざるあり、例令神經痛及胃弱等には著しき効あるも、急性腹膜炎等の如きは、患者に強刺戟を與ふる時は、一時病症の増進する事あるが故に、斯術を施すに當りては、先づ病の何たるを診斷するの能力を備へ、斯術の適不適を決し、其の適應症なる時は、施術方法を誤らざる樣、一心不《ふ》亂《らん》眞面目《まじめ》に施術すべし、疑はしきに臨みては醫師の診察を求めさしても又可なり。

（二）斯術家は解剖學及生理學の大要を知らざるべからず、殊に臟器《ざうき》の位置、筋、血管、神經學等の經過、其の官能を知らざれば、病者に臨むも、其の治療の應用出來ず、例ば是に顏面筋は、何神經に依つて主宰せられ居るや、亦其の神經の如何なる部に、施術すれば、能く效を奏するやを、知らざれば、治療の目的を遂ぐる事難く、爲に奏効ある病と雖も、遂に無効のものとなさしむるに至る故に斯術家は宜く疾病の詳細を知り、以て施術の適當の療点を撰定せん事を要す。

（三）斯術家にして、醫師に非ざるの士は、施術上醫師の業態を模倣し或は瀉血《せきけつ》し、或は切開し、排膿《はいのう》を計り、藥劑を塗擦し、又は藥方の指示を爲すべからず、其他は可なりと雖も、開業其他疑問の点は本會に一應問合さるべし。

（四）術者は身体强壯にして、百般傳染病及精神に異狀なき常識ある、堅實の士にして、若し右の病ある時は、施術を中止或は絕對に廢止すべし。

（五）斯術は、之れが、爲外部より病毒を傳染せしむる事なしと雖も、施術者は施術衣を着したる上、手指は適當の消毒を施して可なり

（六）皮膚の消毒として用ひらるゝ藥物は、石炭酸《せきたんさん》五十倍、昇汞水《しようこうすい》千倍酒精リゾール五十倍石鹼等とす。

第二十二章　術者施術中の姿勢態度心念

姿勢は簡單の樣なれども、施術上に重大なる關係を有する必要條件

である、施術者の体格姿勢が出來て居らねば、どうしても知行合一、躬行實踐的《じやくこうじつせんてき》の施術は出來ない、健康なる体軀には、健全なる精神が宿り、優美なる体軀には、優美なる精神發達する故に、術者は必ず端座割膝にて、体豊かに恰も疊《たたみ》に生ゆるが如く坐する、是れ一陣の備へを立てると云ふ、而して下腹即ち丹田をグツト前方に張つて、茲に全身の勇氣を籠めて、腹式呼吸即ち横隔膜の呼吸をなすのである、而して兩肩は自然に開き、体を眞直にし、日月の天に輝くやう兩眼を見開き、超然として、すつかり浮世の塵を脫した樣な氣持になる、之れを二陣の備を立てると云ふ。自己の身は厚重泰山《こうじうたいさん》の如く、雲間に聳える富士の如く、主心誠念は、一定處を得て搖がず、動かず、例令火の雨降らんにも、猛火四圍より襲はんにも、巍然《きぜん》として悠々自適して、迫らず、不動大明王とは吾が事なりと、嚴然たる威儀の中に、溢るゝ慈悲、慈愛の眞心は、大磁石が幾多の軟鐵を吸ひ附けるが如く、病者の疾病を悉く吸ひ附け、吸取り病者の精氣を旺盛ならしめ、自然の療能を完からしめ、根本的に病魔を退治するの心念に終始一貫し、他意あるべからず。

第二十三章　患者の姿勢

患者の姿勢は、術者自已の意の如く爲し能はざる場合は、術者自ら位置を變せざるべからざるも、若し患者を動かし得る時は、術者は一定所を動かず、施術の容易《ようい》を期する爲め、次の事項に由るべし、患者の姿勢は、筋肉《きんにく》弛張《しちよう》の度を自由ならしむるを以て目的とし、四肢《し》の外部背腰臀部等に施術を要する時は、患部を上に横臥せしめ、上肢を前方に伸展し、兩膝を屈折せしむれば、恰も、さ字形となる、筋肉の弛張を適度に加減する事を得べく、而して施術者はその後側に適當の位置をとるべし、上肢の内側に療点を求むる時は、同上横臥式をとり、患手を頭上に高擧伸展せしめ、術者の膝上に支持止動す、前頭胸股下肢の内側は、仰臥式を採り、殊に前頸部は第四頸椎の下邊に高く枕し頭部を下垂せしむれば、前頸部の皮膚緊張し、止動の便がある、頂部肩胛部は、直座兩手を膝上に併置せしめ、施術者はその後方に並び座するを便とす。

第二十四章　各種施術時間

施術時間は、大低三十秒乃至一時間を適度とす、而して其の増減を規定するには、即ち施術療点の多少、廣狹、年齢病症の輕重、及体質等に、大いに關係す、例へば齒痛の如きは、三十秒乃至一分にして、足れりと雖も、全身施術は稍々長時間を要するが如し、病症に依り、施術時間を決定し、施術手技を撰定したる場合は、斯術に素人の患者の意に任すべからず、但し患者の心理狀態は治効無効に大なる關係を有するを以て、術者大いに考慮すべきなり。

（一）神經過敏の人にありては、長時間を要せず、特に是等の人にありては、心理狀態の如何を慮ひ計り、第一療法の應用をなすべし。

（二）老人其他刺戟の感受性鈍き人にありては、稍々長きを要す、但し手腦の生せざる程度に注意し行ふべし。

（三）小兒にありては、緩刺戟の法を用ひ、決して强劇なる酷掌法の手技を用ゆべからず、又時間も長きに失せざる樣注意すべし。

第二十五章　施術回數及繼續

施術回數は、一日五回より、一週に三回位施すものとの差異ありて、即ちその度數は施術手技の種類及び治療上の目的によりて、一定せずと雖も、普通二十四時間に二回宛施術なすを常とす。繼續は疾病により一定せず、自覺症狀全く消失し何等の異狀無きと雖も、四五回繼續する場合あり、又器質に變化なき齒痛の如きは、自覺症狀減退すれば、直に止むるありて、術者良く病氣根治したるや否やを深く思ひはかりて、一時的の譏しりを受けざる様注意せらるべし。

第二十六章　施術手技十法

(一)酷掌法

酷掌法とは、手掌修熱を最も強大となし、被術者に強度劇甚なる熱刺戟を與ふるを以て、目的とす、其の感じは、熱いと云ふより刺すが、如く、或は鑽るが如く、痛みを感せしめ、過まてば、直ちに被術者の皮膚は、燒爛《やきただ》れ、火傷《ひやけ》、火腫《ひは》れを生せしめるを、以て、特に、術者の注意を要すべきなり。故に斯術に對する疑心者及反抗者の實驗に多く用ひられ、其他以下多くの手技は、殆んど此の酷掌法の手技を用ひての變化應用なれば、術者良く心得可きなり。作用は、此の手技を巧妙に用ゆる時は、劇甚なる神經痛、其他の疼痛苦痛の反對刺戟となりて、鎭靜制止の効顯著にして、或は神經の痲痺等に用ひて又偉効あり。

（二）間接法

此の法は、葉書又は其他の少し厚き紙、或は坊間云ふ所の、角力膏藥《こうやく》（黑又は赤き脂膏藥を、紙に塗りたるもの）等の上より、酷掌法の手技を用ひて、施術するものにして、酷掌法の如く、灼くが如き、或は刺すが如き、鑚るが如き、刺戟を除去し得て、又妙なり、此の法は、最初接觸當初の瞬間は、大して溫熱を感ぜしめざれども、漸次强度の熱を感じ來り、終に其の熱の耐ゑ得ざるに至らしむるものとす。作用としては、血液を外表に誘導充血せしめ、消炎鎭痛緩解の効を奏す、故に應用亦廣し。

（三）緩掌法

此の法は術者の手掌修熱を短く、且つ弱くするの法にして、特別強熱刺戟を忌む、疾病、及小兒等に用ゆ。作用として、血液の誘導、毛細管の擴張、末梢神經の緩刺戟等にありて、疼痛の緩解を旨とす。施術時間稍長きを要して効顯る。

（四）轉位法

手掌修熱を充分になし、一療点に接觸すれば、之れを直ちに離して、他の療点に接掌し、尚又他の療点に放熱するが如く、單に一療点のみに強刺戟を與へず、之を分割輕減して、速かに他の療点に、移るの法なり、此の法は一療点のみを目的とせず、隣接せる他の療点をも合せ、施術する場合に用ゆ。

（五）細接法

之は酷《こく》掌《しや》法《ほう》の如く、充分に手掌修熱をなし、同一療点に頻々急速に接觸離開するの法なり、之には丁度、強力なる感電電氣の導子離開時に感ずる處の、刺すが如き感じで、即ち、ジカッ、ジリッジリジリッ、と云ふ樣な一瞬間の刺戟感である、之れは斯術病体作用の十、一、生物電氣電位變換作用に用ひて効あり、但し練熟の士にして、始めて爲し得るの手技なり。

（六）震顫法

震顫法とは、所謂靈働とも云ふ可き所作にして、決して上下左右に振り動かすに非ず、患者に接觸すれば、自然に發働するの妙機にして、術者の手掌は外觀上動搖し居るや否や判然せずして、患者に　種電氣樣感を與ふる事なり、右は術者最も困難とする處にして、甚だ、熟《じく》練《れん》を要するものなり、之れを行ふには、普通は肘關節を、殆ど直角に曲げ、腕と指とを成べく硬くして、肘關節より前膊の全部の正調に振動せしむるものにして、此の法に、甲乙丙の三種あり、而して其の生理的作用としては、内部の臟器及筋の運動を催進し、消化吸收組織の營養を可良にし、一種の電氣樣感に由り、心氣壯快を得て術の奏効を增大にす。

甲……手掌震顫……一手療点に接觸中、手掌の顫動する法にして、知覺神經興奮に多く用ゆ。

乙……四指震顫……一手療点に接觸中、四指を稍々屈し、震動するの法にして、作用は前者に等し。

丙……腕震顫……一手療点に接解中、母指球小指球にて震顫するの法にして作用前者に等し。

（七）壓迫法

此の法は術手に修熱なし、直ちに療点部に接觸壓迫に如ふるの法にして、之れと（A）（B）の二手技に分つ。

（A）急壓……此の法は、一手療点に強度急劇に、且つ、短く手掌壓迫を加ふるの法にして、此の法は神經を興奮せしめ、內部の組織に運動を起さしむる。此の法は總で組織の弱りしものに用ひて効あり。

（B）漸次壓……此の法は、一手療点に最初輕觸し漸次強度の壓を加へ且つ長く其の壓迫を行ふの法にして．總て神經の興奮を減じ、血液の環漑《くわんがい》を少なからしむ、重に、神經の異常興奮の鎮靜に用ゆ。

（八）波動法

先づ術手に修熱し、療点に放熱し乍ら、術手を海波の如く、寄せては引き、引きては寄するの手技にして、專ら內部及外部の血行を旺盛にし、筋の營養を增す、尙此の手技を腹部に行ふ時は、腹部內臓を調整し、便秘の如きには特に効大なり。

（九）回旋法

先づ術手に修熱し、目的療点に放熱し乍ら、壓を加へると同時に圓く輪狀にグルグルグルグルと廻旋するの法にして、筋肉の強直等に用ひて効あり。

（十）流動法

先づ術手に修熱し、一療点より他の療点に向つて、求心性に擦行するの法にして、重に靜脈淋巴管の環流を促すの効あり。

第二十七章　靈感透熱療法の病態作用

靈感透熱療法とは、絕對に器械、藥物を用ひず吾人生命の根元たる靈の靈能性の一部分たる、治病能の放射と！吾人に生れ乍らにして具備せる手掌を活用して、强熱の修蓄を圖り、依て以て病者に臨みなば靈熱相俟つて、治病効果を顯現せん事を規圖する、前人未踏未發の劃期革命的療病術である。

顧ふに吾人は、精神物理的有機体である故に。之れが缺陷に衝るは、余は本療法たる、精神物理的療法を以てせんと欲す。豈斯術が吾人の疾病を醫するに、其の貢繁を得たる、適切にして且つ合理的療法たるを哉、左に其の身体に及ぼす作用を擧ぐれば次の如し。

第二十八章　直接作用

直接作用とは、直接に疾患ある局部に施術するの法にして、其部の知覺神經枝に、放熱刺戟を與へ、其の部の温暖に由る心氣爽快を感じ、或は又刺すが如く鑽るが如く。灼くが如く刺戟を感ず。之れを求心性により、中樞に傳達し、中樞細胞は爲に興奮を起して、更に反射的遠心性により、末梢《まつしう》に向つて傳搬《でんはん》し、以つて血管著しく擴張すべし、從つて、患部の周圍全体に血液の灌漑。旺盛し、組織の新陳代謝盛んとなるを以つて、病的炎症を起せる部の各組織及神經なり、筋肉なりの自然療能作用は、完を期して、之れが治癒を催進し、筋肉の羸痩を防き、筋力を増進せしめて、浮腫及び炎症性疾患に對しては、滲出物の吸收を强め、疼痛、麻痺、知覺、異狀鈍麻せるもの丶如き、其の神經變狀せるものは、此の直接施術に依つて、速座に絶大なる著効を奏するを通例とし、術者患者共に、其の偉効に驚くものあり、兎角神經の性狀は、連《れう》綿《めん》刺《し》戟《げき》して、其の恢復《くわいふく》に必要なる休息を與へざる時は、始め神經疲勞して、終に衰脱して其の興奮性を減少し、又長く使用せずして休息せしむる時は、先づ興奮性を減少し、終に全く興奮性を消滅するものである。故に治療に當りては、此の理を應用なし、先づ痲痺せるものは、強劇なる酷掌法を用ひ、短且つ、鋭く刺戟を與へる、然る時は、漸次痲痺より脱して、亢奮し知覺運動共に、正當に復するものである。尙又異常亢奮せるものは、其の亢奮を鎭靜せむ目的を以て其の亢奮以上の強烈なる酷掌法を用ひて、長く且つ強く其の部に行ふ時は、先づ神經疲勞して、終に亢奮を停止し、鎭靜して終ふものである。之れ即ち、各種疼痛苦痛を一掃する所以のものなり、術者は宜敷く此の原理を深く慮ひ。掛りて、臨床治療に際して、無効に終るが如き、下手を演ずるが如き事ある可らず。

第二十九章　反射作用

反射作用とは、直接疾患ある局部に施術をなし能はざる、即ち身体内部に位せる内臓疾患の如き、或は深在神經の如きに對し、施術するの法にして、總て内臓に疾病ある時は、病的刺戟は絕ゑず交感神經を介して、脊椎に傳達せられ傳達せられたる刺戟は、一種特異の反射經路に因り、之を知覺神經細胞に傳へ、該神經纖維の分佈區に相當する一定の皮膚面に知覺過敏帶を生ずるのである。之を名附て、ヘッド氏帶と云ひ、斯術施術に因れば、之が調整反射刺戟となりて、効果を奏す、又神經分佈の解剖的配置を考へ、其の中樞又は患部に偏せる處に施術して、間接に刺戟を與ふるの法になり、例へば胃の消化作用＝減衰、食物停滯、便秘の如き、胃腸の顫動運動の減弱せるに對し、腹部又は背部足脚の知覺神經枝を刺戟し、求心性により中樞に及ぼし、反射的に各處領の交感神經に亢奮を傳搬し、其の神經機能を旺盛ならしめ、胃の消化吸收停滯物の送下を計り、或は坐骨神經痛に對し、第五腰椎神經及び、薦骨神經、或は脛骨神經、腓骨神經等の知覺枝を刺戟し、求心性により運動神經枝に刺戟を傳導し、反射的に遠心性作用を惹起して、其の神經變狀を正調せしめ、或は喘息、肺病、腎臓病等に、藥品療法の如き、副作用なく安全に內臓の病氣を回復治癒するの作用を云ふ。

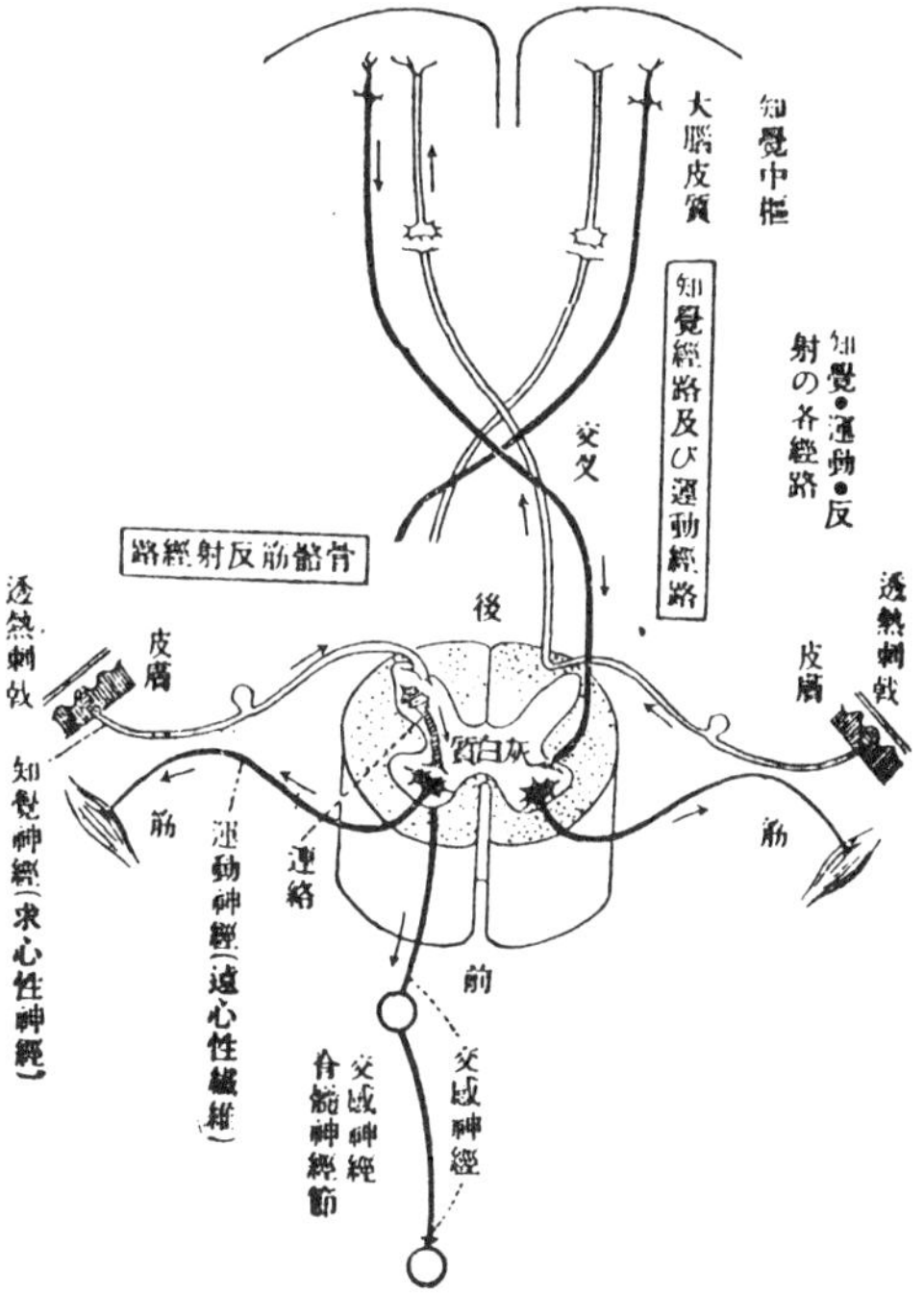

第三十章　誘導作用

誘導作用とは、患部より隔たりたる部位に施術するの法にして、例へば炎症の患部が充血した局處などへは、直接施術せず、他部末梢神經を刺戟し、以て其部の血管を擴張して、血液を誘導するが故に、炎症は消失し、充血は丁度血路を開かれた理屈で散失して了ふのである例へば、齒痛、充血性、頭痛等の等き、其部の神經異狀興奮し、爲に血管怒跳するが如きに對して、肩部、背部或は四枝の末梢に施術し、此部の毛《もう》細管《さいくわん》を擴張せしめて、頭蓋部の血量を減少せしめ、彼の恐るべき腦溢血（中風）の原因たる、惱充血を散じ、又卒中質……中風の起り易き体質を持つ人が、常に豫防として之を行ふ時は、中風を豫防する等、其他攝護腺炎、睾丸炎、氣管枝加答兒、肺炎、子宮內膜炎（帶下血の道）等の諸炎症疼痛に對して、胸腹腰部或は、上肢下肢末梢部に施術し、此部の血管を擴張せしめて、胸部下腹部動脈に異狀を起さしめ、誘導消炎法となり、腫張、浸潤、灼熱、疼痛、瘙痒、咳嗽喀痰を去り、白血、赤血の帶下を歇止するの効果があるのである。

第三十一章　十一《プラスマイナス》生物電氣電位變換作用

第一編靈醫振興術中に於て、累々説述したる如く、吾々の神經系統中には、絶ゑず生物電氣の發電流通して、生理心理の生活現象を提起してゐるものである事は・既に論斷した通りである、而して、電氣の原則として、陽電氣（積極）（符號十（プラス）陰電氣（消極）（符號一（マイナス））あることは、皆人の知る處にして、吾人の身体、各組織に於て此の陰陽相調和し一、（マイナス）十（プラス）の電位相半ばする時は、吾人は之れを無病と謂ふのであるが、若し此の十、（プラス）一（マイナス）の調和を破れば、吾人は直ちに生活現象の變調を起して、所謂病氣となるのである。抑も一（マイナス）の電位は發揚性にして、生理學に敎示する處の興奮の性能を有し、十（プラス）は鎮性にして、制止の性能を有する而して吾々の神經は、絶ゑず有形無形に内部的に、外部的に、心理的に、生理的に、各種の刺戟に逢ふて興奮が次から次へと即ち、一(マイナス)電氣が、其の刺戟に依つて起つて居るのであるが、それと同時に又十(プラス)の電位も相平行して起り、何時も其の調和を保維して居る。之を具体的に説明して見ると、吾々の上膊部の筋に、二頭膊筋及三頭膊筋と云ふがある、二頭膊筋は前膊を屈曲せしめ、三頭膊筋は前膊を伸展せしめる筋となつて居る。處で吾人が先づ前膊を屈曲せん事を、腦中樞に於て想起すれば、此の二頭膊筋を官理する、腦中樞の神經細胞中に、一(マイナス)と云ふ電氣が起り、之を遠心性神經織維に由りて、末梢の二頭膊筋に送電し、二頭膊筋に於ては、之れを感受して興奮し一(マイナス)となり其の拮抗筋たる三頭膊筋部は十(プラス)と云ふ、電位を示す事になる、爰に於て二頭膊筋は、興奮せられて收縮し、前膊を屈曲せしめると云ふ動作を與す事になる。尚又之れを伸展せしめんと欲せば、三頭膊筋を官理する腦中樞細胞に於て、先づ發電し、之れを末梢三頭膊筋に送電し、爰に於て三頭膊筋は受電して、興奮し、一（マイナス）電氣高まり筋の收縮を招來し、相對せる二頭膊筋部は十（プラス）となりて前膊の伸展となるが如きである。以上は只單に前膊部に於ける中樞細胞と、末梢神經の送電受電の關係と、拮抗筋に於ける十（プラス）、一（マイナス）の電位變換の概況を述べたに過ぎずして、此の外吾々の身体には、絶えず斯の如く十（プラス）、一（マイナス）と相拮抗して、調和せられて居る。之れは吾人が自然に具有する、自然療能の調節作用の顯れである、かゝる時は、吾人は天下泰平で何等の異常を認めざるも、然るに、一度外部より有害細菌の侵襲に遭遇し爰に炎症其他の疾病が生ずる然る時は、今迄恙なく十（プラス）、一（マイナス）と常恒的に、調和せられ居たる各組織の電位は、其の闖入者炎症の爲に、忽ち安寧秩序の平和は破れて、病的炎症刺戟は、連綿として起り、局處電位に異和を生じ、病的興奮たる一（マイナス）の電位が此部に異常に亢進誘起せられる。此の場合自然療能としては、其の炎症を消し止めんと白血球の活働となり、オブソニンの發生となり、抗毒素の増加を以てする等、生命の興廢此一戰に有りと、各種細胞は全力を注き奮勵努力する。故に炎症部は一大修羅場と化し、興奮の極一（マイナス）電位の偏勝を來し、十（プラス）電位は遠隔部に逸散して、漸く之れに對向する事になる、此の一（マイナス）部が即ち吾人が、普通謂ふ處の病氣の症候となるものにして、一（マイナス）部は、異和、疼痛、苦痛、鈍痛等を訴へる。之れ吾人が意識する處の病氣の自覺症狀である

一寸爰に蛇足を加へれば、吾々の意識認識の中樞は、凡て腦灰白質中に於て營まれて居る事である、故に前述の炎症が、自已に自覺症として、感せられるのは、腦皮質中の知覺中樞が、興奮せられるが爲で、此の中樞部には、異常一（マイナス）の電位を認め、他部の知覺中には、十（プラス）の電位を認める事である。

今爰にクロロフォルムの如き痲醉藥を以て、腦の中樞神經細胞を痲醉せしむれば炎症は劇烈なるにも拘はらず、少しも吾人は之を自覺せざるのである、之れは前述の意識の中樞たる、腦神經細胞が、痲痺して、發電能力を中止したからであつて、斯くの如き藥物の使用は、全身的に影響して往々吾人の生命に面白からぬ結果を、招來する事があるが、今余が爰に述べんと欲する、十（プラス）、一（マイナス）生物電氣變換作用は、其等の害がなくして、疼痛、苦痛を除去し得て、同じ効果を齎らさん事を企圖するの便法である。

扨て、之れを解し易からしめん爲爰に更めて、胃痙攣の項を設けて詳述せんとす、胃痙攣の原因は、種々ありと雖も、要するに之は胃筋が何等かの刺戟に依つて、異常興奮せられて起る疾病にして、其主徴は、胃部に於ける劇甚の疼痛を覺ね、爲に患者は上體を屈し、冷汗を流し、阿鼻叫喚の苦しみを受けるのである、此の塲合、異常興奮せる胃部には、一(マイナス)電位が異常に亢まり、之れを官理する、腦の知覺中樞に於ても、亦一(マイナス)の異常電位が亢まりて、爰に苦痛として、意識に顯れ來るのである、處で、電氣の原則として、一(マイナス)あれば、十(プラス)ありて、胃部の一(マイナス)に對して、其の遠隔部の手足には十(プラス)と云ふ電位を示し、此の手足を官理する、腦の知覺神經中樞にも又、十(プラス)と云ふ電位を示すのである、爰に於て中樞、末梢の十(プラス) 一(ヤイナス) 兩部の位置が推定せられた、故に今此の手足の 十(プラス) 部の何れかの一ケ所に、斯術手技法たる、酷掌法又は細接法の手技を用ひて、强劇なる放熱刺戟を與へて、爰に假性病を拵らへる。左すれば、今迄十(プラス)電位を示したる未興奮部は、忽ち異常亢奮せられて十(プラス)は消されて、一(マイナス)に變換する、斯くなれば、疾病の腦知覺中樞の 一(マイナス)と、未興奮部たりし腦知覺中樞の一(マイナス)とが二つ出來る象で、此の一(マイナス)

一（マイナス）の對峙は、原則として、容されない事で、其中何れかが、十（プラス）を示す事にならねばならぬ。故に前述の假性病の刺戟が、強くて實性病の一（マイナス）を凌駕する時は、遂に胃の中樞部の一（マイナス）は漸次消失し、十（プラス）、と變換せられて、爰に、施術の効は、顯現せられて、胃部の疼痛の苦療自覺症狀は、完全に一掃せられると云ふ事になるのである。

以上の理由に基き、如何なる疾病と雖も又例へ合併症が存在する塲合にありても、此の疾患部より、遠く隔れたる非疾患部の、最も熱痛覺鋭敏なる部處を、限局的に撰擇して、此の部に劇甚なる温熱刺戟を與へる。左すれば爰に疾病部の一（マイナス）は假性病、即ち温熱刺戟部の特別異常興奮に由つて、必然的に制止せられて、興奮より鎭靜へと、漸次十（プラス）に變換せられた、之れ疾病部を官理する腦知覺中樞は、一（マイナス）と云ふ、異常發電を停止して、十（プラス）と云ふ鎭靜に移行するのである、かゝるが故に、今迄の疼痛苦痛は消散せられて、驚異的醫治効果を齎すと云ふ事になる、之れ斯術が最新合理療法を以てする所以である。

第三十二章　斯術と健腦

斯術は直接、反射、誘導、＋（プラス）－（マイナス）生物電氣變換の四作用により、血液の循環旺盛となり、老癈物の排泄、營養物の吸收並に、疾病々竈の破壞、病的滲出物の吸收に向つて、多大の効果がある事は前述の如くである。

今腦神經十二對の血行障碍に付、記述すれば、腦神經は中樞末梢共に血行の感作を受くる事、著しく、血行不充分なれば神經の營養阻碍せられ、知覺過敏となり、疼痛を感じ、或は鈍痲せらる、即ち、嗅神經にありては嗅覺不全に由り、腐敗物等の嗅覺を失し、不慮の過失を招き、視神經にありては、眼火閃發、羞明、近眼、夜盲等の不幸を嘗め動眼滑車外旋の三神經にありては、眼球運動に障碍を來す等、又三叉神經にありては、齒痛咀嚼筋の不全を來し、顏面神經に有りては搐搦口眼下斜等外觀醜惡を呈し、聽神經にありては耳鳴、重聽、聽覺不全を起し、呑下呑咽の二神經にありては、呑運動味覺の障碍となり、迷走神經にありては、肺心胃等生命の貴重なる臟器の障碍となり、呼吸困難、不利、心悸亢進、惡心嘔吐、曖氣呑酸、心窩苦悶、消化不色等となり、副神經にありては、胸鎖、乳嘴筋、僧帽筋に支障を生ずる等殊に中樞は一層鋭敏にして、僅かに頸動脈の壓迫により、少しく酸素の缺亡を來す時、直に人事不省となり、又腦神經を過度に使用し、刺戟爲す時、即ち喜怒哀樂思考等により、皆其の度を過せば、血行障碍を來し、腦充血或は腦貧血を來す爲め、腦神經の營養阻碍せられ、遂に腦神經衰弱を來し、知覺過敏となり、輕微の事にも煩悶し、頭痛、頭重、眩暉、不眠等を來し、遂には鈍麻し、記憶方の減損、頭腦の明晰を缺ぐ、之等前述の諸症及不眠症には、斯術の四作用により、腦の血行を良くすれば、腦神經の營養良くなり、其の作用生理的に復し、睡眠も亦生理的となるものである。故に覺醒後爽快にして、腦の働き敏活となり、且つ記憶力を增さしむ、之れ催眠劑の及ばざる處にして斯術の誇りとなす處である。以上の不健全に治病應用するの療点は、第四第八第十第十一第六十二療点にして、惡夢等に妨げられて、睡眠の出來ざるもの（ヒステリー神經衰弱）等には、必ずや一二回の斯術施行により、惡夢も止み、充分睡眠もなし得られる樣になる、又喘息等にも正確なる療点を撰び、施術なす時は、何時も回一回奏効するものである事は、實地施術により證明せられる處である。

第三十三章　斯術と白血球

斯術は劇甚なる神經刺戟にして、血液運行の旺盛と共に、新陳代謝が旺んになり、赤血球は大差無きも、白血球は非常に増加して來る、白血球は自分で運動する力を持つてゐるけれども、往々にして、血管壁に附着して、動かなくなる事がある、かゝる場合に斯術を施すと、動かなかつた白血球が、驚いて活潑なる運動を始め、直に血中に流れ出て行くので、大いに健康を増進する事になる。これは如何程迄の効用あるやは、尙研究の上ならでは斷言する事は出來ざれども、兎に角白血球には、總ての炎症疾患の治療機轉に向つて、極めて重要なる關係のあることで、又白血球増加によりて、有毒性新陳代謝物の破壞排泄を營むものであるが、而し之は斯術に限らず、他の方法に依つても白血球を動かす方法はあるのだから、强ち斯術の特効と云ふ譯ではない。

第三十四章　斯術と腹痛

一体腹の痛むのは、腸の蠕動が高まるが故に、斯術が腹痛に最も効があると云ふのは、脊髓の知覺神經より、腸の蠕動を司さどる、交感神經の上腸間膜叢、及下腸間膜叢に刺戟を傳搬せしめ、其の亢進せる腸の蠕動を鎭靜するにあるのであつて、灸にありても其の特性たる熱刺戟に依つて、亢進せる腸の蠕動を少なくし、腹痛をやめる事は出來る樣であるが、併し肌に灸痕が永久に取退く事が出來ないと云ふのが最も缺點で、又往々危險を伴ふ塲合もあるから、今日之を治療法として用ゐるのは大いに考へなければならぬと思ふ。

第三十五章　斯術が精神的に及ぼす作用

斯術は被術者に最も強い印象を與ふるもので、患者は之を受くる事度々なる時は、總ての感覺に對して、抵抗力を强め、同時に之れに堪へると云ふ事で、自信力や决斷力や、道德的精力を高めること、恰も冷水浴の如き効果があると信ずる、又斯術の刺戟に依つて、生じた新しき感覺は、元來の痛みとか不快感とかを蓋ふて、夫等の感覺を抑制する作用があり、又斯術の奇妙なるに、心を惹かれ効果があると云ふ暗示豫期作用も與つて大いに力あることゝにもなる。

第三十六章　斯術と吸收作用

吸收には種々の種類がある、白血球の害物吸收力、赤血球の酸素及び炭酸物吸收力、細胞の營養吸收力、之等の吸收力の强弱は、直に健康の消長に關係するものであるが、斯術施術に依れば、其の直後血壓高まり、血管擴張し、血液及び淋巴液の循環旺盛になる爲に、種々の慢性疾患で、滲出液の吸收遷延する場合又は癒着性の病氣にて治癒困難なる場合に、之れが吸收融解を促す作用を有するものである。

第三十七章　斯術と分泌作用

身体各部の粘液膜細胞と、腺細胞とは、健康に必要なる、種々の藥液を分泌する性質を持つて居るのである、若し之等の分泌能力に障害が起る時は、吾々の生活は即時に休止しなければ成らぬので有る、分泌には外分泌と内分泌との二種の區別が有るが、外分泌は膓液、胃液或は唾液の如く、外面に必要なる汁液を分泌するので有る、内分泌は或種粘膜甲狀腺副腎肝臟脾臟等の諸腺、大腦下垂腺等より、血液内へ必要なる藥液を、分泌注入する作用である、此の吾々の細胞はコレラチプス、結核等の如き、諸種の黴菌を滅却する能力を有する、抗毒酵素を分泌して、傳染病を防禦する能力を有するものである。之等各種の分泌作用が、旺盛で有るか否やは直ちに其の人の、健康長壽に影響を及ぼすものであつて、斯術の四作用に因る時は、常に新陳代謝旺んにして、之等内外分泌作用は、完全に行はれ、外部より侵襲し來る黴菌に抗して、常に健康を保全する事が出來る。

第三十八章　斯術と排泄作用

吾人の身体は、常に外界より營養物を吸收すると同時に、又之等の癈朽せる不要終産物を排泄する能力を有するのであるが、一度び疾病或は官能の減衰せんか、老癈物質の停滯を來し、排泄不完全となり、益々病性を惡化し、又は著しく健康を害するものである、例令白血球の毒物排泄、赤血球の炭素物排泄、消化器及び腎臟等の不用物排泄等は・即ち是れである、而して斯術は、之等吾人の排泄作用に、最も顯著の作用を有するものにして、腎臟疾患に由る尿水の排泄減少、消化器機能の減衰に由る便秘等に、最も奏効確實にして、特筆大書すべき著効を奏するものである・

第三十九章　斯術の適應症

斯術は如何なる病疾にも應用なし得るものにして、斯術を狹義に解して、端なる熱刺戟とのみ早合点して、器質的疾患には、無害なれ共又無効等と云ふ考を持つ者あれば、其れは生体に於ける、人間様の疾病を、無生物たる木石と見做す徒輩の空言にして、醫家が凡百の疾病を悉く、醫藥にて處置せんとするのも等しく、間違ひであり、偏見である・吾人人間は畢竟精神物理的、有機体であつて、物質的身体の作用と、精神作用との統一せる主体である・精神作用現はるゝ所、生理作用之に伴ひ、決して相離るゝもので無いが故に、病者の精神的要素が、物質的に作用し、又機能を左右する事は當然であり明かなる事である。以上の當然が理解し得れば、彼の禁厭、祈禱等によつて、往々疾病の輕快し、又は治療するのも當然の事實であるが如く、萬般の疾病は、精神作用と密接の關係あるを知らる可きである、故に施術家たらんと欲するの士は、宜敷精神的方面をも考究して、熱刺戟を忌む病症にありては、臨機の處置、即ち精神的療法を施すべきである、扱て適應症とは常に斯術が其の効顯著にして、且つ確實なる疾病並に症候を云ふものにして、即ち諸種の官能的神經機能の變常に由り起る。腦及び脊髓神經の興奮に因る、過敏、疼痛、痙攣、搐搦或は其機能減弱に由りて發する、麻痺、知覺異狀及び內臟機能の旺盛、又は減衰に因りて發するもの等にありと雖も、亦一局處の充血或は炎症性滲出物及び腫張、水腫リウマチス脚氣或は慢性消化器病、呼吸器病其他小兒の病氣等に對し、最も特異の効驗あり今其適應症の重なるものを擧ぐれば左の如し。

神經系病

○肋間神經○坐骨神經痛○腰神經痛○頭痛○歯痛○其他諸神經痛○及び痳痺○痙攣○脚氣○歇私的里○神經衰弱○

運動器病

○急性及び慢性關節僂痲質斯○急性及び慢性筋肉僂痲質斯○關節炎

血行器病

○神經性心悸亢進症○心胸狹搾痛（狹心症）

消化器病

○慢性胃加答兒○胃擴張○胃アトニー○胃下垂○神經性消化不良○肝臟病○膵臟疾患○扁桃腺炎○耳下腺炎○胃痙攣○急性慢性腸加答兒○腸疝痛○痔疾

呼吸器病

○初期肺炎加答兒○肋膜炎○喉頭加答兒○氣管枝加答兒○衂血○喘息○百日咳○

眼科病

○眼瞼緣炎○單純性結膜炎○

泌尿器病

○腎臟炎○膀胱加答兒○膀胱痙攣○淋疾○尿道加答兒○睪丸炎○副睪丸炎

婦人病

○官能的子宮痙攣○月經困難○月經過多症○子宮內膜炎○白帶下○乳汁不足

小兒病

○小兒急癇○夜驚症○夜尿症○消化不良○胃腸加答兒○

其他斯術は、消化機能及び榮養機能を喚起し、殊に子宮疾患より來れる、胃の諸症に適し、諸病の快復期に應用せば、其の治癒を促進し、自然快復期を短縮せしむるを得べし。

第四十章　斯術とヘッド氏帶に就いて

總て内臟の疾患に際しては、其の臟器に相當する、ある一定の皮膚に於て、痛覺過敏帶あるは、由來人の注目する所にして、マッケンジー氏ヘッド氏之を確めしより、遂にヘッド氏帶なる名稱を用ゆるに至れり、肝臟疾患時の肩胛部の疼痛、脾臟疾患時の左側肩胛部の疼痛、腎臟疾患時の陰部及背部の疼痛、膀胱疾患時の腰痛、及び陰部疼痛、子宮內膜炎及び月經時の胃痛、股關節炎に於ける膝痛、膓寄生蟲に因する鼻腔の搔痒、胃疾患時の背痛、狹心症時の左手疼痛、(稀に右手)肝臟瘍に消息子を入るゝ時の咽喉痛、誤りて氣道に嚥下せし時の背痛、外聽道壁沿の刺戟による咳嗽（迷走神經耳殼枝より他の迷走神經枝に刺戟するによる）中耳及び乳嘴突起の炎症時の顱頂部疼痛、前額竇疾患時の三叉神經痛、鼻腔性喘息、肺又は肋膜疾患時の腹痛は皆人の知る所にして、是等は其の原發竈に於ける刺戟が、神經を傳はり反射的に是等の疼痛を起すに外ならず、ヘッド氏の言に從へば、ヘッド氏帶に於ては、痛覺及温覺は過敏となるも觸覺は然らずと云ふ、されどカスト氏は筆指頭或は尖端鈍なる物体を以て磨するも、尙ほ感覺の亢まれるを實驗し、ヘッド氏帶に於ては、單に痛覺温覺のみならず、亦觸覺も鋭敏となれるを證せり、ヘッド氏帶を檢するには、只簡單なる法にて足る、即ち示指と拇指とを以て、被檢者の皮膚をツマミ上げて、何れの場所に於て疼痛が一番最も鋭敏なるかを檢すべし、この際皮膚を壓し、內部の痛覺と誤認せせる樣に注意すべし、只皮下組織及び筋肉少なき部に於ては直接に骨に隣接せるを以て、皮膚をツマミ上げること困難なり、此時の針を以て輕く刺して、何れが最も痛覺鋭敏なるかを檢すべし、神經質の患者にては、檢査甚だ困難なれば、決して煩を厭ふことなく、根氣よく數回上の二法を以て、反復檢査するを必要とす、時としては、知覺過敏帶が、帶をなさず、唯だ一点として現はるゝことあり、或は帶をなすもある一定点に於て特に著しく過敏なることあり、ヘッド氏は之を最高点と名附く、この点は內臟疾患の回復期に、最も長く存在す、余も亦肝、脾、心臟肺の疾患に於て、知覺過敏帶を檢して、ヘ氏の云ふ處と大差なきを認めたり、而して一例に於ては、胃に心臟疾患なりと思ひて、知覺檢査を行ひしに、肺臟に相當する帶に於て、亦知覺過敏を證し、その後主治醫に問ふて現時氣管炎を併發せるを確め、ヘ氏帶が診斷上少なからざる便宜を與ふるものなるを知れり、又一例に於ては、ボーバルト氏靭帶よりブルネイ氏点の近傍に、知覺過敏帶を檢出し、詳かに既往症を尋ねしにその患兒は、時に腸痛に悩み其都度必ず盲腸部の疼痛ありといふ、又他の一例は慢性下痢の診斷の下に入院せしものにしてブルネイ氏点の近傍に、知覺過敏帶を檢出し、其後二日にして盲腸部の劇痛、及びブルネイ氏点の著しき壓痛を生ぜしを見たり、要するにヘ氏は他の徵候と相俟つて、診斷を容易ならしむ、特に例へば腸痛に際し、其の疼痛が腹腔の何れの臟器より發するものなるやを診斷するに甚だ少數なれ共、ヘ氏は、知覺過敏帶にコカイン軟膏を塗布し、ヘーネル氏は芥子泥を貼布して好果を收めたりと云ふ、斯の如くヘッド氏帶は、各疾病に於て一定の皮膚上に發見するものにしてヘッド氏が知覺過敏帶に『コカイン』軟膏を塗布し、ヘーネル氏が芥子泥を貼布して効果を收めたりと、又醫學博士後藤道雄氏の所說に依ればは古來總ての醫家が行ひつゝある濕布、氷嚢例へば胸膜疾患者の頭部冷却、心臟疾患者の胸部冷却、鎭痛法としての溫罨法、或は鍼灸術が、經穴に由りて施行せられつゝあるが如きは、何れもヘッド氏帶の治療的應用によりて得たる所のヘッド氏帶にして、鍼灸術が各病に依りて異なる經穴を應用し、且つ位置の正確を期するの要あるは、之が爲めなりと云へるを看れば、又斯術にありても、此のヘッド氏帶と、密接の關係を有し、之が應用にありても、又偉大の効を奏すべく、幸に篤學者の實驗研究を乞ふ次第なり。

第四十一章　脊髓神經反射衝動に因る各部器官の關係參考表

左に揭げたる表は各椎骨部に於ての反射衝動が身体各部の器官に影響すると云ふ米國スタンフォード大學教授醫學博士アルベイト、エプラムス氏原著の抄錄にして各治療家の參考に供したり。

第一頸椎……下熱、動脈硬化症、假死、呼吸困難、

第二頸椎……脈搏の不整を調整す、下熱、

第三頸椎……下熱、吃逆を制止す、肺臟を收縮す、齒を刺戟す、心臟

の筋運動を皷舞す、横隔膜（横隔膜神經）及眼の瞳孔に感受す

第四頸椎……吃逆を制止す、肺臓を收縮す、肺出血を制止す、氣腫、横隔膜（横隔膜神經）に感受す

第五頸椎……吃逆を制止す、肺臓を收縮す、肺出血を制止す、氣腫、肘の疼痛、横隔膜（横隔膜神經）に感受す

第六頸椎…………

第七頸椎……心臓、大動脈、胃、肝臓、腎臓、胸膜、脾臓、膵臓、肺臓に對する動脈を收縮す、食管、結腸の脈管を收縮す、咽頭、心臓の筋及脈管を收縮す、歯、咽頭、喉頭、甲狀腺、舌、を刺戟す、

適應症、動脈瘤、百日咳、喀血、咽頭痛、糖尿病、心臓の機能障碍、鼻加答兒、鬱憂或は眼、耳、鼻、肺臓の實

性充血、及四肢の貧血症を誘導す、

第一胸椎……心臓の制止、肝臓の脈管を收縮す、胃痛、

第二胸椎……心臓を急速にす、胃及肝臓を收縮す、第五胸椎神經或は眼球を刺戟す、

適應症、神經衰弱、腹腔內充血、動脈硬化症、

第三胸椎……心臓、肺臓、肋膜を擴張す、心臓を急速にす、肝臓の脈管を收縮す、乳腺を刺戟す、

適應症、神經衰弱、腹腔內充血、喘息、遺尿症、氣管枝加答兒、結核病、動脈硬化症、弱視、乳汁の分泌を增加す迷走神經を限定的に强壯にする

第四胸椎……食管、肺臓、肋膜を擴張す、心臓を催進す、乳腺を刺戟す、膵臓の脈管を收縮す、膽囊を收縮す、

適應症、神經衰弱、腹腔內充血、喘息、遺尿症、氣管枝

加答兒、膽囊炎、結核病、迷走神經を限定的に强壯にする、乳汁の分泌を增加す、

第五胸椎……肺臟、肋膜、幽門部を擴張す、心臟、胃を收縮す、心臟を催進す、膵臟の脈管を收縮す、副腎膽囊を收縮す、迷走神經を衰憊さす、

適應症、神經衰弱、腹腔內充血、氣管枝加答兒、加答兒性黃疸、膽囊炎、胃、十二指腸を空虛にする。

第六胸椎……肺臟、肋膜、腎臟を擴張す、呼吸器の脈管を擴張す、副腎及腎臟の脈管を收縮す、膽囊を擴張す。

適應症、神經衰弱、腹腔內充血、氣管枝加答兒、加答兒性黃疸、膽囊炎。

第七胸椎……腎臟を擴張す、呼吸器の脈管を擴張す、副腎、腎臟の脈管を收縮す、內臟を收縮す、脈管系統を完全に收縮す。

適應症、神經衰弱、腹腔內充血、氣管枝加答兒、肝臟充血

血第八胸椎……呼吸器の脈管を擴張す、心臟の脈管を擴張す、內臟を收縮す。

適應症、神經衰弱、腹腔內充血、氣管枝加答兒、惡寒を制止す。

第九胸椎……膽囊を擴張す、膀胱を刺戟す、攝護腺を刺戟す、心臟の脈管を擴張す、心臟の機能を增進す、

適應症、惡寒を制止す。

第十胸椎……胃、腸、肝臟、膽囊、輸尿管、子宮、腹部及肺臟の動脈を擴張す、蟲樣垂及攝護腺を刺戟す、心臟の脈管を擴張す、肝臟の脈管を擴張す、心臟の機能を增進す。

適應症、萎黃病、肺勞、腎臟病、小腦性運動失調症、貧血、過食による疼痛を治す、惡寒を制止す、下熱す。

第十一胸椎……胃、膓、肝臓、膽囊、輸尿管、子宮、腹部及肺臓の動脈を擴張す、心臓の脈管を擴張す、亦た肝臓、副腎攝護腺を刺戟す、S字狀彎曲を正しくす、結膓の下方轉位及胃痛、

適應症、便秘及腓膓部の疼痛を治す。

第十二胸椎……胃、膓、肝臓、膽囊、輸尿管、子宮、腹部及肺臓の動脈を擴張す、腎臓、攝護腺を收縮す、心臓の脈管を擴張す。

適應症、攝護腺肥大を收縮す（强刺戟により）排尿時の疼痛を緩解す、便秘を治す、腎痛

第一腰椎……胃、膓、肝臓、脾臓、子宮、膀胱の動脈を收縮す、內轉筋反射。

適應症、胃擴張、上眼瞼下垂症、アトニー性便秘、肝臓充血、脾臓肥大、子宮の轉位子宮出血及胎盤の逐出を制

止す、新生胎盤の上左側の轉位、胃痛、

第二腰椎……子宮、膓、肝臟、胃、腎臟、脾臟、膀胱の動脈を收縮す
內轉筋反射、
適應症、胃擴張、上眼瞼下垂症、アトニー性便秘、肝臟充血脾臟肥大、子宮の轉位子宮出血及胎盤の遂出を制止す、排尿を催進す、結膓の脈管を收縮す、

第三腰椎……子宮、膓、肝臟、胃、腎臟、脾臟、膀胱の動脈を收縮す
內轉筋反射
適應症、胃擴張、上眼瞼下垂症、アトニー性便秘、肝臟充血、脾臟肥大、子宮の轉位子宮出血及胎盤の遂出を制止す、排尿を促進す、

第四腰椎……排便を促進す、膀胱に急効を奏す、內轉筋反射

第五腰椎……膀胱の萎縮を鼓舞し或は强壯にす、內轉筋反射

第四十二章　療点學

療点は施術者の羅計盤にして、之れにより治療し、之により治病の効を治む、即ち斯術家の金科玉條の寶典たり、抑も此の療点學は、多年余が實地經驗を重ね、こゝが如何なる病氣に効果がある、こゝに施術すれば身体にどう云ふ具合に影響を與へると云ふ樣に、實地經驗の上で割り出したるものであるから、今日の醫學上から見て、餘程價値あり又興味ある事と思ふ、其の療點を今度は、解剖的に研究して見るに、矢張り身体、殊に血管神經などと密接の關係がある事が判明する尙ほ今日にありては、斯術家は宜敷今日の學理上に立脚して、根據ある治療を施すべきである、斯くしてこそ斯術の効果も上り、世人からも認められ、自然權威も出來る樣になる、會員諸子大いに努力發奮せられよ。

◇第壹療點

部　位＝鼻翼
筋　　＝鼻壓縮筋、鼻翼下掣筋
神　經＝顏面神經及三叉神經第一枝の分枝篩骨神經分佈す
血　管＝外顎動脈の枝別內眥動脈循る
適應病＝鼻塞噴嚏、鼻加答兒蓄膿症

◇第貳療點

部　位＝前額正中前頭骨部
筋　　＝前頭筋部
神　經＝三叉神經の分枝（前頭神經）分佈せり
血　管＝內頸動脈の分枝（前頭動脈）循れり
適治症＝腦貧血、眩暉、頭痛、癲癇、眼病、胸內苦悶、精神異狀、前頭神經痛

◇第三療點

部　位＝第二療點と第四療點との中間即ち頭蓋の正中線にして前頭骨と兩顱頂骨の縫合部

筋　＝帽狀腱膜部なり

神　經＝前頭神經分佈せり

血　管＝內頸動脈の分枝淺顳顬動脈循る

適治症＝頭痛、眩暉、衂血、鼻加答兒、腦貧血、百日咳

◇第四療點

部　位＝旋毛部にして即ち頭蓋の頂上矢狀縫合部の中間

筋　＝帽狀腱膜部なり

神　經＝淺部は上眼窠神經にして深部は大後頭神經分佈

血　管＝淺顳顬動脈及後頭動脈循れり

適治症＝中風、腦充血、偏頭痛、眩暈、頭痛、難聽、聽力障害、半身

不随、心悸亢進、脱肛、健忘症、痔痛

◇第五療點

部　位＝外後頭結節と第四療點との中間部即ち顱頂骨矢状縫合の後端部なり

筋　＝帽狀腱膜部なり

神　經＝大小の後頭神經分佈せり

血　管＝後頭動靜脈之に循る

適治症＝偏頭痛、頭痛、眩暈、胸痛、嘔吐、不眠症、眼疾、精神異狀に効あり

◇第六療點

部　位＝外後頭結節部

筋　＝帽狀腱膜なり

神　經＝大後頭神經なり

血　管＝後頭動脈循れり

適治症＝半身不隨、衂血、黃疸、頭痛、眼球神經痛、頭重、腦充血、

齒痛

◇第七療點

部　位＝外後頭結節下方二寸五分後頸部第二第三頸椎棘狀突起部に當る

筋　　＝僧帽筋に當る

神　經＝頸椎神經後枝分佈す

血　管＝後頭動脈靜脈循る

適治症＝不眠症、齒痛、腦充血、頭痛、衂血、中風、寒冒、眩暈、扁

桃腺炎、咽頭加答兒、喘息、肺病、喉頭加答兒、心臟病、糖

尿病、吃逆、動脈硬化症、

其他百般に用ひて効あり、

◇第八療點

部　位＝後頸部中央
筋　＝僧帽筋
神　經＝頸椎神經後枝筋には副神經分佈す
血　管＝後頭動脈及横頸動脈上行枝循る
適治症＝神經衰弱、鼻塞、寒冒、頭痛、齒痛、中風、上肢倦怠、咽喉加答兒、喘息、咳嗽、心臟病、肺病、動脈硬化症、糖尿病、扁桃腺炎、
其他百般疾病に用ひて効あり

◇第九療點

部　位＝第六第七頸椎棘狀突起なり
筋　＝僧帽筋に當る
神　經＝背椎神經後枝分佈す

血　管＝横頸動脈上行枝之に循る

適治症＝頸項部の痙攣、肩胛背部の神經痛、心臟病、齒痛、頭痛、肋膜炎、不眠症、肺病、百日咳、喘息、氣管枝加答兒、寒胃、動脈硬化症、糖尿病、

其他諸種の疾病に用ひて効あり

◇第十療點

部　位＝第二第三胸椎棘狀突起部なり

筋＝僧帽筋に當る

神　經＝背椎神經後枝分佈す

血　管＝後肋間動脈の背枝及横頸動脈下行枝循る

適治症＝癲癇、肺病、喘息、肩胛背部の神經痛、心臟病、呼吸困難、ヒステリー、神經衰弱、胃肝疾病、動脈硬化症、糖尿病、

◇第十一療點

部　位＝第五第六胸椎棘狀突起部
筋　＝僧帽筋なり
神經＝背椎神經後枝分佈す
血管＝橫頸動脈下行枝之に循る
適治症＝肺病、肝疾病、胃疾患、神經衰弱、吃逆、惡寒、氣管枝加答兒、肋間神經痛、乳汁不足、喘息、

◇第十二療點

部　位＝第八第九胸椎棘狀突起部なり
筋　＝僧帽筋に當る
神經＝背椎神經後枝分佈す
血管＝後肋間動脈の背枝之に循る
適治症＝胃痛、胃加答兒、神經性消化不良、胃擴張、腹痛、肝臟病、腎臟病、心胸狹窄痛、狹心症、肺病、神經衰弱、ヒステリー

悪寒戰慄、

◇第十三療點

部　位＝第十一第十二胸椎棘狀突起部

筋　＝僧帽筋に當る

神　經＝背椎神經後枝分佈す

血　管＝後肋間動脈の背枝循る

主治症＝膓病一般胃病一般黃疸小兒脫膓全身虛弱胸內苦悶、腎臟病、肝臟病一般、子宮病、ヒステリー、神經衰弱、動脈硬化症、糖尿病、

◇第十四療點

部　位＝第一第二腰椎棘狀突起部なり

筋　＝棘間筋に當る

神　經＝腰椎神經後枝分佈す

主治症＝下痢、腎臟病、便秘、腰痛、腹痛、糖尿病、脚氣、胃腸肝の諸病、子宮病、

◇第十五療點

部　位＝第三第四腰椎棘狀突起部に當る

筋　＝棘間筋に當る

神　經＝腰椎神經後枝分佈す

主治症＝脚氣、膀胱加答兒、遺尿症、虚弱消渇淋病遺精痔疾、腰痛、子宮病一切

◇第十六療點

部　位＝第五腰椎棘狀突起及第一薦骨假棘狀突起

筋　＝薦骨脊柱筋及腰背筋膜

神　經＝腰椎神經の背枝薦骨神經の後枝分佈す

血　管＝腰動脈の背枝及側薦骨動脈之に循る

主治症＝子宮病、月經過多、月經痛、男女快感缺乏、早漏、陰莖勃起不能、膀胱炎、男女生殖器病、脚氣、腰痛、痔疾、

◇第十七療點

部　位＝第二第三第四薦骨假棘狀突起部

筋　＝上層腰背筋膜下層に薦骨脊中筋

神　經＝薦骨神經の後枝分佈す

血　管＝側薦骨動脈之に循る

主治症＝大小便不利、腰痛、白帶下、不姙娠、便秘、痔疾、痳病、遺尿症

◇第十八療點

部　位＝喉頭結節部（前頸部中央）

筋　＝濶頸筋左右胸骨舌骨筋

神　經＝上下頸皮下神經分佈す

血管＝上下甲狀腺動脈循る

主治症＝半身不髓、發聲困難、嘔吐、咳嗽、吐血、咽頭加答兒、喉頭加答兒

◇第十九療點

部位＝胸骨前面正中線に於て長徑を三分したる上部

筋＝大胸筋

神經＝肋間神經、前胸廓神經、分佈す、

血管＝內乳動脈の分枝循る

主治症＝喘息、咽喉腫、胸痛、肺病、

◇第二十療點

部位＝胸骨前面正中線中央部

筋＝大胸筋起始部

神經＝肋間神經、前胸廓神經分佈す

血　管＝內乳動脈の分枝循る
主治症＝肋間神經痛、喘息、咳嗽、胸內苦悶、心臟病
◇第二十一療點
部　位＝胸骨前面正中線に於て、其の長徑を三分したる下部
筋　　＝大胸筋起始部
神　經＝肋間神經、前胸廓神經分佈す
血　管＝內乳動脈之に循る
主治症＝婦人乳汁不足、腹筋痙攣、心窩苦悶、
◇第二十二療點
部　位＝心窩部（鳩尾又は水月とも云ふ）胸骨劍狀突起下部
筋　　＝白條及左右直腹筋
神　經＝肋間神經前穿行枝分佈す
血　管＝上腹動脈之に循る

主治症＝横隔膜痙攣、胃部膨滿、胃痙攣、胃加答兒、胃弱、喘息、腹水、直腹筋痙攣、心臟病、肝臟病。

◇第二十三療點

部　位＝腹部正中線にして心窩と臍窩との中間部

筋＝白條及左右直腹筋に當る

神　經＝肋間神經前穿行分枝分佈す

血　管＝上腹壁動脈之に循る

主治症＝疝痛、便秘、胃下垂、慢性胃加答兒、脚氣、腸滿、腸加答兒、溜飲、嘔吐、全身冷寒、腎臟病、胃擴張、黄疸、十二指腸加答兒。

◇第二十四療點

部　位＝臍窩直上部

筋＝白條及左右直腹筋

神経＝肋間神経前穿行枝分佈す
血管＝上腹壁動脈之に循る
主治症＝胃擴張、癲癇、心悸亢進、吐逆、胸腹痛、下痢、慢急性胃腸病百般

◇第二十五療點

部位＝臍窩部
筋＝左右直腹筋に當る
神経＝肋間神経前穿行枝分佈す
血管＝下腹壁動脈循る
主治症＝中風、精神異狀、疝痛、腸加答兒、痔疾、

◇第二十六療點

部位＝臍窩と耻骨軟骨接合との中間部
筋＝白條及左右直腹筋に當る

神　經＝肋間神經前穿行枝及腸骨下腹神經分佈す

血　管＝下腹壁動脈循る

主治症＝脚氣、腸病一切、痳疾、尿閉、子宮病、月經不順、白帶下、
　下痢、百般疾病一切に用ひて良し

◇第二十七療點

部　位＝耻骨軟骨接合上際部

筋　＝直腹筋停止部

神　經＝外精系神經及腸骨鼠蹊神經腸骨下腹神經分佈す

血　管＝下腹壁動脈及外陰部動脈循る

主治症＝白帶下、消渴、淋病、月經痛、早漏、不姙娠、月經過多、下
　腹痛、膀胱病一切、痔疾．

◇第二十八療點

部　位＝會陰部攝護腺部

筋　　＝球海綿体筋

神　經＝會陰神經

血　管＝內陰部動脈の分枝會陰動脈之に循る

主治症＝泌尿生殖器諸病一切、脫肛、痔疾。

◇第二十九療點

部　位＝大腿內側最上部

筋　　＝長內轉股筋

神　經＝閉鎖神經分佈す

血　管＝內廻旋股動脈

主治症＝不姙娠、子宮痙攣、生殖器病一般、疼痛、尿閉、

◇第三十療點

部　位＝大腿內側中央部

筋　　＝縫匠筋、薄股筋

神　經＝閉鎖神經、股神經分佈す
血　管＝股動脈循る
主治症＝白帶下、攝護腺炎、睾丸炎、月經過多、閉鎖神經痛、

◇第三十一療點

部　位＝大腿內側內上髁の直上部
筋　＝內大股筋
神　經＝內股皮下神經分佈す
血　管＝股動脈の分枝內膝關節動脈
主治症＝遺尿症、月經不順、下肢屈困難、痲　、膀胱炎。

◇第三十二療點

部　位＝膝關節內側部
筋　＝半膜樣筋、半腱樣筋、膝蓋腱
神　經＝サフヘナ神經

血　管＝上下內膝關節動脈

適治症＝膝關節リウマチス、膝關節痛、下腹痛、膀胱痙攣、子宮實質炎、腹膜炎、膝關節炎、橫痃

◇第三十三療點

部　位＝下腿內側、脛骨後內緣、內關節髁の稍下部

筋　＝腓腸筋比目魚筋

神　經＝サフヘナ神經分佈す

血　管＝後脛骨動脈の分枝循る

適治症＝腰痛、陰萎、腹水、胃痙攣、痳疾、子宮病、

◇第三十四療點

部　位＝下腿內側にして內髁の上方二寸五分の所

筋　＝長總趾屈筋、アヒリス氏腱、

神　經＝サフヘナ神經及脛骨神經分佈す

血管＝後脛骨動脈循る
適治症＝遺精、遺尿、月經異狀、淋疾、横痃、消化不良、便秘、消渇

◇第三十五療點

部位＝足部內側（舟狀骨第一蹠骨基定の部）
筋＝外轉母筋、短屈母筋。
神經＝サフヘナ神經、脛骨神經の足蹠枝分佈す
血管＝足背動脈之に循る
適治症＝痛風、足蹠腫、月經不順、淋疾、鼠蹊淋巴腺腫、足關節炎。

◇第三十六療點

部位＝口角より横に一掌部
筋＝大觀骨筋、方形上唇筋、頰筋、三角頣筋、笑筋。
神經＝三叉神經第二、第三枝及顏面神經分佈す
血管＝外顎動脈、下眼窠動脈、之に循る

適治症＝齒痛、顏面神經、痲痺、失音、言語困難、三叉神經痛、

◇第三十七療點

部　位＝下眼窠緣の下方觀骨突起部

筋　＝方形上唇筋、大觀骨筋起始部

神　經＝三叉神經の分枝下眼窠神經及顏面神經分佈す

血　管＝下眼窠動脈及横顏面動脈之に循る

適治症＝三叉神經痛、鼻加答兒、口眼下斜、顏面神經麻痺

◇第三十八療點

部　位＝眼窠部

筋　＝眼輪匝筋

神　經＝三叉神經第一枝及顏面神經分佈す

血　管＝上下眼窠動脈循る

適治症＝眼病一切、顏面神經麻痺。

◇第三十九療點

部　位＝眉毛と前頭髮際の中間部
筋　　＝前頭筋
神　經＝上眼窠神經之に分佈す
血　管＝上眼窠動脈之に循る
適治症＝上眼窠神經痛、眩暉、頭重、夜盲症、眼球痛、弱視、

◇第四十療點

部　位＝耳の上際部
筋　　＝耳上筋及顳顬筋帽狀腱膜部
神　經＝三叉神經、顏面神經、小後頭神經分佈す
血　管＝淺顳顬動脈耳後動脈循る
適治症＝頭痛、耳鳴、頭重、癲癇、失神。

◇第四十一療點

部　位＝耳後乳嘴突起部
筋　＝耳後筋及胸鎖乳嘴筋起始部に當る
神經＝顏面神經の一枝耳後神經及大小後頭神經分佈す
血管＝外頸動脈の分枝耳後動脈循る
適治症＝腦病、頸動かず、扁桃腺炎、後頭神經痛、鼻塞、耳鳴、

◇第四十二療點

部　位＝第一胸椎棘狀突起横一寸五分の處
筋　＝僧帽筋
神經＝背椎神經後枝分佈す
血管＝横頸動脈之に循る
適治症＝神經衰弱、ヒステリー、肋膜炎、氣管枝加答兒、喘息、肩癖、
肺病、頭重、頭痛・

◇第四十三療點

部　位＝第四胸椎棘狀突起横一寸五分の處
筋　＝僧帽筋
神　經＝背椎神經後枝分佈す
血　管＝後肋間動脈の背枝及横頸動脈下行枝之に循る
適治症＝中風、寒胃、記憶力思考力減退、短氣、氣管枝疾患、胸背痛
肺病、肩癖、神經衰弱等

◇第四十四療點

部　位＝第七胸椎棘狀突起横一寸五分の處
筋　＝僧帽筋
神　經＝背椎神經後枝分佈す
血　管＝後肋間動脈の背枝之に循る
適治症＝消化不良、胃病一切、腎臓病、肝臓病、頭重、喘息、肋膜炎
氣管枝疾患

◇第四十五療點

部　位＝第十胸椎棘狀突起横一寸五分の處

筋　＝僧帽筋

神　經＝背椎神經後枝分佈す

血　管＝後肋間動脈の背枝之に循る

適治症＝胃痙攣、胃弱、腸加答兒、腦充血、脚氣、肋間神經痛。

◇第四十六療點

部　位＝第一腰椎棘狀突起横一寸五分の處

筋　＝濶背筋

神　經＝腰椎神經後枝分佈す

血　管＝腰動脈及後肋間動脈の背枝之に循る

適治症＝肝臓病、胃腸病、上肢回前回後困難、頭痛、腎臓病。

◇第四十七療點

部　位＝第三腰椎棘狀突起横一寸五分の處
筋　＝腰背筋膜濶背筋
神　經＝腰椎神經後枝分佈す
血　管＝腰動脈背枝之に循る
適治症＝正座困難、腰部屈伸困難、腎臟病、全身衰弱、腹部病氣一切

◇第四十八療點

部　位＝腸骨後上棘の部
筋　＝大臀筋
神　經＝上臀神經分佈す
血　管＝上臀動脈之に循る
適治症＝便秘、尿閉、月經不順、腰背痛、子宮膀胱疾患・

◇第四十九療點

部　位＝薦骨尾閭骨關節より横一寸の部

筋　＝大臀筋

神經＝下臀神經、薦骨神經後枝分佈す

血管＝上臀動脈側薦骨動脈之に循る

適治症＝坐骨神經痛、腰痛、痔疾、攝護腺炎、子宮病

◇第五十療點

部位＝臀部豊隆下部（臀部下溝）と大腿後面上部

筋　＝大臀筋二頭股筋

神經＝下臀神經、後股皮下神經分佈す

血管＝坐骨動脈循る

適治症＝坐骨神經痛、痔疾、月經不順、便秘、尿閉。

◇第五十一療點

部位＝大腿後面中央より上二寸五分の處

筋　＝二頭股筋半腱樣筋半膜樣筋、

神　經＝後股皮下神經分佈す
血　管＝股動脈の分枝循る
適治症＝腰背屈曲、下肢厥冷、坐骨神經痛
◇第五十二療點
部　位＝大腿後面中央より二寸五分下の處
筋　＝二頭股筋半腱樣筋半膜樣筋
神　經＝後股皮下神經分佈す
血　管＝股動脈の分枝循る
適治症＝淋病、消渴、脫肛、便秘、步行困難、座骨神經痛
◇第五十三療點
部　位＝膝膕窩部
筋　＝腓腸筋、
神　經＝脛骨神經分佈す

血　管＝膝膕動脈之に循る

適治症＝膝痛、寢小便、中風、腎臟病、月經異狀、膝關節炎、

◇第五十四療點

部　位＝下腿後面膝膕窩下二寸五分の處

筋　　＝腓腸筋

神　經＝脛骨神經分佈す

血　管＝後脛骨動脈之に循る

適治症＝腓腸痙攣、痔疾、下腿疲勞、脛骨神經痛

◇第五十五療點

部　位＝下腿後面中央部

筋　　＝腓腸筋

神　經＝脛骨神經分佈す

血　管＝後脛骨動脈之に循る

適治症＝脚氣、步行困難、下肢神經痛、腎臓病、子宮病・

◇第五十六療點

部　位＝跟骨結節部

筋　＝アヒリス氏腱附着部

神　經＝脛骨神經の末枝分佈す

血　管＝後脛骨動脈の終枝循る

適治症＝霍乱、膝腫れ、月經痛、頭重、脚氣、

◇第五十七療點

部　位＝足蹠部

筋　＝足蹠諸筋

神　經＝內外足蹠神經分佈す

血　管＝足蹠動脈弓之に循る

適治症＝卒倒、黃疸、下痢、腰痛、婦人尿不利、全身痙攣、腦充血、

扁桃腺炎、腹痛

◇第五十八療點

部　位＝顴骨弓の上際

筋　＝顳顬筋

神　經＝三叉神經の分枝顏面神經の顳顬枝分佈す

血　管＝淺顳顬動脈之に循る

適治症＝腦病、眩暈、偏頭痛、耳鳴、齒痛、鼻塞、顏面神經痛

◇第五十九療點

部　位＝顴骨弓直下際

筋　＝咬筋

神　經＝三叉神經顏面神經頰枝分佈す

血　管＝淺在橫顏面動脈循れり

適治症＝耳中疾患、齒神經痛、咀嚼筋痙攣、顏面神經痛、顏面神經痲痺

◇第六十療點

部　位＝下顎骨隅角の部

筋＝咬筋

神　經＝三叉神經第三枝分佈す

血　管＝咬筋動脈之に循る

適治症＝下齒痛、中風、斜頸、言語不能症、顏面神經痛

◇第六十一療點

部　位＝側頸部胸鎖乳嘴筋中央部

筋＝濶頸筋及胸鎖乳嘴筋

神　經＝舌下神經下行枝及上下頸皮下神經

血　管＝外頸動脈の分枝之に循る

適治症＝咯血、扁桃腺炎、斜頸、中風、咳嗽、咽腫、ルイレキ

◇第六十二療點

部　位＝肩胛骨棘上窩上部中央（肩中央）
筋　＝僧帽筋
神經＝肩胛上神經分佈す
血管＝横肩胛動脈之に循る
適治症＝頭痛、齒痛、上肢痛、肩癖、肺病、喘息、咽腫、ルイレキ、神經衰弱、ヒステリー

◇第六十三療點

部位＝肩胛關節上外側部
筋　＝三角筋
神經＝腋窩神經分佈す
血管＝後廻旋上膊動脈之に循る
適治症＝肩胛關節痛、上肢回前回後困難、耳鳴、三角筋リウマチス

◇第六十四療點

部　位＝上膊外側中央部
筋　＝三角筋、二頭膊筋、三頭膊筋
神　經＝後膊皮下神經之に分佈す
血　管＝後廻旋上膊動脈之に循る
適治症＝三角筋リウマチス、呼吸困難、胸痛、上肢上擧困難、上膊神經痛。

◇第六十五療點

部　位＝肘關節外側部
筋　＝膊橈骨筋、長外橈骨筋
神　經＝外膊皮下神經分佈す
血　管＝返廻橈骨動脈之に循る
主治症＝咽喉炎、上膊痛、肘關節リウマチス、ルイレキ

◇第六十六療點

部　位＝前膊外側中央部稍上部
筋　　＝膊橈骨筋長外橈骨筋
神　經＝外膊皮下神經分佈す
血　管＝橈骨動脈の分枝之に循る
適治症＝齒痛、ルイレキ、半身不隨、口眼下斜、乳瘍、橈骨神經痛・

◇第六十七療點

部　位＝乳線にして鎖骨直下部
筋　　＝鎖骨下筋大胸筋
神　經＝鎖骨下神經及前胸廓神經、肋間神經分佈す
血　管＝第一肋間動脈之に循る
適治症＝胸背痛、呼吸困難、咯血、寒熱往來、肺病

◇第六十八療點

部　位＝乳頭直上部

筋　＝大胸筋小胸筋
神經＝前胸廓神經及肋間神經分佈す
血管＝前肋間動脈之に循る
適治症＝乳汁不足、乳房痛、心悸亢進、胸痛、喘息

◇第六十九療點

部位＝乳頭下際部
筋　＝大胸筋
神經＝前胸廓神經及肋間神經分佈す
血管＝前肋間動脈之に循る
適治症＝乳腺炎、肋間神經痛、喘息、胃痛、肋膜炎、心臟病。

◇第七十療點

部位＝乳線の通りに於て第九肋軟骨附着部
筋　＝直腹筋外緣外斜腹筋に當る

神　經＝肋間神經側穿行枝分佈す
血　管＝內乳動脈の枝別橫隔動脈及上腹壁動脈循る
適治症＝膽石痛、食慾不進、嘔吐、腹鳴、喘息、呼吸困難、胃痛、肋膜炎。

◇第七十一療點

部　位＝第七十療點と次の第七十二療點の中間部
筋＝直腹筋の外緣及外斜腹筋に當る
神　經＝肋間神經側穿行枝分佈す
血　管＝上腹壁動脈之に循る
適治症＝胃弛緩症、腹筋痙攣、膓加答兒、胃痛、便秘、肝臟病、腎臟炎、糖尿病。

◇第七十二療點

部　位＝臍を外方へ向ふ乳腺の部

筋　　＝直腹筋の外縁及外斜腹筋に當る
神經＝肋間神經側穿行枝分佈す
血管＝淺腹壁動脈の分枝之に循る
適治症＝腹張り、下痢、疝痛、霍乱、腹水、黄疸、胃痙攣、膓加答兒

◇第七十三療點

部位＝第七十二療點と第七十四療點との中間部
筋　　＝直腹筋の外縁と外斜腹筋に當る
神經＝膓骨下腹神經及膓骨鼠蹊神經分佈す
血管＝下腹壁動脈之に循る
適治症＝便秘、下痢、利尿困難、下腹痛、膓病一切、卵巣炎、子宮病

◇第七十四療點

部位＝鼠蹊部にして股動脈膊動する處
筋　　＝ブーパルト氏靭帶部

神　經＝腸骨鼠蹊神經分佈す
血　管＝下腹壁動脈の分枝並に淺廻旋腸骨動脈之に循る
適治症＝淋病、消渴、月經不順、白帶下、不姙娠、子宮病、睪丸炎、
　　室炎、横痃、
◇第七十五療點
部　位＝大腿前面直立して手掌の當る所
筋　＝四頭股筋に當る
神　經＝股神經分佈す
血　管＝股動脈の分枝之に循る
適治症＝下腹痛、下肢、倦怠、腹水、膀胱加答兒、下肢屈伸困難。
◇第七十六療點
部　位＝大腿前面中央部
筋　＝四頭股筋に當る

神　經＝股神經分佈す
血　管＝股動脈の分枝之に循る
適治症＝膓加答兒、腎臟、水腫、腹筋痙攣、膝痛、

◇第七十七療點

部　位＝大腿前面膝蓋骨上緣部
筋　＝四頭股筋
神　經＝股神經分佈す
血　管＝外廻旋股動脈之に循る
適治症＝脚氣、腰痛、下肢伸展困難、泌尿生殖器病一般

◇第七十八療點

部　位＝膝蓋骨の下際部
筋　＝膝蓋腱
神　經＝脛骨及腓骨神經の關節枝分佈す

血　管＝膝關節動脈網之に循る
適治症＝膝痛、脚氣、膝腫、膝關節炎、膝關節リウマチス、痳毒性關節炎、

◇第七十九療點

部　位＝足關節前面部
筋　　＝十字靱帶、前脛骨筋腱、長總趾伸筋腱
神　經＝腓骨脛骨神經交通枝分佈す
血　管＝前脛骨動脈之に循る
適治症＝眩暈、頭痛、顏腫、生殖器病、足關節炎、足關節捻挫

◇第八十療點

部　位＝足背部
筋　　＝長總趾伸筋腱
神　經＝淺腓骨神經脛骨神經交通枝分佈す

血管＝足背動脈之に循る
適治症＝下肢厥冷、脚氣、遺尿症、痛風、痳毒性關節炎

◇第八十一療點

部位＝肩胛關節後面部
筋＝三角筋、棘下筋に當る
神經＝腋窩神經、鎖骨上神經分佈す
血管＝後廻旋上膊動脈之に循る
適治症＝肩胛關節痛、頭痛、上肢廻後困難、肩背痛、三角筋リウマチス．

◇第八十二療點

部位＝上膊後面中央部
筋＝三頭膊筋に當る
神經＝後膊皮下神經分佈す
血管＝深在膊動脈之に循る

適治症＝三角筋リウマチス・同部神經痛、上肢上擧困難

◇第八十三療點

部　位＝上膊後面下部

筋　＝三頭膊筋に當る

神　經＝後上膊皮下神經後下膊皮下神經分佈す

血　管＝深在膊動脈之に循る

適治症＝咳嗽、胸痛、上膊神經痛、衝進性脚氣、肘關節神經痛・

◇第八十四療點

部　位＝前膊後面中央より上二寸の部

筋　＝總指伸筋、長伸母筋

神　經＝後下膊皮下神經橈骨神經後枝分佈す

血　管＝後骨間動脈に循る

適治症＝耳病、眩暈、中風、前膊疼痛、痲痺

◇第八十五療點

部　位＝前膊後面腕關節背面の部
筋　＝總指伸筋腱、長伸拇筋に當る。
神　經＝後下膊皮下神經分佈す
血　管＝後骨間動脈及腕骨背側動脈之に循る
適治症＝腕關節リウマチス、同部關節痛、騷胸、齒痛、頭痛

◇第八十六療點

部　位＝手背部
筋　＝總指伸筋腱、長伸拇筋に當る
神　經＝橈骨神經及尺骨神經手背枝分佈す
血　管＝指背動脈尺骨動脈の手背枝之に循る
適治症＝中風、頭痛、月經閉止、手指屈伸困難

◇第八十七療點

部　位＝肩胛關節前面部
筋　　＝大胸筋
神　經＝前胸廓神經及側胸廓神經肋間神經側穿行枝分佈す
血　管＝胸肩峯動脈之に循る
適治症＝喘息、咳嗽、頭痛、肩關節リウマチス、上肢運動困難、同部神經痛

◇第八十八療點

部　位＝上膊前面正中部
筋　　＝二頭膊筋に當る
神　經＝外膊皮下神經分佈す
血　管＝上膊動脈之に循る
適治症＝上肢神經痛、心臟病、胸內苦悶、呼吸困難、肺病、ルイレキ齒痛、

◇第八十九療點

部　位＝肘關節前面肘窩部
筋　＝二頭膊筋腱
神經＝中膊皮下神經分佈す
血管＝肘關節動脈網之に循る
適治症＝頭痛、齒痛、咽腫、上肢倦怠、神經痛、肘關節炎、

◇第九十療點

部　位＝前膊前面正中部
筋　＝內橈骨筋
神經＝外膊皮下神經中膊皮下神經分佈す
血管＝前骨間動脈之に循る
適治症＝嘔吐、衄血、月經不順、齒痛、扁桃腺炎、同時神經痛、面疔
眼病一般

◇第九十一療點

部　位＝前膊腕關節の前面部

筋　＝長掌筋內橈骨筋

神　經＝正中神經穿行枝分佈す

血　管＝腕骨掌側動脈網之に循る

適治症＝寒熱往來、血尿、中風、腦充血、動脈硬化症腕關節炎

◇第九十二療點

部　位＝手掌部

筋　＝手掌腱膜

神　經＝正中神經尺骨神經分佈す

血　管＝淺掌動脈弓之に循る

適治症＝上肢痛、齒痛、血行不順、頭重、神經衰弱、肺病、ヒステリー、動脈硬化症、憂鬱病、

◇第九十三療點

部　位＝側胸廓にして腋窩の直下部
筋　＝前大鋸筋
神　經＝側胸廓神經及び肋間神經分佈す
血　管＝肋間動脈之に循る
適治症＝肋間神經痛、不眠症、呼吸困難、肋膜炎、肺尖加答兒

◇第九十四療點

部　位＝側胸廓にして第六肋骨部
筋　＝前大鋸筋
神　經＝肋間神經側穿行枝分佈す
血　管＝長胸動脈之に循る
適治症＝喘息、肋間神經痛、肋膜炎、心臟病、精神異狀

◇第九十五療點

部　位＝側胸部の腋窩線にして第十肋骨部
筋　＝外斜腹筋
神　經＝肋間神經側穿行枝分佈す
血　管＝下腹壁動脈の分枝之に循る
適治症＝側腹痛、腎臓病、肋間神經痛、胃痛、肝臓病、
　糖尿病、

◇第九十六療點

部　位＝第十一第十二肋骨遊離端と腸骨櫛との中間部
筋　＝外斜腹筋に當る
神　經＝肋間神經側穿行枝分佈す
血　管＝下腹壁動脈の分枝之に循る
適治症＝胃腸病、腰痛、リウマチス、月經不順、白帶下、膽石病、子
　宮病、卵巣炎

◇第九十七療點

部　位＝腸骨前上棘の內緣部

筋　＝外斜腹筋

神　經＝腸骨下腹神經並に腸骨鼠蹊神經分佈す

血　管＝廻旋腸骨動脈之に循る

適治症＝下行結腸S狀部便秘、睾丸炎、盲腸炎、大腸加答兒、

◇第九十八療點

部　位＝大腿骨大轉子部

筋　＝大臀筋

神　經＝上下臀神經分佈す

血　管＝上臀動脈之に循る

適治症＝腰痛、脚氣、睾丸炎、半身不隨、坐骨神經痛、男女快感缺乏
股關節炎、

◇第九十九療點

部　位＝坐骨結節と大轉子間部

筋　＝大臀筋

神　經＝下臀神經分佈す

血　管＝上臀動脈之に循る

適治症＝坐骨神經痛、腰痛、疝痛、股關節炎、女子臀部厥冷、子宮內膜炎

◇第百療點

部　位＝大腿外側の正中線直立して手掌の當る稍々上部

筋　＝外大股筋

神　經＝外股皮下神經分佈す

血　管＝外廻旋股動脈之に循る

適治症＝腰部大腿部下腿部の神經痛、痲痺、脚氣、中風、攝護腺炎

◇第百壹療點

部　位＝大腿外側中央稍々下部
筋　＝外大股筋に當る
神經＝外股皮下神經分佈す
血管＝外廻旋股動脈の分枝之に循る
適治症＝リウマチス、神經痛、脚氣、步行困難、

◇第百貳療點

部　位＝膝關節外側部
筋　＝四頭股筋二頭股筋腱
神經＝外股皮下神經分佈す
血管＝膝關節動脈の分枝上外膝關節動脈循る
適治症＝膝關節リウマチス、同關節炎、脚氣、下肢伸困難、腰痛、腰
薦關節部の劇痛、

◇第百參療點

部　位＝下腿の脛骨上部と腓骨小頭との中間稍々下部
筋　＝前脛骨筋と長總趾伸筋
神　經＝腓骨神經分佈す
血　管＝前脛骨動脈之に循る
適治症＝脚氣、頭痛、下肢神經痛、下肢冷却、子宮病、動脈硬化症、中風、長命の点

◇第百四療點

部　位＝下腿外側中央より上二寸の部
筋　＝前脛骨筋長總趾伸筋腓骨筋
神　經＝腓骨神經分佈す
血　管＝前脛骨動脈之に循る
適治症＝腓骨筋麻痺、腓骨神經痛、骨膜炎、下肢倦怠

◇第百五療點

部　位＝下腿外側中央より下二寸の部
筋　＝前脛骨筋長總趾伸筋腓骨筋
神　經＝腓骨神經分佈す
血　管＝前脛骨動脈之に循る
適治症＝脚氣、遺尿、便秘、下肢神經痛、

◇第百六療點

部　位＝下腿外髁の直上部
筋　＝前脛骨筋長總趾伸筋腓骨筋
神　經＝脛骨神經分佈す
血　管＝腓骨穿行動脈之に循る
適治症＝足不隨、中風、胃熱、坐骨神經痛、マラリヤ、

◇第百七療點

部　位＝腋窩部
筋　＝大胸筋上膊內側諸筋濶背筋
神　經＝腋窩神經分佈す
血　管＝腋窩動脈之に循る
適治症＝上肢運動困難、扁桃腺炎、舌下腺炎、肋膜炎

◇第百八療點

部　位＝上膊內側中央部
筋　＝內膊筋二頭及三頭膊筋の內側部
神　經＝內膊皮下神經分佈す
血　管＝上膊動脈之に循る
適治症＝黄疸、頭痛、呼吸困難、肺尖加答兒、ルイレキ、面疔、

◇第百九療點

部　位＝肘關節內側部

筋　　＝內尺骨筋
神　經＝後上膊皮下神經內部に尺骨神經あり
血　管＝下尺側副動脈之に循る
適治症＝齒根痛、頸下腺炎、肘關節炎、ルイレキ、中耳炎、蓄膿症、

◇第百十療點

部　位＝前膊內側正中部
筋　　＝內尺骨筋外尺骨筋
神　經＝中膊皮下神經分佈す
血　管＝尺骨動脈の分枝之に循る
適治症＝呼吸器病、咽腫、失聲、頭重、眩暉、結膜炎

第四十三章　准療点學

前章に於て、百拾の療点を一々解剖的に記述なし、此の療点は如何

なる疾病に採用する、又如何なる病氣には如何なる療点を使用するといふ事が、諒解せられたであらう。然るに實際臨床施療に當りては、以上の百拾療点だけにては、往々支障を生ずる場合がある。例へば第一胸椎棘狀突起部、第四胸椎棘狀突起部、或は第七第十の各胸椎棘狀突起部に、是非施術の必要を認める場合等がある。この場合百拾の療点には以上の療点を設けてない。右は唯脊柱部に於ける一例を示したるに過ぎずして、其外全軀には、なほ幾多の施術必要部を痛感する場合がある。故に初心者は、既定療点に拘束せられて、其部の施術を差控ね、爲めに偉効を奏する疾病にありながら、其著効を失するが如き事なきにしもあらず。斯る場合にと百拾療点以外に准療点を設けて、應用の微妙徹底を圖りたり。

准療点とは既定療点以外に於て、患者の訴ふる疼痛苦痛部又術者が指頭にて壓して、痛みを感じ又は氣持よき處、その他神經血管の經過に應じ、筋肉の强直、病氣の如何によつて、臨機應變適宜に療点を定むるを云ふものにして、比准療点にありても、意外の處に、意外の奇効を奏する場合ありて、術者よく不斷の研究と、臨床經驗によりて、施術の變化應用の妙諦を悟得し、治病の確信を得られなければならぬ

解題

本書は、昭和初期に活躍した熊本の霊術家、石抜霊覚の著書『霊感透熱療法　相伝秘書』の復刻版である。

石抜霊覚は、とかく現代医学を軽視する霊術界の風潮を批判し、霊的治病法の根本は、患者自身の自癒機能を誘発するものとし、現代医学と霊的治療法の両立を目指した。

本書は療術の技法を三段階に分類する。第一療法は、いわゆるヒーリングの基本技法で、掌から人為的に生態光線（オーラ）を発現させる練習法を詳説し、施術時の姿勢、回数、現象に説きおよび、さらに特殊技法としての気合術、霊動法、遠隔施術法の実践について紹介する。

第二療法は腹部および脊椎に対する基本的な整体技法で、著者はこれを神経調整術と称する。

第三療法が霊感透熱療法で、第一療法のヒーリング技法に温熱療法を加えた点に特色がある。霊能発現の準備として心機沈静法について解説したのち、炭火等の熱気をアストラル的レベルで掌に蓄積し、患部に放射する具体的な技法が詳解されている。

底本は菊判函入上製であるが、可能なかぎり廉価に提供するため、復刻に際してはＡ５判並製とした。初版は昭和三年五月一日に発行されたが、随時増訂がなされているため、昭和六年五月十日発行の第三版増訂発行のものを底本とし完璧を期した。

編集部

霊感透熱療法相伝秘書

定価　三八〇〇円＋税

昭和　三　年　五　月　一　日　初版発行（萬年社）
平成十三年十一月二十日　復刻版発行

著者　石抜霊覚
発行　八幡書店
東京都品川区上大崎二―十三―三十五
ニューフジビル二階
電話　〇三（三四四二）八一二九
振替　〇〇一八〇―一―九五一七四